정의의 수레바퀴는 잠들지 않는다

정의의 수레바퀴는 잠들지 않는다

황정근 변호사의 세상 읽기

초판1쇄 인쇄 | 2013년 1월 10일
초판1쇄 발행 | 2013년 1월 15일

지은이 | 황정근 펴낸이 | 최병수 펴낸곳 | 예옥 등록 | 제 2005-64호(등록일 2005년 12월 20일)
주소 | (121-816) 서울시 마포구 동교동 155-27 홍익인간 오피스텔 921호
전화 | 02-325-4805 팩스 | 02-325-4806
e-mail | yeokpub@naver.com

ISBN 978-89-93241-33-4 (13360)

값 28,000원

황정근 변호사의 세상 읽기

정의의 수레바퀴는 잠들지 않는다

황정근 지음

예옥

'잠들지 않는 도시에서 정의의 수레바퀴는 계속 돌아간다'

1974년, 지금으로부터 38년 전이다. 나는 예천중학교 2학년 때 서울로 유학을 왔다. 까까머리에 카키색 교복을 입고 있었다. 서울은 낯설고 번화했다. 서울 연희중학교에서 은평구 녹번동 친척집으로 오는 버스를 타면 나는 늘 내리는 정류장을 지나쳤다. 어디가 어딘지 알 수가 없었다. 담임선생님은 같은 동네에 사는 반 아이를 나와 동행하도록 붙여주었다. 그제야 나는 집을 잘 찾아가게 되었고, 그 아이는 외로운 서울에서 첫 서울친구가 되었다.

책을 묶으려는 이 순간 왜 녹번동 시민아파트가 떠오르는 것일까. 비 오는 날이면 연탄가스 냄새가 나고 눅눅한 장판에서 곰팡내가 나곤 하던 집. 나는 녹번동에서도 계속해서 이사를 다녔다. 리어카에 이삿짐을 싣고 1년에 한 번 꼴로 이사를 했다. 당시는 전세기간이 1년이었다. 주택임대차보호법이 없던 시절이어서 집주인이 경매를 당해 전세금 35만 원을 떼인 적도 있다. 대학을 졸업하고 20년 동안 공직자로서 근무지를 옮겨 다녔고, 직장을 바꾸었다.

세상은 급속하게 변해갔다. 나는 늘 내리는 정거장을 찾지 못해 우왕좌왕하며 내릴 역을 지나치곤 했다. 나는 늦되고 점점 속되어가는 듯도 했다. 내가 그동안 써온 글을 여기 묶으려는 것은 어쩌면 내가 가야 할 길의 이정표를 다시금 세워보고자 하는 뜻인지 모른다. 속도의 현기증 속에서 내려야 할 정거장을 지나쳐 울상을 짓던 까까머리 소년이 다시금 제 집에 찾아들 듯.

나는 시골 면서기로 있던 부친의 영향으로 초등학교에 들어가기 전부터 장래희망이 법관이었다. 학창시절 내내 한 번도 바뀐 적이 없다. 문화일보 이병규 사장은 '경북지방의 척박한 지리와 토양이 권력욕을 낳았다'고 분석했다. 내가 법관이 되었으면 하는 부친의 희망 속에는 일종의 권력욕이 자리 잡고 있었던 것으로 보인다. 선비로서 당연히 고위공직을 맡아야 한다는 희망이 법관으로 표현되었을 것이다. 공직 중에서 일제시대에 가장 기세등등했던 것이 고등문관이었던 것을 생각했을 것이다. 나는 가끔 그럴 바에는 이왕이면 법관보다 더 큰 꿈을 꾸도록 지도하셨더라면 내가 다른 길을 갔을 텐데 하고 생각한다.

나는 "꿈꿀 수 있다면 실현할 수도 있다If you can dream it, you can do it"는 월트 디즈니의 말을 믿었다. 지금 내가 가진 꿈이 미래에 나의 현실로 나타난다고 굳게 믿었다.

초등학교 때 나 혼자 '유엔사무총장'에 대한 꿈을 그려본 적은 있으나 바로 접었다. 초등학교 6학년으로 기억된다. 사회시간에 국제연합을 배울 때다. 당시 10월 24일은 유엔의 날로 휴일이었다. 제일 높은 유엔사무총장이 되고 싶었다. 공책 겉장에 장래희망 '유엔사무총장'이라고 써놓았다. 그러다가 우리나라가 비회원국이란 걸 알았고, 그 꿈을 바로 포기했다. 유엔에도 못 들어간 대한민국에 실망했고 좌절했다. 다시 법관의 꿈으로 되돌아갔다. 그후 우리나라가 1991년 유엔에 가입했다. 2005년 반기문 사무총장이 탄생하고 2011년 연임에 성공하는 모습을 보며, 그때 꿈을 포기한 게 정말 다행이라 생각했다.

1989년, 서울유학 15년 만에 드디어 어릴 적부터의 꿈이었던 법관이 되었다. 그 이후 여기저기 기고하거나 써둔 에세이나 칼럼 종류의 글을 모아보았다. 서울고등법원 판사를 하던 지난 1999년에 첫 저서인《인신구속과 인권》을 펴내면서, 나는 별도로 이런 일상적인 글을 모아 책을 묶으려다 그만둔 적이 있다. "판사는 판결로만 말한다"는 법언法諺이 있듯이 현직 법관이 그런 책을 낸다는 것이 이상하게 여겨졌다.

2004년 변호사가 되고 나서야 내 글은 자유의 몸이 되었다. 지금껏 썼던 글을 다시 돌아보는 일은 썩 유쾌한 일만은 아니다. 부끄러움이 앞선다. 부족하지만, 법관·법조인·법률가의 시각에서 이 세상을 바라보는 한 방식은 되지 않을까 위안을 삼는다. 이 또한 '법률가의 문화적 사명'이 아닐까 내심 자기합리화를 해본다.

2011년 1월 30일, 나는 아내(김용희)와 함께 그리스 에게 해海에 있었다. 나는 그때 에기나Aegina 섬에 있는 그리스정교회 아기우스 넥다리우스 성당 앞에 서 있는 사이프러스Cypress 나무 한 그루를 올려다보고 있었다. 사이프러스는 푸른 촛불처럼 하늘을 향해 솟아오르고 있었다. 순간 나는 내 눈을 의심했다. 나무는 하늘을 향해 타오르고 있었다. 솟아오르려는 생명력. 사이프러스는 하늘을 향해 기도를 하고 있는 듯했다. 매혹적이었다.

빈센트 반 고흐Vincent van Gogh(1853-1890)가 죽기 직전에 그토록 천착穿

鬱하며 화폭에 담아냈던 아름다운 죽음의 나무가 사이프러스다. 미술 평론가들은 고흐의 사이프러스 그림에는 비참한 현실에 대한 울분이 배어 있다고 한다.

나는 사이프러스를 보면서 하늘을 향해 뻗어가는 좀 더 역동적인 삶에 대해 다시 한번 생각하게 되었다. 좀 더 높은 곳을 향한 열망, 도전과 열정에 대해 생각했다. 죽음을 뚫고 일어서려는 생명력 있는 삶, 그런 삶을 살고 싶었다. 진리는 만유인력의 법칙이 아니라 중력을 뿌리치고 하늘 높이 날아오르는 것이라고 한다. 그것은 내가 바라는 세상이기도 하다. '누구에게나 행복한 세상'은 내가 늘 좌우명으로 생각하는 법치의 세계다.

우리나라도 이제 법치주의의 내실화 과정에 들어갔다. 과거 법의 영역 밖에 있던 쟁점들을 법의 잣대로 재는 것이 보편화되었다.

나의 관심은 늘 법의 지배와 인권보장의 이념이 확산되는 추세에 맞춰져 있다. 나는 관련 법제도의 개선책과 입법적 방향까지 적극 제시하고, 비판보다는 대안代案과 전망展望을 앞세우는 자세로 글을 써왔다고 자부했다.

존경하는 어느 선배변호사의, "어느 자리에서건 어느 이슈에 대해서건 갑작스런 질문이나 코멘트 요청을 받아 발언을 할 때 실언하지 않고 잘할 수 있도록 늘 어느 이슈에 대해서건 준비되어 있어야 한다"는 충고를 실천하려고 노력해왔다. 하지만 늘 공부가 부족함을 느낀다.

이 책에 실린 글 중에는 어디에도 발표되지 않은 것도 있다. 여기저기에 기고했던 글은 출전을 밝혔는데, 이는, 그 내용이 현재로서는 빛이 바랬지만 그 당시로서는 시의성이랄까 어느 정도 의미가 있었다는 점을 말하기 위함이다.

제1장부터 제5장까지는 법조계의 현안에 대해 평소 고민했던 나의 생각과 나의 주장을 몇 가지 범주로 나누어 실었다. 헌정체제와 법치주의, 사법개혁의 방향, 형사사법과 인권보장, 국민을 위한 재판, 한국 법조의 선진화로 나누어 정리해보았다. 제6장은 변호사로 활동하면서 기고한 글을 중심으로 묶은 것이다. 제7장은 법관 시절에 기고하거나 쓴 글을 모은 것이다. 제8장과 제9장은 법관 시절의 에피소드 두 개를 정리했다. 마지막 제10장은 2006년 금융산업구조개선법 개정과정에서의 나의 주장을 실은 것이다. 국회의 입법과정에서 헌법정신이 어떻게 반영되어야 하는지에 대한 실례로 삼고자 한다.

'잠들지 않는 도시' 뉴욕의 형사간이법원에서는 1년 365일 24시간 밤낮으로 피의자심문과 보석심사를 하는데, 그 모토가 바로 '잠들지 않는 도시에서 정의의 수레바퀴는 계속 돌아간다'는 것이다. 그래서 책 제목을《정의의 수레바퀴는 잠들지 않는다》로 정했다.

이 책을 출판하는 데 수고를 아끼지 않은 예옥출판사 대표님과 편집자께 감사드린다. 나에게 늘 헌신적인 가족들에게도 사랑과 감사의 말을 전한다.

2013년 1월

심관心觀 황정근 쓰다.

제3장 형사사법과 인권보장

제4장 국민을 위한 재판

제1장

헌정체제와 법치주의

법치와 정치, 법조인과 정치인

헌법기관의 공백은 헌정체제의 위기다

'청목회' 사건과 정치자금법

국회질서유지법을 제정하자

인사청문회와 공직자의 자세

국가기관의 헌법역량 강화

대한민국 헌법과 사법체계

특별사면의 기준을 마련하자

법령이름 간소화 특별법

'3·26사변'이라 부르자

新법조시대의 '법의 날'에 법치주의를 다시 생각한다

H형에게 – 누구에게나 행복한 세상

법치와 정치, 법조인과 정치인

2006년에 노무현(1946-2009) 대통령은 전효숙 헌법재판관을 최초의 여성 헌법재판소장으로 지명했다. 전 재판관은 2003년 8월 재판관에 임명되었으므로 헌법재판소장에 임명되면 그 임기가 3년밖에 남지 않는다. 그래서 임기 6년의 헌법재판소장으로 임명하기 위해 재판관 직을 사퇴하게 한 후 헌법재판소장 임명동의안을 국회에 제출했다.

문제는, 헌법 제111조 제4항에 의하면 헌법재판소장은 재판관 중에서 국회의 동의를 얻어 대통령이 임명하도록 규정되어 있다는 데 있다. 따라서 헌법재판소 재판관이 아니면 헌법재판소장이 될 수 없다. 2006년 9월 재판관을 사퇴한 전효숙 헌법재판소장 후보자에 대한 헌법재판소장 임명동의 요구는 위헌이고 부적법하다.

그런데 이 점을 지적한 것은 법조인 출신 국회의원이 아니라, 비법조인 출신인 조순형 국회의원이었다. 그 많은 기라성 같은 법조인 출신 정치인들은 참으로 부끄러워해야 할 일이 아닐 수 없다. 제17대 국회의원 중 변호사 출신은 53명이었다.

나에게는 조순형 의원에 대한 강렬한 기억이 하나 남아 있다. 그 분은 지역구 경조사에 돌아다니는 대신 그 시간에 국회도서관에서 자료를 찾아 연구하면서 현안에 대해 쓴소리를 잘하는 정치인으로 유명하다. 어떻게 보면 가장 정치인 같지 않은 정치인이다.

1997년 10월의 일이다. 서초동 대법원청사 4층 대회의실에서 대법원 국정감사가 열렸다. 나는 법원행정처 송무심의관으로서 대회의실에는 들어가 배석할 서열이 안 되어 대회의실 옆방에서 스피커로 법사위원의 질의를 들은 후 내가 담당하는 업무에 관한 질의가 나오면 이에 대한 법원행정처장의 답변자료 초안을 준비하는 일을 하고 있었다.

그런데 그날은 국감 시작부터 대법원장을 증인으로 채택하는 문제로 여야 간에 격론이 벌어졌다. 대개 대법원장은 국감장에서 인사말 정도만 한 다음 퇴장하고, 법원행정처장이 법사위원의 질의에 답변하는 식으로 진행되어왔다. 야당 위원들은 대법원장이 증인선서를 하고 직접 답변을 해야 한다고 주장하기 시작했다. 이에 대해 법원행정처장은 난색을 표하면서 실무자가 써준 답변서에 따라 "대법원장이 국정감사장에서 직접 답변한 전례가 없다. 양해해 달라"고 답변했다.

문제는 거기서 터졌다. 조순형 의원이 발언권을 얻어 이렇게 말한 것이다.

"대법원이 1995년에 근대사법100주년을 기념해 펴낸 《법원사法院史》를 보면, 대법원장이 국감장에서 답변한 전례가 있는데, 무슨 말이냐. 1967년 11월 9일 조진만 대법원장이, 1970년 10월 19일 민복기 대법원장이 국정감사에서 선서하고 답변한 예가 있다. 대법원이 발간한 책에 나와 있는데, 전례가 없다니."

조순형 의원은 법원행정처 실무자들도 잘 읽어보지 않은 《법원사》를 다 읽어보고 해당 페이지를 들이대면서 법원행정처장의 말문을 막아버렸다.

물론 대법원장이 국감에서 증인으로 답변하는 것 자체는 헌법적으로 문제가 있지만, 조순형 의원의 그 날카로운 지적은 지금도 기억이 난다.

이왕 얘기하는 김에 대법원장이 국감장에서 증인으로 선서하고 답변하는 것이 맞는지에 대해 잠깐 짚고 넘어가자.

결론부터 말하자면, 대법원장을 국정감사의 증인으로 채택하는 것은 헌법정신에 맞지 않는다고 생각한다. 대통령과 국회의장도 그렇고, 헌법기관장인 헌법재판소장과 중앙선거관리위원장의 경우도 마찬가지다.

앞에서 말했듯이 1997년 대법원 국정감사에서도 대법원장 증인 채택 문제로 격론이 벌어진 적이 있는데, 대법원에 대한 국정감사가 있을 때마다 법사위원 중 누군가는 가끔 대법원장의 출석과 답변을 요구한다. 이 해묵은 쟁점은 아직까지도 해결되지 못하고 있다.

국회법 제121조 제4항에 의하면, 국회의 위원회는 특정 사안에 대해 질문하기 위해 대법원장 또는 그 대리인의 출석을 요구할 수 있으므로 대법원장이 자진하여 출석해 답변하는 것 자체는 문제가 없다. 그러나 이 경우에도 대법원장은 대리인을 내보낼 수 있다고 해석되므로 대법원장이 불응하는 경우 법사위가 출석과 답변을 강제할 방법은 없다.

《법원사》와 국회속기록에 의하면 1967년 11월 9일 조진만(1903-1979) 대법원장이, 1970년 10월 19일 민복기(1913-2007) 대법원장이 국정감사에서 선서하고 답변한 예가 있기는 하지만, 국정감사권이 1972년 유신헌법으로 폐지되었다가 부활된 1988년 이후에는 대법원장이나 헌법재판소장이 국감 증인이 된 적은 없다.

원론적으로 말하자면, 국정 전반에 걸친 국정감사권을 가진 국회라고는 해도 그 행사에 있어서 입법·사법·행정이 엄격히 분립되어 있는 헌법체계를 도외시해서는 안 된다.

'3부요인'인 대통령, 국회의장, 대법원장은 3부府의 수반 또는 수장이기 때문에, 그들이 행한 행정처분에 대한 행정소송에서도 피고가 될 수 없도록 예우하고 있다. 이것도 그들이 헌법기관장이기 때문이다. 대통령이 한 행정처분의 경우 그 불복 행정소송의 피고는 법무부장관이다. 국회의장의 경우는 국회 사무총장이, 대법원장의 경우는 법원행정처장이 피고가 된다.

대법원장의 국감 출석 및 답변 문제를 가지고 아직도 왈가왈부하는 사태가 없어지지 않는 이유는 무엇일까?

나는 근본적으로 국회의 피감기관 선정이 잘못되었기 때문이라고 생각한다. 이것부터 시정해야 한다. 다시 말하면, 법사위가 '대법원'을 국정감사 대상기관으로 선정하는 것부터가 잘못된 것이다.

「국정감사 및 조사에 관한 법률」 제7조 제1호는 '정부조직법 기타 법률에 의하여 설치된 국가기관'을 국감 대상기관으로 규정하고 있다. 그런데 헌법 제101조 제2항에 의하면 대법원은 최고법원으로서 헌법기관이고, 단순히 '법률에 의하여 설치된 국가기관'이 아니다.

'법률에 의하여 설치된 국가기관', 즉 법원조직법에 따라 대법원에 설치된 국가기관은 대법원이 아니라 그 산하의 법원행정처, 사법연수원, 법원도서관 및 법원공무원교육원이므로, 피감기관은 이들 4개 기관이 되어야지 대법원이 되어서는 안 된다.

이는, 대통령의 경우 정부조직법에 의해 설치된 대통령실과 대통령경호처가, 국회의 경우 국회법에 의해 설치된 국회사무처, 국회도서관, 국회예산정책처, 입법조사처가 국정감사 대상기관이 되는 것과도 균형이 맞는다.

국회는 이러한 것부터 헌법정신에 맞게 시정했으면 한다.

국회의원 총선 때마다 단일 직업으로 보면 주요 정당의 당선인 중에는 변호사가 가장 많다. 법조인 출신의 기존 정치인 외에도 정치 신인으로 후보자가 되어 당선되는 법조인도 많다.

변호사 출신은 제17대 국회에서 53명, 제18대 국회에서 58명, 제19대 국회에서 42명이 당선의 영광을 안았다. 2012년 제19대 국회의원 중 41명은 지역구 출신이고 비례대표는 민주통합당 진선미 변호사 1명뿐이다. 41명 중 초선이 15명이다. 제19대 국회의원 300명 중 법조인은 약 14%를 차지하고 있는 셈이다. 2008년 제18대 총선 당시 한나라당(새누리당)은 정치 신인 중 28%를 법조인으로 충원했다. 제19대 총선에서는 법조인 출신 신인의 정계 진출이 종전보다 퇴조하는 모습을 보이고 있다.

법조인 출신 정치인에 대해서는 제19대 국회의원 총선을 앞두고도 논란이 있었다. 새누리당의 홍준표 대표최고위원과 이상돈 비상대책위원은 새누리당 국회의원 167명 중 법조인 출신이 38명이나 되어 너무 많기 때문에 제19대 국회의원 공천과정에서는 법조인 출신을 대폭 줄여야 한다고 주장했다. 법조인들이 서민과 동떨어진 삶을 살고 있고, 현장의 치열함을 모르며, 자신이 잘난 탓에 국민과 소통하는 데 부족하다는 것이다. 실제로 제19대 국회에서 새누리당은 법조인 출신이 거의 반으로 줄어들었다.

물론 그러한 주장이 나오게 된 원인이 무엇인지 잘 살펴보아야 하지만, 심지어 '법조당'이니 '로펌당'이니 하는 비아냥거림이 정치권에서 난무하면서, 자칫 법조인 전체에 대한 국민들의 인식에 나쁜 영향을 줄 수도 있어 우려를 금할 수 없다.

정상적인 정치는 결국 갈등을 중화하고 정책을 법과 제도로 만들어 내는 데 본령이 있는 것이라면, 법학도가 감당하기에 가장 근접한 영역임에 틀림없다.

법조인은 원래 복잡한 인간만사와 법률을 다루는 직업이고, 남의 일을 맡아 처리하는 데 익숙하고 그런 것에 숙달된 전문가여서, 국민의 위임을 받아 국민의 대표자로서 국정을 맡아 처리하는 데도 장점을 발휘할 수 있다. 법조인이 다수 국회에 진출하여 입법가 및 행정부감시자로서 제대로 된 역할을 해준다면 대한민국이 선진법치국가로 발전하는 데 커다란 기여를 할 것이다.

앞으로 특히 다양한 전공을 가진 로스쿨 출신 법조인이 대거 배출되면, 그 활동 영역을 법조계로 한정할 필요가 없을 것이다. 이렇게 법조인력이 급증하면 '정치예비군'의 풀pool이 더욱 확대될 것이므로, 법조인의 정치권 진출은 더욱 가속화할 것이다. 이러한 현상은 법치주의의 내실화 측면에서 바람직한 방향이 아닐 수 없다.

문제는 변호사 출신 국회의원의 숫자가 아니다. 그동안 법조계 내에서나 국민들로부터 존경받고 누가 보더라도 유능하고 정직한 법조인이 과연 정치권에 진입했는지는 곰곰이 따져보아야 한다. 법조인 출신이건 아니건 일신의 영달이 아니라 진정으로 국민과 나라를 위해 헌신하겠다는 각오가 되어 있는 사람이 공직에 진출하도록 하는 것이 본질이지, 법조인 출신 숫자가 많으니 적으니 하는 것은 본질이 아니다.

법조인의 정계 진출은 세계적인 추세에도 부합한다. 주지하다시피 미국 정치인은 대개 법학도이다. 미국 역대 대통령 43명 중 30명이 법학 전공자이다. 미국의 상·하원은 최근 들어와 비율이 감소하는 추세여서 예전과는 달라졌지만, 여전히 변호사들이 장악하고 있고, 이것을 탓하는 사람은 없다. 특히 우리나라 법조인의 우수한 능력과 자질에 비추어보더라도 변호사의 정계 진출은 바람직한 현상으로 받아들여지고 있다.

사실 법조인은 전통적인 사법의 영역만이 아니라 행정부, 기업, 시민사회단체 등에 진출해 이미 괄목할 만한 활약을 하고 있다.

당부하고 싶다. 법조인은 국회의원으로서 입법가 내지 정치인의 길을 걷게 되더라도, 언제나 법치주의와 정의正義를 세운다는 법조인으로서의 초심을 잃지 않는 국회의원으로 기억되어야 한다. 법조계로부터 존경받지 못하는 법조인 출신 국회의원이 국민들로부터 존경을 받을 수는 없는 것이다.

그런데 입법부에 진출한 법조인들이 그동안 과연 법조인·법률가로서의 역할을 제대로 해왔는지 의문을 제기하는 견해도 있다. 법조인 출신은 체질적으로 체제 순응적이고 과거 회고적이어서 정치적 상상력과 미래 지향적 창의력이 부족하다는 지적도 받고 있다. 정치 현장에서 얄팍한 법률지식을 기능적으로 이용하여 정권의 친위대로 활약한다는 비판을 받기도 했다. 제5공화국 때 여당인 민주정의당을 '육법당陸法黨'이라고 한 것을 기억할 것이다. 육사 출신과 법조인 출신으로 이루어진 정당이라는 말이다.

정치권에서 법조인 출신을 세칭 '율사律士'라고 비하하는 표현이 그러한 정서를 반영한 것일지도 모른다. 실제로 세상사를 폭넓게 보지 못하고 법의 잣대로만 만사를 재단하는 데 능한 법조인을 하수로 내려다보는 뉘앙스가 바로 이 '율사'라는 표현에 담겨 있다. 그래서 나는 '율사'라는 표현을 아주 싫어한다.

헌법재판소 창설 이래 수백 건의 법률이 위헌 선고를 받았다. 나는 이러한 사태에 대해 법조인 출신 국회의원의 책임이 가장 크다고 생각한다. 헌법이론과 헌법정신을 법률 제·개정과정에 투영하여야 할 1차적 책무는 법조인 출신이 지고 있기 때문이다. 법안 하나하나가 위헌법률이 되지 않도록 법조인·법률가로서 충실히 심의하는 일마저 소홀히 한다면, 그 아무리 거창한 정책을 담은 법률을 만든다 해도, 법조인이 국회에 진출하는 의미는 반감될 것이다.

그럼 나는 어떤가. 나는 정치인스타일이 아니라 전형적인 법조인스타일이다. 나에 대한 고려대 정찬형 교수의 인물평에 따르면 나는 '선비스타일'이다. 정치인의 자질도 없고 체질에도 맞지 않는다는 것을 나 스스로가 잘 안다. 나는 늘 내가 가장 잘할 수 있는 일을 하려고 한다.

헌법기관의 공백은 헌정체제의 위기다

1987년 헌법에 따라 헌법재판소가 출범한 것은 1988년 9월이다. 그로부터 23년이 지난 2012년 2월, 헌법재판관 선출안이 국회 본회의에서 부결되는 사태가 발생했다. 헌정사상 초유의 일이다.

2011년 7월 8일 조대현 재판관이 퇴임하기 전인 2011년 6월 28일에 국회는 그 후임으로 야당인 민주통합당이 추천한 조용환 변호사(사법연수원 14기)에 대해 인사청문회를 마쳤으나, 여러 가지 이유로 본회의 표결처리가 계속 미루어지다가 2012년 2월 10일 본회의에서 부결 처리한 것이다. 재석 252명 중 115명이 찬성표를, 129명이 반대표를 던졌다. 조용환 후보자가 2010년 3월 26일에 발생한 천안함 폭침 사건에 대해 인사청문회에서 한 발언에 대한 논란 때문이다.

한마디로 말해 어처구니없는 국회가 아닐 수 없다. 국회는 재판관 선출시기를 못 박아둔 헌법재판소법 제6조를 정면으로 위반했다. 헌법이 국회에 부여한 권한이자 의무인 헌법재판관 선출조차 제때 해내지 못한 것은 여·야의 정치력 빈곤 때문이다.

본회의 부결 후 여·야 정치권은 서로 책임을 떠넘기며 상대방을 맹비난하고 사후 공방을 벌였으나, 국민이 보기에는 오십보백보다. 헌법재판관 구성의 다양성 차원에서 야당에 1인의 추천권을 주었음에도 뭔가 마음에 들지 않는다고 비토veto한 일부 여당(새누리당) 의원들의 정치적 협량狹量도 문제려니와, 다수 국민들의 우려를 무시하면서까지 몇 달을

끌며 무조건 관철시키려는 야당의 오기도 애당초 문제였다.

나는 헌법재판관 구성의 다양성 확보를 위해 야당 몫으로 재판관 추천권을 주었다면 여당은 정치적 포용력을 발휘해 야당의 의사를 존중하고 조용환 후보자를 인준해주었어야 한다고 생각한다. 헌법재판소에서도 약자와 소수자의 의견이 숨 쉴 공간은 있어야 한다. 국민은 천편일률적으로 구성된 헌법재판소를 원하지 않는다.

그러나 여기서 누구의 잘잘못을 따지자는 것은 아니고, 그것은 본질이 아니다. 문제의 심각성은 이와 같은 헌법재판관 공백 사태는 단순한 법률 위반의 문제가 아니라 헌법 위반이라는 점에 있다. 이것이 위헌적 상황이라는 점을 직시해야 한다. 그야말로 헌정체제의 위기이다.

헌법재판관은 9명이다. 대통령, 국회, 대법원장이 3명씩 지명권을 가지고 있다. 그리고 이 숫자는 헌법 제111조 제2항("헌법재판소는 법관의 자격을 가진 9인의 재판관으로 구성하며, 재판관은 대통령이 임명한다")에 규정되어 있다.

이 점에서 정원이 법률사항에 불과한 대법관이나 국회의원 또는 국무위원이 일부 결원된 경우와는 전혀 차원을 달리한다. 헌법재판관의 공백은 여·야가 정치논리를 떠나서 해결해야 할 헌법문제라는 점을 강조하는 이유가 여기에 있다. 여·야는 이 문제에 대해서만큼은 정치적 득실이나 이해관계를 떠나 헌법정신에 따라 냉정하게 처리했어야 한다.

2012년 2월 조용환 재판관 선출안이 부결된 후 여·야의 태도는 더욱 문제였다. 제18대 국회는 지체 없이 다시 후보자 선정과 청문회 일정을 최대한 빨리 잡아서 2012년 4월 11일 제19대 국회의원 총선거 전에 후임자 인준을 마쳤어야 했다. 여·야는 책임공방을 접고 헌법과 국민을 바라보고 후임 재판관 선출 일정에 합의하여 헌법공백 사태를 단시일

내에 시정했어야 했다. 그 길만이 그 사이에 잃은 신뢰를 그나마 조금이라도 회복하는 길이었다. 그것만이 헌정체제를 유지하고 존속시켜야 하는 국회의 책무이자 의무를 이행하는 것이기 때문이다.

그러면 법적으로는 누구의 책임인가? 조용환 후보자에 대한 인사청문회 후에 국회 본회의에서 선출안이 부결되었으면, 국회의장은 지체 없이 국회법 제46조의3 제1항의 규정에 따라 '각 교섭단체의 대표의원과 협의하여 선출안을 제출'했어야 함에도 국회의장은 국회법을 정면으로 위반했다. 후임 재판관은 전임자의 임기 만료일에 임명하도록 규정한 헌법재판소법 제6조 제3항을 위반한 것이다. 이러한 법 위반은 원칙적으로 헌법상 탄핵사유가 된다.

이 문제는 2012년 4월 11일 제19대 총선을 앞둔 여·야의 정치 일정에 함몰되는, 결코 용납될 수 없는 상황에 이르고 말았다. 후임 헌법재판관의 공백이 2012년 9월 20일 민주통합당 추천 김이수 재판관이 취임할 때까지 무려 1년 2개월 이상이나 지속되는 심각한 위헌 사태가 벌어졌다.

그런데 이러한 헌정 공백 사태는 이번만이 아니라는 데 문제의 심각성이 있다. 국회 인사청문회를 마친 김용덕·박보영 대법관 후보자에 대한 국회의 임명동의절차도 지연되어, 대법원이 2011년 11월 21일부터 파행적으로 운영된 적도 있다. 다행히 2012년 1월 1일 새벽에 임명동의안이 처리되어 사법 공백은 47일 만에 해소되었다. 그 전인 2008년에 양창수 대법관의 경우 43일, 2005년에 김황식·김지형·박시환 대법관의 경우 43일의 공백이 생겼다. 그후 2012년 7월 10일 임기 만료로 퇴임한 박일환·김능환·전수안·안대희 대법관의 후임 대법관 4인에 대한 국회의 임명동의도 지연되어 2012년 7월 11일부터 대법원은 소부를 구성하는 12명의 대법관 중 무려 1/3의 공백이 발생하고야 말았다.

2012년 5월 30일 임기가 개시된 제19대 국회의 원 구성 협상이 늦어지면서 대법관 후보자 4인에 대한 인사청문 및 동의절차가 순조롭게 진행되지 않음으로써, 대법관 4인의 공백이라는 헌정사상 초유의 사태가 발생했다. 대법관 4인의 공백 사태를 막기 위해서는 먼저 제19대 국회 전반기 국회의장 선출이라도 먼저 이루어졌어야 한다. 인사청문회법 제3조에 의하면 인사청문특위 위원은 국회의장이 선임하도록 되어 있는데, 국회 원 구성이 지연되고 국회의장 선출도 늦어지면서 대법관 후보자에 대한 인사청문절차 자체가 늦어진 것이다. 적어도 여·야는 상임위원장 배분을 둘러싼 협상이 타결되지 않았더라도, 이와는 별도로 국회의장만이라도 먼저 선출하여 인사청문절차를 서둘렀어야 했다.

한국 의회민주주의의 실종이자 헌정체제의 위기라고 하지 않을 수 없다. 이는 국회가 인사청문 및 임명동의절차를 순조롭게 마쳐야 한다는 헌법상·법률상의 책무를 다하지 못한 것으로서, 무슨 이유로도 용납될 수 없는 위헌 상황이다. 비유하자면, 선거관리위원회가 국회의원 보궐·재선거를 정해진 날짜에 실시하지 않는 것을 도저히 상정할 수 없는 것과 같은 이치이다.

국회는 2012년 7월 2일에야 국회의장을 선출하고 청문회를 열어, 대법원 공백 22일 만에 후임 고영한·김신·김창석 대법관이 취임함으로써 대법원 공백은 일부 해소되었지만, 청문회 후에 자진사퇴한 김병화 후보자 후임 대법관 임명은 후보자추천위원회를 다시 구성하여 절차를 밟으면서 더 늦어졌다. 김소영 대법관은 2012년 11월에야 임명되었다.

거슬러 올라가 지난 2006년 11월 27일에도 노무현 대통령이 전효숙 헌법재판소장 후보자에 대한 지명을 철회하는 웃지 못할 일이 생겼다. 이것도 헌정사상 초유의 일이었다. 청와대 민정수석실에서 동의안을 잘못 제출한 것이 밝혀졌기 때문이다. 재판관 중에서 소장을 임명하도록 한 헌법규정(헌법 제111조 제4항 : 헌법재판소의 장은 국회의 동의를 얻어 재판관 중에서 대통령이 임명한다)을 위반하여 헌법재판소장 지명 후 재판관 직을 사퇴한 전효숙 재판관에 대해 소장임명동의 요청을 한 절차상의 중대한 하자를 비롯하여, 그 일련의 사태는 헌법재판소의 위상에 타격을 준 데서 더 나아가 법치국가로서의 위신마저 훼손한 일대사건이었다. 당시 헌법재판소장 자리는 무려 140일 동안이나 공석이 되었다.

전임 소장의 임기 만료 후 수개월 동안 후임자 인준에 실패하여 헌법기관의 수장 자리에 공백이 생기도록 한 것은 그 자체도 문제이지만, 소장 후보자 지명을 철회하고 바로 후임자를 지명하지 못한 것은 더더욱 문제가 아닐 수 없다. 헌법에 임기가 정해진 헌법기관의 장에 대해 후임자 지명도 없이 후보자 지명 철회를 한다는 것은 온당한 처사가 아니다. 헌정사에서 그동안 헌법재판소가 쌓아온 신뢰와 위상에 크나큰 상처를 주는 일이었다.

그와 같은 비정상적인 위헌 상황이 지금까지도 반복되고 있는 것이다. 무슨 국가비상사태가 일어난 것도 아닌데 헌법기관, 그것도 사법부에 공백이 생기게 된 것은 여·야를 떠나서 그 정치력이 빈곤한 탓이자 삼권분립의 헌정질서에 대한 이해 부족 때문이다. 이러한 사태가 반복되고 장기화된다는 것은, 대내적으로는 입법부나 정치권에 대한 극도의 불신을 야기하고, 대외적으로는 법치국가로서의 위신을 손상시키는 일이 아닐 수 없다.

무엇보다도 애당초 직무대리가 불가능한 대법관과 헌법재판관의 공백은 바로 국민의 권익을 제때 보호해주지 못하는 상황으로 이어지게 마련이어서 더욱 심각한 것이다. 주심 대법관이 사실상 중요한 역할을 하는 대법원의 경우 3개 재판부를 이루는 대법관 12명 중 일부의 공석은 그 전임 주심 대법관들에게 배당되어 심리 중이던 모든 상고 사건의 재판이 사실상 중단된다는 점에서 문제가 심각하다.

헌법재판소가 하는 막중한 역할 중 으뜸은 위헌법률심판이고, 위헌결정을 하려면 재판관 6명 이상의 찬성이 있어야 하는데, 9명 중 1인이 공석이면 재판관 3인만 반대하면 사실상 위헌결정을 못하게 되는 심각한 문제가 생긴다. 특히 우리나라 국회의 입법과정에서 합헌성 심사가 충분히 이루어지지 않는 현실에서 그동안 헌법재판소는 창설 이래 수백 개의 법률에 대해 위헌결정을 선고하는 등 충실한 입법부 견제와 국민 권익 보호의 핵심적인 역할을 수행해왔다. 재판관의 장기 공석으로 인해 헌법재판소가 법률의 위헌성 심사를 적시에 하지 못하게 되면, 위헌제청을 한 일선법원의 재판이 지연되고 결국 국민의 권익을 제때 보호해주지 못하는 상황으로 이어지게 마련이다. 이러한 사태의 정치적 원인이 누구에게 있는지를 불문하고 이는 누가 보더라도 이유 여하를 막론하고 있어서는 안 되는 위헌적인 상황이 아닐 수 없다.

근본적으로는, 국회의 동의절차가 정당한 이유 없이 지연되는 경우에 대비하여, 긴급한 경우에는 '선 임명, 후 인준'을 할 수 있도록 하는 규정을 두는 방안도 검토해야 할 것이다. 또는 대법관직무대리 내지 재판관직무대리 제도를 도입하는 방안도 좋을 것이다. 다만, 이러한 방안을 입법으로 해결할 수 있을지는 의문이고, 결국 개헌사항이 아닌가 생각된다.

사법부의 공백만이 문제가 아니다. 헌법기관장의 공백은 수시로 문제가 되었다. 경우가 다르지 몰라도 대통령 소속으로서 독립기관의 수장인 감사원장도 헌법상의 4년 임기 중에 후임자 없이 사퇴하여 공석이 된 적이 있다. 참여정부에서 임명된 전윤철 감사원장이 이명박 정부 출범 후인 2008년 5월 13일 사직하고 그 후임자인 김황식 감사원장이 그 해 9월 8일 임명될 때까지 감사원장은 석 달 이상 공석이었다.

국회도 마찬가지다. 2008년 5월 30일 제18대 국회의원 299명의 임기가 시작되었으나, 정작 그해 6월 5일의 개원국회 본회의가 무산됨에 따라, 제18대 국회는 원 구성조차 못한 채 표류했다. 이에 따라 명색이 국가의전서열 2위의 헌법기관장인 국회의장 및 그 직무를 대행할 부의장 2인이 모두 공석이었다. 제19대 국회도 마찬가지였다.

물론 국회가 개원을 하지 못하더라도 국회의원들은 임기 초에 하도록 되어 있는 선서(국회법 제24조)를 하지 않은 채 각자 국회의원으로서 독자활동을 할 수는 있지만, 행정 각부에 대한 견제 기능을 직접 수행하는 국회 상임위원회가 구성되지 않음으로써 산적한 국정현안에 대한 입법부의 목소리는 민의의 전당을 떠나 외곽에서 맴돌 수밖에 없다.

국회가 하는 막중한 역할 중 핵심은 민생입법 기능과 행정부 견제 기능인데, 행정 각부의 소관사항을 심의하는 각 상임위원회가 구성되지 않는다면 양 기능 모두가 작동하지 않는 것이 된다. 이는 결국 국민의 권익과 민생을 제때 챙겨주지 못하는 상황으로 이어지게 마련이다.

경우에 따라서는 물론 굵직굵직한 정치적 현안과 대립 때문에 원 구성 협상이 다소 늦어질 수 있다고는 하지만, 그와 같은 국정현안이 산적해 있다면 더더욱 빨리 원 구성 협상을 서둘러 마치고 본연의 기능을 수행하는 것이야말로 국정현안에 대해 신속히 대처하고 국민에 대한 신뢰를 회복하는 길일 것이다.

'청목회' 사건과 정치자금법

국회 행정안전위원회는 2011년 3월 4일 정치자금법 일부개정안을 전격 통과시켰고, 예상대로 여론은 악화되었다.

문제의 개정안은 정치자금법 제31조 제2항의 '누구든지 법인 또는 단체와 관련한 자금으로 정치자금을 기부할 수 없다'는 규정 중 '단체와 관련된 자금'을 '단체의 자금'으로 고치고, 제32조 제3호 소정의 '누구든지 공무원이 담당·처리하는 사무에 관하여 청탁 또는 알선하는 일과 관련하여 정치자금을 기부할 수 없다'는 규정 중 '공무원'을 '본인 외의 다른 공무원'으로 개정하려는 것이었다.

2011년 3월 6일 월요일자 신문부터 난리가 났다. 도하 각 언론은 일제히 이 개정안 처리는 청목회 사건으로 기소된 동료 의원 6명을 구하기 위한 편법 개정이라고 비판했고, 이에 따라 국민여론도 비등하고 있었다. 결국 이 개정안은 2011년 3월 11일에 예정된 본회의에서 처리되지 못했다.

나는 법 개정과 상관없이 현행법상 같은 해석을 할 수 있다는 입장이지만, 내가 가장 놀랐던 것은, 이러한 사태 전개과정에서 대한변호사협회 협회장 명의로 2011년 3월 7일 발표한 성명 때문이다. 언론이나 일반 국민은 몰라도 법률가단체가 할 성명으로는 부적절하다는 것이 내 생각이다.

변협은 '국민의 뜻에 명백히 반하는 정치자금법 개정을 즉시 중단하라!'는 제목 하에, '청목회 비리 사건으로 기소된 국회의원들에게 면죄부를 주고 입법로비를 합법화하는 정치자금법 개정안은 즉시 철회되어야 한다'는 내용의 성명을 발표했다.

대한변협은 지난 3월 4일 국회 행정안전위원회에서 여야 전원 일치로 통과시킨 '입법로비를 사실상 허용하고 이미 기소된 의원들에게 사실상 면죄부를 부여'하는 내용의 정치자금법 개정안에 반대한다.

통과된 정치자금법 개정안에 의하면 제31조(기부의 제한) 제2항 누구든지 국내외의 법인 또는 단체와 관련된 자금으로 정치자금을 기부할 수 없다는 규정 중 '단체와 관련된 자금'을 '단체의 자금'으로 바꾸었고, 제32조(특정 행위와 관련한 기부의 제한) 제3호 공무원이 담당·처리하는 사무에 관하여 청탁 또는 알선할 수 없다는 규정 중 '공무원'을 '본인 외의 다른 공무원'으로 개정하였다.

이는 단체의 회원으로부터 후원금을 받을 수 있고, 사실상 국회의원 본인의 '입법로비'를 허용하는 내용인바, 지난해 말 정치권이 위 내용을 포함한 정치자금법 개정안을 처리하려다 '제 밥그릇 챙기기'라는 여론의 뭇매를 맞고 사실상 무산된 바 있고, 청목회 로비 사건으로 기소된 여야 의원 6명에 대한 1심 판결이 2월에 재개될 예정으로 있으며, 검찰이 KT링커스 노조를 압수수색하는 등 노조로부터 총 약 1억의 불법 정치자금을 후원받은 것으로 알려진 10여 명의 국회의원들에 대하여 수사를 진행하고 있는 지금 이 시점에서 불법행위를 저지른 여야 의원들에게 '면죄부'를 주고 처벌 자체를 무력화시키는 일부 조항들만을 행안위에서 통과시킨 것은 입법으로 국가기강을 확립해야 할 국회가 스스로 법원의 재판권과 검찰의 수사권을 무력화시키는 것으로서 이는 헌법의 기본원칙인 권력분립의 원칙과 사법권의 독립을 침해하는 위헌적인 행위이다.

비록 정치권에서는 불명확하고 위헌 소지가 있는 부분 등을 고친 것이며 소액 후원금을 장려하는 취지라고 설명하고 있으나, 무엇이라고 변명하든지 관계없이 국민들은 이것이 기소된 의원들에게 면죄부를 줄 불순한 의도가 있다는 '실체적 진실'을 잘 알고 있다.

위 개정법안이 본회의를 통과하게 되면 입법로비와 관련한 검찰수사가 무력화될 뿐 아니라, 향후 정치권에 대한 수사 및 재판은 사실상 불가능하게 되어, 국회의원들은 '불체포특권'뿐 아니라 입법로비의 대가로 돈을 받아도 뇌물이나 정치자금이 아니므로 면책되는 '또 다른 특권'을 누리는 부당한 결과를 초래하게 된다.

이는 검찰의 청목회 로비 사건 수사에 대해 일부 정치권에서 '편파 수사'라고 주장하며 강력히 반발하였음에도 불구하고 70% 이상의 국민이 적극적으로 지지하였다는 사실을 외면한 채, 오로지 기소된 여야 의원들의 정치생명을 연장하는 결과를 초래하게 되는바, 이는 '국가의 주인인 국민의 뜻을 역행하는 심각한 도전'이라 아니할 수 없다.

한편, 농협의 불법 정치후원금 사건에서 검찰이 적용한 정치자금법 제33조(기부의 알선에 관한 제한)의 '누구든지 업무·고용 등의 관계를 이용해 부당하게 타인의 의사를 억압하는 방법으로 기부를 알선할 수 없다'는 조항 중 '부당하게 타인의 의사를 억압하는 방법으로'를 '강요하는 방법으로'로 바꾸어 처벌을 어렵게 만든 것 역시 형사처벌을 회피하려는 불순한 동기에서 비롯된 것이므로 비판받아 마땅하다.

그뿐 아니라, 개정안을 처리하는 과정에서 당초 소방방재청이 업무보고할 순서에 갑자기 정치자금법 개정안을 상정하였고, 개정안에 대해 위원회에서 제대로 된 논의나 반대 토론도 없이 법안이 10분 만에 통과되는 등 절차적인 문제점도 지적하지 않을 수 없다.

대한변협은 행안위를 통과한 정치자금법 개정을 명백히 반대하며, 향후 정치개혁특별위원회 혹은 법제사법위원회에서 개정안의 부당성에 대한 의견을 적극 개진하는 등 반드시 이를 막아내고, 특히 본회의 통과가 이루어지지 않도록 국민과 더불어 결사 저지할 것임을 천명한다.

아울러 법원과 검찰도 국민의 뜻을 겸허하게 받들어 예정된 재판과 수사를 법이 정한 원칙과 절차에 따라 신속하게 진행하여 국가의 주인인 국민들로부터 진정한 신뢰를 받게 되는 계기를 마련하게 되기를 바란다.

그런데 변협의 성명서와 같이 개정안이 '기소된 국회의원들에게 면죄부를 주고 입법로비를 합법화'하는 것인가에 대해서는, 좀 더 신중히 관련 법리를 검토해볼 필요가 있다.

내가 보기에 개정안의 취지는 종전 규정이 해석상 애매하여 이를 분명히 하려는 것이다. '단체와 관련된 자금' 부분은 헌법재판소에서도 2010년에 명확성 원칙 위반 여부가 논란이 되었던 부분이고, 정치자금법 제32조 제3호는 뇌물수수죄와는 달리 알선수재죄와 유사하게 당연히 국회의원이 '다른 공무원'에게 청탁하는 일과 관련하여 청탁을 부탁하는 자로부터 정치자금을 기부 받는 것을 처벌하는 규정으로 해석할 수 있다면, 위 개정안은 법리적 측면에서는 일리 있다는 입장도 충분히 가능하다.

유사한 법에 대한 판례도 있다. 대법원은 "변호사법 제111조 제1항은

'공무원이 취급하는 사건 또는 사무에 관하여 청탁 또는 알선을 한다는 명목으로 금품·향응, 그 밖의 이익을 받거나 받을 것을 약속한 자'를 처벌하고 있는데, 변호사법 제111조에서 말하는 '공무원이 취급하는 사건 또는 사무'라 함은 자기 자신을 제외한 모든 자의 사건 또는 사무를 가리키는 것으로 해석함이 상당하다"고 판시한 바 있다(대법원 2006. 4. 14. 선고 2005도7050 판결, 1997. 7. 22. 선고 96도2422 판결 등 참조).

당시 청목회 사건으로 기소된 여야 국회의원에 대한 재판이 계류 중이었고, 정치자금법 제31조 제2항 및 제32조 제3호의 해석에 대해서는 재판부의 법리판단이 남아 있었다. 그리고 개정안이 통과되더라도, 진행 중인 피고 사건이 반드시 면소가 되는 것으로 해석할 수도 없다.

법률가단체인 변협의 성명 내용이 진행 중인 재판에서 피고인이 당연히 향유해야 할 무죄추정의 대원칙을 훼손하는 것으로 비칠 수 있다면, 이는 적절하다고 볼 수 없다는 것이 나의 생각이다.

나아가 당시 수사 중이던 KT링커스 노조의 집단후원 사건과 김문수 경기도지사에 대한 운수회사 노조의 집단후원 사건도 불법정치자금이라는 것이 밝혀진 것도 아니었다.

그렇다면 헌법상 무죄추정의 원칙을 오히려 강조해야 할 재야법률가단체인 변협이 나서서, 입법권이 '법원의 재판권과 검찰의 수사권을 무력화시키는 권력분립의 원칙과 사법권의 독립을 침해하는 위헌적인 행위'라고 단정하는 것은 논란의 소지가 있는 것이다.

만약 국회가 여론에 어긋나게 입법권을 행사한다면 국민의 정치적 심판을 받는 것이야 당연하지만, 변협까지 나서서 그와 같은 여론에 편승하는 자세는 지양되어야 한다고 생각한다. 국회의 입법권의 행사가 과연 헌법적으로나 법률적으로 정당한 것인가 아닌가 하는 데 초점을 맞추는 것이야말로 법률가단체 본연의 모습이 아닐까.

당시 청목회 사건과 관련해 〈한겨레신문〉에는 김형태 변호사의 '서민을 위한 로비가 무슨 죄인가'라는 명칼럼이 실렸다.

이렇게 어수선한 와중에 2011년 3월 9일 서울북부지방법원(제11형사부 강을환 부장판사)에서 청목회 사건 국회의원 6명에 대한 공판이 열렸다. 검사의 기소에 대해 내가 변호인의 입장을 개진하는 모두진술을 했다. 모두진술문 일부를 여기에 싣는다.

*

피고인은 이 사건 공소사실을 도저히 인정할 수 없습니다. 피고인만이 아니라 다른 피고인들과 대다수의 국회의원들, 나아가 본 변호인도 이 사건은 기소 자체가 무리한 것이라고 생각합니다.

선거가 없었던 2009년에 국회의원 후원회는 1인당 500만 원, 합계 1억 5,000만 원 한도 내에서만 후원금을 받을 수 있었습니다. 그것도 미리 등록된 후원회계좌를 통하여 후원금을 기부 받아야 합니다.

현행 정치자금법은 기부 방법과 절차 및 한도를 철저히 통제하는 이른바 통제형을 채택하였습니다. 이러한 통제수단이 실질적으로 작동하는 이상, 수사나 재판 대상으로 삼는 것은 최대한 억제되어야 한다고 생각합니다.

이와 같이 정치자금법상 공개성과 투명성이 담보되어 있고 금액이 통제되고 있는데도 불구하고, 국회의원 후원회계좌에 대해 압수수색을 하고 일일이 '단체와의 관련성' 내지 '청탁과의 관련성' 등을 조사하고 선별적으로 기소한다면, 국민들의 정치불신 분위기에 불을 붙이는 격이 되고, 국회의원의 입법활동이나 정치활동을 위축시키며, 소액다수주의 원칙을 채택한 현행 정치자금 제도는 심각한 도전에 직면하게 될 것입니다.

잘 아시다시피, 정치자금은 '대의민주주의 정치체제를 유지하기 위한 비용'으로서 현대 민주정치에서 필수불가결한 비용입니다. 누군가가 부담하여야 합니다.

정치자금 제도는 '정치자금의 적정한 제공을 보장하고, 그 수입과 지출내역을 공개하여 투명성을 확보하며, 정치자금과 관련한 부정을 방지함으로써, 민주정치의 건전한 발전에 기여'(정치자금법 제1조)하기 위한 제도입니다.

'수입과 지출내역을 공개하여 투명성이 확보'된 이 사건에서, 과연 '정치자금의 적정한 제공을 보장'한다는 목적을 희생시키면서까지 지켜내야만 할 '정치자금과 관련한 부정을 방지'한다는 목적의 훼손이 있었는지, 앞으로 이 사건 공판과정을 통해 충분히 심리함으로써, 국회의원이 마음 놓고 정치활동을 하고 국민들은 마음 놓고 소액후원을 할 수 있도록, 분명한 기준이 정립되어야 한다고 생각합니다.

이 사건 재판을 통하여, 정치자금에 대한 우리의 인식 수준을 어떻게 가지고 가야 할 것인가 하는 가이드라인이 제대로 정립되어야 합니다.

왜냐하면, 이 사건 후원금과 같은 집단후원 방식의 실무와 관행이 만약 불법이라고 단죄된다면, 그만큼 소액다수후원이 위축될 수밖에 없어, '정치자금의 적정한 제공'이 보장되지 않기 때문입니다.

공소사실과 적용법조에 대한 사실상 및 법률상 주장을 구체적으로 말씀드리겠습니다.

공소사실은, 피고인이 '단체(청목회=전국청원경찰친목협의회)와 관련된 자금'을 기부 받았으니, 정치자금법 제31조 제2항을 위반하였다는 것입니다만, 피고인의 후원회계좌에 입금된 후원금은 '청목회와 관련된 자금'이 아니라 청원경찰 개인의 자금입니다.

정치자금법 제31조 제2항에서 말하는 '단체와 관련된 자금'이란 '단체의 자금', 즉 '단체에게 귀속된 자금'을 말하는 것입니다. 해당 단체에 소속된 개인 소유의 자금은 거기에 해당하지 않습니다. 다시 말하면, '자금원資金源'이 단체인 경우를 말합니다.

당해 자금이 자연인 개인의 소유로 적법하게 귀속된 상태에서는 이에 해당하지 않습니다.

정치자금법 제31조 제2항의 입법취지상 '단체의 기부와 마찬가지의 효과'가 발생하여야 비로소 정치자금법 제31조 제2항 위반죄가 성립합니다.

이 사건에서 피고인의 후원회계좌에 후원금을 입금한 주체는 '청목회'가 아니라 구성원인 개별 회원들입니다.

그 자금원을 보면 '청목회의 자금'이 아니라 개별 회원들이 오로지 소액후원금 기부 목적으로 자발적으로 부담한 돈입니다.

다만, '청목회'는 단지 소액후원의 절차상 편의성을 도모하기 위하여 회원들로부터 소액후원금을 취합하여 보관하였다가 다시 개별 회원들이 기부하도록 하는, 단순한 소개·안내·알선 역할을 담당하였을 뿐입니다.

결과적으로, 회원들은 자유의사에 의하여 자신의 돈 10만 원으로 각자 후원하고 후원회로부터 각자 후원금 납부영수증을 일일이 받아서 각자 적법하게 연말정산시에 그 영수증을 이용하여 모두 세액공제까지 받았습니다.

따라서 단지 후원자들이 청목회에 소속된 회원들이고 청목회가 후원 절차에 관여하였다는 사정만으로 이 사건 후원금을 '청목회와 관련된 자금'으로 보는 것은, 이 사건의 사실관계에 부합하지 않습니다.

자신들의 지위와 권익을 향상시키는 입법활동을 활발하게 하는 국회의원에게 감사와 지지와 격려의 뜻에서 자발적으로 세액공제 한도 내의 소액후원금을 기부하는 것은 정치자금법이 정하고 있는 소액다수주의 후원제도의 본래 취지에 부합하는 일이고, 오히려 장려되어야 할 일입니다.

아울러, 정치자금법은 단체의 자금을 가지고 기부하는 것을 금지하고 있을 뿐이고, 단체가 나서서 그 구성원들로 하여금 세액공제 범위 내에서 아무런 경제적 부담이 없는 소액후원금을 기부하게 소개·안내·알선하는 것은 금지하고 있지 않습니다.

정치자금법 제33조는 단체가 '억압'한 경우를 처벌하고 있습니다만, 이 사건은 그런 경우에 해당하지 않습니다.

만에 하나, 이 사건 후원금이 '청목회와 관련된 자금'이라고 가정하더라도, 그 후원금이 각 개인들의 명의로 10만 원씩 계좌 입금되었고 각 개인들이 연말에 세액공제까지 받은 이상, 후원회지정권자에 불과한 피고인으로서는 당연히 그 후원금이 청목회의 자금이 아니라 계좌 입금한 각 개인들의 자금이라고 인식할 수밖에 없습니다.

현행 정치자금법은 10만 원 범위 내에서 미리 등록된 후원회계좌에 입금되는 후원금에 대해서는 정치자금의 소액기부를 통한 국민의 정치 참여를 장려하기 위하여 세액공제라는 혜택까지 부여하고 있기 때문에, 이처럼 투명성이 보장되는 후원회계좌에 입금되는 돈이 실제로는 후원인의 자금이 아니라고 의심할 여지는 전혀 없는 것입니다. 의심할 필요도 없습니다.

피고인에게는 이 사건 후원금이 청목회의 자금이라는 점에 관한 고의(범의)가 없었고, 이와 같은 방식의 후원이 정치자금법에 위반된다는 점에 대한 위법성의 인식이 전혀 존재하지 않습니다.

나아가, 영국, 독일, 일본, 미국 등 대개의 나라에서는 단체의 정치자금 기부를 허용하고 있는 점, 우리나라도 단체의 정치자금 기부를 허용하여야 한다는 입법론이 전개되고 있는 점, 심지어 단체의 기부를 금지하는 현행법 규정이 헌법상의 과잉금지 원칙 위반이라는 위헌론도 있는 점 등에 비추어, 이 사건은 그 가벌성도 거의 없습니다.

다음, 공소사실은, 청목회가 공무원(국회의원)인 피고인 본인이 담당·처리하는 사무인 청원경찰법의 개정에 관하여 청탁을 하는 일과 관련하여 피고인이 청목회 측으로부터 후원금을 기부 받았으니, 정치자금법 제32조 제3호를 위반하였다는 것입니다.

그런데, 정치자금법 제32조 제3호는 '누구든지 공무원이 담당·처리하는 사무에 관하여 청탁 또는 알선하는 일에 해당하는 행위와 관련하여 정치자금을 기부 받을 수 없다'고 규정하고 있습니다.

정치자금법 제32조 제3호의 문언이나 입법취지에 비추어볼 때, 여기서 말하는 '공무원'이란 당연히 정치자금을 기부 받는 본인을 제외한 '다른 공무원'을 의미하는 것입니다.

공무원에게 청탁 또는 알선하는 행위를 하는 주체는 정치자금을 받는 사람이 되어야 합니다.

그리고 정치자금을 기부하는 사람은 국회의원에게 '다른' 공무원에게 청탁을 해 달라고 부탁하는 지위에 있어야 본조 위반이 되는 것입니다.

피고인은 '다른' 공무원이 담당·처리하는 사무에 관하여 청탁 또는 알선을 한 사실이 없기 때문에 정치자금법 제32조 제3호 위반으로 처벌할 수 없습니다.

결국 피고인이 직접 담당하는 입법사무에 관하여 청탁을 받고 후원금을 기부 받은 행위에 대해서는, 애당초 정치자금법 제32조 제3호가 적용될 여지가 없습니다.

피고인은 '사회적 약자를 위한 정치'를 모토로 삼아 평소 사회적 약자나 소외된 계층의 권익 향상에 최선을 다해 왔고, 17대 국회 당시인 2005년경에는 경찰공무원법 개정을 적극 추진하여 하위직 경찰공무원들의 근속승진제를 확대하는 데 기여한 바 있습니다.

이 사건에서 문제된 청원경찰법 개정을 추진한 이유도 평생을 근무해도 순경급 대우만 받는 청원경찰의 처우를 개선하여 청원경찰들에게 최소한의 생존권을 보장하려는 정치적 의지 때문이었습니다.

또한 국회의 법 개정과정을 살펴보더라도 충분한 논의가 이루어졌음은 물론이고, 개정안의 제안이유와 개정취지에 대한 압도적인 찬성을 얻어 본회의를 통과하였습니다. 당시 출석의원 182명 중 단 한 명의 반대도 없었습니다.

마치 피고인이 청목회로부터 입법로비를 받고 후원금을 받을 목적에서 무리하게 법 개정을 추진한 것이라고 본다면, 이는, 국회의 입법작용에 대한 이해 부족에서 나온 발상이고, 국회의원의 순수한 입법활동을 통한 정치적 업적과 자부심을 폄하하거나 국회의원을 모욕하는 것에 다름 아닙니다.

이상 말씀드린 것처럼, 피고인에 대한 공소사실은 그 전제가 사실과 다르거나 관련 법리에 대한 오해에서 비롯된 것이어서 모두 유죄로 인정될 수 없습니다.

앞으로 공판과정에서 소상히 밝혀지겠지만, 이 사건의 본질은, 청목회라는 단체가 이른바 '쪼개기' 기부를 한 사건이 아니라, 단체에 소속된 개인들의 집단적 기부 사건, 즉 이른바 '뭉치기' 기부를 한 사건으로서, 정치자금법 위반죄로 처벌하여서는 안 되고, 그 가벌성도 미약합니다.

국회질서유지법을 제정하자

국회가 거창한 국정과제를 국가의 백년대계 차원에서 논의할 만한 민주적 의사진행의 역량과 정치적 타협의 기술을 가지고 있는지에 대해 국민들은 의문을 품고 있다.

여·야의 극한 대립과 회의장 점거라는 비민주적인 행태에 대한 국민들의 지탄과 불신은 어제오늘의 일이 아니다. 최근 들어와 그 정도가 심해지고 있어 국제적으로도 조롱거리가 되고 있다. 매년 말이면 국회에서는 폭력 사태가 반복되었다. 쟁점 법률안의 당·부당을 떠나서, 그와 같은 입법 기능의 마비와 비민주적 의사진행 자체에 대해 우려를 금할 수 없다. 이는 민주주의정치의 실종이자 반反 법치주의의 극치로서, 국내외적으로도 수치스런 일이 아닐 수 없다. 한국 의회민주주의의 심각한 위기상황이다.

우리 헌정사에서 한때 국민들은 다수당의 독선과 횡포를 막기 위한 소수당의 정치투쟁을 민주화투쟁의 일환으로 어느 정도 용납하고 지지하는 정서가 있었다. 이 때문에 국회의 의결과 입법을 폭력으로 방해하는 행위에 대해서도 경우에 따라서는 비교적 관대하게 생각하는 경향이 있어왔다. 그것이 극한 대립을 국회의 관행이 되다시피 유도하는 토양이 된 측면도 있다.

그렇게 방치하고 있는 사이에 지난 2008년 연말과 2009년 새해 국회에서는 해머와 전기톱까지 등장했고, 몸싸움으로 수십 명이 다치는 등 심각한 국회폭력을 경험했던 것이다. 보좌진들이 상대 정당의 국회의원에게 하극상의 폭력을 행사하고 몸싸움을 하는 패륜도 비일비재하게 일어난다.

심지어 2011년 11월에는 국회 본회의장에서 명색이 대한민국의 국회의원이란 사람이 최루탄을 터트리고 의장석에 최루가루를 뿌리는 전대미문前代未聞의 충격적인 일까지 벌어졌다. 이것을 무슨 의거義擧라고 부르는 분들의 정신상태를 나로서는 정말 이해하기 어렵다.

무엇이 문제인가?

여·야 국회의원들은 물론이고 당직자들이나 보좌진들이 뒤엉켜 싸우며 울부짖고 폭력을 행사하는 생생한 장면을 보면서 한탄하고 비난만 하지 말고, 이제는 근본적인 대책을 세워야 한다. 의회민주주의의 발전과 법치주의의 확립이라는 차원에서 근본적인 처방을 마련해야 한다. 무슨 이유에서건 국회의 회의와 의결이 폭력에 의해 방해되고 입법권이 심각하게 제약되는 상황은 이제는 종식되어야 한다. 비슷한 예로, 사법부에서 법정法廷의 질서가 그와 같은 식으로 침해된다면 누구도 용납하지 않을 것이다.

늘 국정 각 분야에 걸친 근원적 처방이 논의되지만, 가까운 데서 답을 찾아야 한다. 최근 빈발하는 국회의 기능 마비 상황을 해소할 수 있는 길은 무엇보다 먼저 실정법을 지키는 일에서 출발해야 할 것이다.

형법 제138조는 법정모욕죄와 국회회의장모욕죄를 함께 규정하고 있다. 즉 법원의 재판 또는 국회의 심의를 방해 또는 위협할 목적으로 법정이나 국회회의장 또는 그 부근에서 모욕 또는 소동한 자는 3년 이하의 징역 또는 700만 원 이하의 벌금에 처하도록 규정하고 있다.

이는 사법부의 재판 기능과 입법부의 심의 기능을 보호하는 것이야말로 민주주의 수호의 핵심 요소라는 점에서 특별히 둔 처벌규정이다. 국회의원일지라도 본죄의 주체가 될 수 있다.

만약 법원에서 자기에게 불리한 재판을 할 것이 예상된다고 하여 법정이나 그 부근에서 재판 진행을 방해할 정도로 평온을 교란하거나 질서를 파괴하는 소란행동을 한다면, 법원은 사법 기능 수호 차원에서 당장 법원조직법 제58조의 법정경찰권을 발동하거나 형법 제138조의 법정모욕죄로 고발하는 등의 조치를 취하는 것이 당연할 것이다.

이와 유사한 상황에서 국회의 입법 기능이 훼손되고 있는데도, 국회가 정치논리나 힘 또는 국민정서에 휘둘려 스스로의 권위와 기능을 수호하지 못하고 있다는 데 문제의 본질이 있다. 사법부가 그 기능 수호를 위하여 결국에는 법정경찰권과 법정모욕죄를 활용할 수밖에 없듯이 국회도 이제 국회회의장모욕죄를 적극 활용하여야 한다.

물론 국회 내부에서의 심의방해나 소란행위가 때로는 정치적인 의사표현의 일환이기도 하다는 점 및 국회의 자율권이 최대한 존중되어야 한다는 점 등에 비추어 다른 기관(행정부의 수사기관)의 개입이 가급적 자제되어야 할 것임은 당연하지만, 국회의 기능 마비 상황이 계속되면 국민의 여론이 이제는 형법상의 국회회의장모욕죄의 개입을 용인하거나 종용하는 지경에까지 이를 수도 있을 것이다.

물론 겸억주의謙抑主義 법철학에 의하면 형법의 개입은 최소화하여야 하고 스스로 억제되어야 한다고 생각하지만, 시퍼렇게 살아 있는 형법의 국회회의장모욕죄를 더 이상 사문화하지 않았으면 한다.

앞으로 국민의 대표인 국회의원들이나 보좌진들이 국회회의장모욕죄의 현행범으로 체포되거나 고발되어 처벌받는 사태는 제발 없기를 바랄 뿐이다.

다른 한편으로는 국회질서유지법도 정비해야 한다. 국회가 자율적인 대화와 타협의 정치에 모범을 보여야 할 것이지만, 그런 것을 기대하기 어려운 상황인 이상, 강제성 있는 국회질서유지법의 제정과 엄격한 시행을 통해서라도 국회폭력과 단상점거로 인한 국가 기능의 침해를 방지해야 한다.

제18대 국회에서 '국회의 질서유지 등에 관한 법률안'과 '국회 회의 방해 범죄의 가중처벌 등에 관한 법률안'이 발의된 적이 있는데, 국회는 이와 같은 내용의 특별법을 제정하여 국회의 질서유지권과 경호권의 행사절차 및 가중처벌, 피선거권 박탈 등에 대한 정교한 룰을 마련해야 한다.

다수당과 소수당은 언제든지 바뀔 수 있다는 역지사지易地思之의 자세를 가지고 그런 법안 심사에 임한다면, 여·야를 떠나 위와 같은 법률안을 반드시 통과시킬 수 있을 것이다.

법률 시행 이후부터는 국회 회의장에서 다시는 폭력이 발붙이지 못하게 하는 계기로 삼았으면 한다.

인사청문회와 공직자의 자세

고위공직자는 국민의 일상생활에 중대한 영향을 미치는 모든 영역에서 정책을 세우고 법률과 제도를 만들어내는 중요한 일을 맡아 한다. 헌법과 법률의 최종 해석을 하기도 한다. 고위공직 후보자에 대해 국회가 인사청문회를 하도록 하는 인사청문회법이 2000년 6월 23일 법률 제6271호로 제정된 이래 인사청문회는 이제 의미 있는 정치과정이 되었다.

인사청문회법 시행 후 최초로 국회 인사청문장에 선 공직 후보자는 2000년 7월 대법관에 임명된 이강국, 이규홍, 박재윤, 손지열 대법관 후보자였다. 나는 영광스럽게도 이규홍 대법관은 초임판사로서, 손지열 대법관은 부장재판연구관으로서 모신 인연이 있다.

인사청문회법은 대법관이나 헌법재판소 재판관과 같이 국회법 제46조의3 제1항의 규정에 의하여 임명을 위하여 동의요청된 자 또는 국회법 제65조의2 제2항의 규정에 의하여 다른 법률에서 대통령 또는 대법원장으로부터 국회의 인사청문이 요청된 자, 대통령 당선인으로부터 국무총리 후보자로 인사청문이 요청된 자에 대하여 인사청문을 하도록 하고 있다.

2006년에는 역사상 처음으로 국무위원(장관) 후보자 4명에 대한 인사청문회가 개최되어 공직적격성에 대해 치열한 공방이 벌어졌다. 몇 년 전에는 국무총리 후보자들이 부동산투기 의혹 등으로 국회 동의를 받지 못한 예도 있다.

이처럼 인사청문회를 전후하여 고위공직자의 인생역정이나 도덕성 문제가 이제는 상당한 수준에서 검증된다는 측면에서 보면 긍정적이라고 평가할 만하다. 게다가 인사청문회를 통해 국민의 대표기관인 입법부가 행정부나 사법부를 견제한다는 고전적인 권력분립의 정신이 살아나게 되었으니, 이는 민주주의의 진전으로도 볼 수 있다.

국민의 여론을 등에 업은 인사청문회가 잘만 운영된다면 장차 고위공직을 맡으려는 인물들에게는 일종의 학습효과를 발휘하게 될 것이다. 다산 정약용丁若鏞(1762-1836)은 "꿈이 큰 사람은 반드시 청렴해지려 한다"고 했다. 그의 말대로, 평생 살아온 족적이 낱낱이 드러나게 되는 것을 실감한 고위공직 후보자들은 스스로 평소에 처신과 행동을 조심하고 적어도 시빗거리가 될 수 있는 행위를 은연중에 자제하게 될 것이니, 이는 장기적으로 바람직한 방향이라고 할 수 있다. 실제 2000년 무렵부터는 고위공직을 맡으려는 공직자의 자세가 달라지고 있다고 보인다.

그런데 국민의 기본적 의무를 다했는지 등 아주 기본적인 사항에 관한 비리 폭로에 초점이 맞추어진 인사청문회는 입법취지상 문제가 있다. 그런 개인사에 대한 것은 비공개로 청문을 했으면 한다. 물론 앞으로도 상당 기간 동안은 도덕성 시비나 국민의 기본의무 등 기본요건에 관한 시비가 인사청문회의 주를 이루게 될 것이지만, 언젠가 인사청문회를 의식한 공직 후보자들의 수준이 상향 조정된다면, 사실 그보다 중요한 것은 그가 고위공직자로서의 자질과 인품을 제대로 갖추고 있는지를 집중적으로 검증하는 자리가 되어야 한다는 점이다.

요즘 시대의 변화는 빛의 속도를 능가한다. 시대 변화를 따라잡고 미래 비전을 제시하는 선견지명과 먼 곳을 내다보고 살필 수 있는 거시적 안목을 가졌는지, 힘들게 살아가는 백성들의 소리를 지혜롭게 들을 줄 알고 그 고난에 동참할 수 있는 사람인지, 공의公義를 실천하고 인기에 영합하지 않으며 진실을 말하는 용기가 있는지, 성실히 일하면서 미래를 창조하고 개척하는 깨끗한 손을 가졌는지, 명석하게 사고하는 머리에다 양심으로 가득 찬 가슴을 가졌는지 등등을 치밀하게 검증하는 수준 높은 인사청문회가 되어야 한다.

그런데 총리·장관·대법관 후보자의 인사청문회 낙마 사태 등 공직자가 국민의 존경을 받기는커녕 국민의 지탄을 받는 사례를 지켜보면, 우리의 마음은 착잡할 수밖에 없다. 위법행위에 대한 무감각과 공직자로서의 윤리의식의 마비에 대해 개탄하는 목소리가 그 어느 때보다 높다. 이렇게 공직자에 대한 국민의 불신이 커간다면, 이 나라는 선진일류국가·행복국가의 미래를 기약할 수 없는 것이다.

2010년에 마이클 샌델 교수의 《정의란 무엇인가》라는 외국 책이 선풍을 일으킨 적이 있다. 이명박 대통령은 2010년 광복절 경축사를 통해 '공정한 사회'를 국정의 화두로 제시했다. 정의와 공정이라는 잣대를 들이대지 않더라도 건전한 국민상식으로는 도저히 납득하기 어려운 고위공직자의 빗나간 행태에 대해 비난이 빗발치는 현재의 위기는 곧 국가의 위기가 아닐 수 없다.

근·현대사에서 선진국에 진입한 비非 유럽 국가는 일본이 유일한데, 우리나라도 거의 유일하게 이제 선진국 문턱을 눈앞에 바라보고 있다. 그런데 지난 50여 년의 경제발전을 통한 산업화와 민주화의 성취를 토대로 선진국에 제대로 진입하기 위해서는, 국민소득이나 무역규모 등의 가시적인 지표도 물론 중요하지만, 그에 더 나아가 세계에서 존경받는 국격國格을 갖춘 문화국가文化國家가 되어야 한다.

그러기 위해서는 국민의 신뢰나 법치주의 등 눈에 보이지 않는 사회적 자본社會的 資本을 튼튼하게 갖추는 일이야말로 그 무엇보다 중요하다. 사회적 간접자본의 확충을 통해 선진국으로 진입하기 위해서는 그 선봉에 서 있는 공직자의 자세가 제대로 확립되어 있어야 한다.

그동안 우리가 자본주의 시장경제의 발전이라는 양적 성장에 치중한 나머지 영혼과 윤리도덕이 그에 걸맞은 질적 변화를 가져오지 못하고 퇴화된 것은 아닌지 다시금 되돌아보게 된다. 선비의 기상과 정신적 유산을 잃어가고 있는 것은 아닌지 반성해보아야 할 것이다.

국민들은 모든 사회 분야가 염치와 분수를 잊어버리고 혼란을 거듭하면 할수록 법조계가 원칙을 제시하고 중심을 잡아줄 것을 요구하고 있다. 법과 원칙이 바로 선 반듯한 나라를 반석 위에 올려놓기 위해서는 법조계의 공직자들부터 더욱 분발하고 모범을 보여야 할 것이다. 공직자가 가진 막강한 권한은 나 개인의 것이 아니라 국민으로부터 위임받은 것이라는 외경심畏敬心을 잊지 않아야 요즘처럼 국민정서와 동떨어진 공무집행이나 법해석을 더 이상 하지 않을 것이다.

고위공직 후보자에 대한 인사청문회 과정에서는 후보자들의 범죄행위가 속속 밝혀지면서 국민들에게 큰 실망감을 안겨주고 있어 심히 우려된다. 위장전입, 탈세, 직권남용, 명예훼손, 허위학력 등 백화점 식으로 다양하게 나타나는 고위공직 후보자들의 법적·도덕적 흠을 바라보면서, 일국의 지도자가 될 사람들이 이렇게도 인생을 안일하게 살았는가

하는 자괴감마저 든다.

요즘 세상은 인터넷을 통해 정보가 넘쳐흐르고, 특히 법적·도덕적 흠결이 없는 고위공직자를 세우고 싶은 의식 있는 국민들의 제보도 늘어날 수밖에 없다. 고위공직 후보자에 대한 청문회를 통해 평생 살아온 족적이 낱낱이 드러나게 되는 것은 이제 시대의 대세이다. 물론 운 좋게 피해갈 수는 있겠지만, 이제는 거의 숨길 수 없을 것이라는 생각으로, 고위공직을 맡으려는 후보자들은 스스로 평소에 행동과 처신을 조심하고 적어도 법적·도덕적 시빗거리가 될 수 있는 행위를 하지 말아야 할 것이다.

그런데, 도대체 어느 정도의 법적 흠은 사과나 유감 표시만으로 눈감아주어야 하는지, 어느 선을 넘으면 부적격자로 보아야 하는지, 아직 기준이 모호하다. 그 기준이 애매하여, 결국 청문회를 통과해 고위공직에 임명을 받는다고 하더라도 청문회 과정에서 밝혀진 범죄행위에 대한 형사절차는 별도로 반드시 진행되어야 한다.

위장전입은 엄연히 주민등록법 제37조에 의하면 3년 이하의 징역 또는 1,000만 원 이하의 벌금에 처하도록 되어 있는 범죄이다. 도로교통법 제148조의2의 음주운전죄와 법정형이 같다. 공소시효가 만료되지 않은 경우에는 형사절차가 즉각 개시되어야 한다. 이것이 법치주의이고, 공평한 사회에서 정의가 제대로 실현되는 것이다.

검사는 범죄혐의가 있다고 사료되면 수사해야 한다(형사소송법 제195조). 국민의 고발이 있기 전에, 수사기관에서 인지수사認知搜査를 해야 한다. 그 전이라도 공직자 스스로 진정 사과하는 마음이 있다면 자수하여 형을 감면받는 것도 좋을 것이다.

국민들 사이에 위장전입이 만연해 있고, 현행 주민등록법의 형사처벌이 과도한 것이라거나, 자녀진학이나 주택분양에 있어서 특수하고도 절실한 개인적 필요에 따라 부득이 위장전입을 했다고 한다면, 그와 같은 사정은 형사절차에서 정상참작하여 불기소(기소유예)하거나 약식기소로 처리하면 될 일이다. 다만, 나는 위장전입에 대해서는 형사처벌까지 할 것이 아니라 과태료 정도로 제재 수위를 낮추어야 한다고 생각한다.

공직자의 선거중립 훼손도 항상 문제가 된다.

공직선거법 제9조 제1항은 '공무원 기타 정치적 중립을 지켜야 하는 자는 선거에 대한 부당한 영향력의 행사 기타 선거결과에 영향을 미치는 행위를 하여서는 아니 된다'고 규정하고 있다. 이는 선거 때마다 문제된 공무원의 선거개입을 차단함으로써 공명선거를 달성하고자 하는 데 입법취지가 있다.

따라서 정치활동이 허용되는 대통령, 국무총리, 장관도 자신이 소속 정당의 구성원으로서 공직선거법이 허용되는 범위 안에서 선거운동을 하는 것은 몰라도 그 직위를 이용하여 선거에 부당한 영향력을 행사함으로써 선거의 공정성을 해쳐서는 안 된다.

2007년 6월 18일 중앙선거관리위원회는 노무현 대통령이 2007년 6월 8일 원광대 강연과 6·10민주항쟁 기념사 및 6월 13일 〈한겨레신문〉 인터뷰에서 특정 정당 및 후보자가 되고자 하는 자를 폄하하고 특정 정당에 대한 지지를 표명하며 여권의 대선 전략에 대해 언급한 것은 공무원의 선거에서의 중립의무를 규정한 공직선거법 제9조를 위반했다고 결정했다. 이에 대해 노무현 대통령은 2007년 6월 21일 '정치인으로서 개인의 기본권을 침해받았다'며 헌법소원을 제기했다.

표현의 자유가 보장되어 있으므로 개인으로서 선거나 특정 후보에 대해 의견표명을 하는 것까지 금지되는 것은 아닐지라도, 특정 후보자가 당선을 못하게 하기 위한 목적의식에 의한 행위라면 그것은 선거운동이 될 것이다.

대통령을 비롯한 공무원들은 공직선거법 제9조 제1항 위반의 문제를 떠나 자신의 언행이 '선거운동'에 해당하지 않도록 늘 유념할 필요가 있다.

국가기관의 헌법역량 강화

헌법재판소는 1988년 9월 창설된 이래 20여 년 만에 세계적으로도 유례가 없을 정도로 많은 수의 법률에 대해 위헌결정을 내렸다. 2010년 11월까지만 보더라도 무려 340건 이상의 위헌결정을 내렸다. 이웃 일본 최고재판소가 120년 동안 20건의 위헌판결을 선고한 것에 비하면 헌법재판소 출범 당시에는 상상하기 어려운 수치다.

반면에, 그 속내를 들여다보면 이는 그만큼 우리나라의 입법과정에 문제가 있다는 반증이기도 하다.

'1987년 헌법'이 탄생시킨 최고의 명작인 우리나라 헌법재판 시스템은 세계적인 주목을 받고 있고, 성공사례로 각국의 벤치마킹 대상이 될 정도로 성장했다. 이는 국가적 자랑거리가 아닐 수 없다. 물론 헌법재판소가 헌법불합치 결정을 다소 남발한다거나, 정치적으로 극도로 예민한 사건에서 타협적인 결정을 한다거나, 사법부와 사이에 권한경쟁을 한다는 외부의 비판도 제기되어왔다.

되돌아보면 헌법재판소가 초창기 그 위상 정립 차원에서 국회의 입법재량권과 대법원의 명령규칙심사권을 다소 무시하면서까지 위헌심사권의 범위를 넓혀온 측면도 없지 않지만, 그동안 위헌결정이 300여 건이라는 보도를 보면서, 과연 법률을 생산하는 행정부와 입법부가 헌법적인 관점에서 법률안을 세심하게 다듬는 역할을 제대로 수행했는지를 여기서 지적하고자 한다.

이제는 예방적 차원에서 각급 국가기관의 헌법역량을 대폭 강화함으로써 위헌법률의 생성을 최소화하는 방향으로 대책을 세워야 한다.

물론 가장 중요한 곳은 입법부이다. 입법과정에서 위헌성 문제를 공론화하고 헌법전문가의 참여를 대폭 확대해야 한다. 국회 입법조사처가 그러한 기능을 적극 수행하는 방안이 모색되어야 한다. 특히 다른 상임위를 통과한 법률안의 체계심사體系審査를 담당하고 있는 법제사법위원회는 체계심사권을 적극 활용해 법률안의 헌법적합성에 대하여 깊이 있는 심사를 해야 한다. 그를 위하여 헌법전문가가 법사위 전문위원으로 참여해야 한다.

제18대 국회의원 임기가 2008년 5월 31일에 개시된 지 두 달 이상 국회 원 구성이 완료되지 않아 헌법기관 공백 상태가 계속된 적이 있다. 당시 여·야는 서로 국회 법제사법위원장을 맡겠다고 기 싸움을 했다. 이러한 자리다툼 문제로 헌법기관인 국회가 제 기능을 발휘하지 못하는 비정상적인 상황은 있을 수 없는 일이지만, 그만큼 법사위가 중요한 기능을 하고 있다는 반증이기도 하다.

국회 법사위는 법무부·법제처·감사원·국가인권위원회 소관에 속한 사항, 헌법재판소사무에 관한 사항, 법원·군사법원사무에 관한 사항 등에 관한 의안과 청원 등의 심사를 담당할 뿐만 아니라, 다른 상임위원회를 통과한 법률안의 체계·형식과 자구의 심사도 담당하고 있다(국회법 제37조 제1항).

법사위는 특히 법률안의 자구만이 아니라 '법률안의 체계·형식'에 대한 심사권을 가지고 있으므로, 그 권한을 널리 행사하면 법사위는 각 상임위에서 충분한 심의를 마친 법률안이라 하더라도 그 통과 여부를 좌우할 수 있는 중요 관문이나 진배없다. 위원장은 사실상으로 법률안 통과를 보류할 수도 있다.

본회의에서는 경우에 따라 법률안에 대한 찬반토론을 할 뿐 실질적인 법률안 심의가 생략되다 보니, 법사위 심의가 사실상 마지막 법률안 심사 기회가 되고, 또한 법사위의 권한이 이와 같이 막강하다 보니 여·야 어느 쪽도 그 자리를 상대방에게 양보하기 어려운 것이 현실이다.

그래서 한때 법사위의 권한을 축소시켜 법사위에 상정된 지 4개월 내에 법사위가 처리하지 않으면 본회의에 직권 상정하도록 국회법을 개정하자는 논의가 대두된 적도 있으나, 이는 정치적인 동기에서 나온 것으로 오해될 수 있는 의견으로서 찬동할 수 없다.

법사위에 법률안 체계심사권을 부여한 것은 주로 법률전문가로 구성되는 법사위로 하여금 법률안의 헌법적합성과 다른 법률·제도와의 정합성 여부에 대해 깊이 있는 심사를 하도록 하자는 것이므로, 일률적으로 그 심사기간을 제한하는 것은 부적절하다.

오히려 법사위와 관련해 더 심각한 문제는 유능한 법률전문가들이 변호사휴업 문제로 법사위 배정을 기피하는 사태이다. 이러한 결과야말로 법사위의 권한 행사에 가장 큰 장애가 될 수 있으므로, 정치권은 이 문제에 대한 해법을 마련하는 데 지혜를 모아야 할 것이다.

다음, 법률안 제안권을 가진 행정부도 헌법역량을 대폭 강화해야 한다. 행정부처마다 법률가를 법무담당관으로 임명하여 위헌심사를 강화하는 일, 법무부에 헌법 담당 과 조직을 신설하는 일, 법제처의 법안 심사시 헌법심사 기능을 더욱 강화하는 일, 헌법전문가로 구성된 가칭 '위헌심사위원회'를 두어 모든 법률안에 대해 그 심의를 거치도록 하는 일 등의 방안을 검토해야 한다. 이러한 각종 법안의 위헌성 심사·분석 및 사전 대책 강구를 제도화하는 방안으로 가칭 '헌법영향평가제'를 입법화하는 것도 고려할 만하다.

나아가, 법관들의 헌법재판역량 강화도 시급한 과제이다. 헌법역량이 부족하게 되면 소송당사자의 위헌 주장에 대한 판단이유가 미흡하여 설득 기능이 떨어지고, 위헌제청신청에 대해 본안판결시까지 무작정 결정을 미루거나 뒤늦게 위헌제청신청을 기각했다가 헌법소원으로 나중에 헌법재판소에서 위헌결정을 받게 되는 일까지 생겨난다.

마지막으로, 변호사들의 헌법역량도 보다 강화해야 한다. 사건의 최첨단에서 국민의 기본적 인권을 옹호하고 법률제도의 개선에 노력해야 할 변호사야말로 항상 헌법적 잣대로 사건을 바라보고 필요한 위헌 주장을 적극 개진함으로써 헌법이 살아 숨 쉬는 재판규범으로서 그 생명력을 이어갈 수 있도록 선도해야 할 것이다.

대한민국헌법과 사법체계

1948년 7월 17일 '대한민국헌법'이 제정되고 1948년 8월 15일 대한민국 정부가 수립된 지 어언 환갑이 지났다. 사법부를 보면 정확한 출범일은 알 수 없지만 1948년 8월 5일 김병로 대법원장이 임명되고 1948년 11월 1일 대법관 5명이 임명된 지 60여 년이 지났다. 지난 60여 년 만에 대한민국은 경제발전과 정치민주화를 동시에 성취하고, 이제 선진일류 국가로의 비상을 꿈꾸고 있다.

대한민국 60년 현대사의 성취와 좌절, 빛과 그림자를 회고해보면, 종종 정치적 이유로 수차 개정되는 운명을 맞기도 했지만, 대한민국헌법은 자유민주주의와 시장경제를 기조로 한 대한민국의 정체성을 지키고 국민통합과 국가발전에 기여해왔다. 특히 1988년 헌법재판소가 출범한 후 헌법은 이제 국민생활 속에 살아 숨 쉬는 생활규범이 되었다.

그런 의미에서 나는 정부나 각급 기관들이 보유하고 있는 헌법 제정 및 개정 관련 각종 공문서와 사진 등 자료를 한데 모아 국민에게 전시하는 기념 공간이 마련되었으면 하고 바란다. 각종 헌법초안이나 원본 자료 등을 국민에게 공개함으로써 헌법의 제정 및 개정의 역사를 눈으로 확인할 수 있는 소중한 기회를 가졌으면 한다.

2007년 일본 〈아사히신문〉은 일본국 헌법 시행 60주년을 맞이하여 무려 8면에 걸쳐 사설을 게재하여 일본의 신전략으로 '지구공헌국가'를 제시한 바 있는데, 무척 인상적이었다.

헌법의 역사를 기억함으로써 헌법정신이 살아 숨 쉬는 선진법치국가를 향한 우리의 꿈을 더욱 다질 수 있다.

대한민국헌법도 이미 여러 차례 개정되었듯이 앞으로도 불변일 수는 없다. 개헌안은 대통령 또는 국회 재적의원 과반수의 발의로 제안될 수 있다. 제18대 국회에서는 국회의원들이 '미래한국헌법연구회'를 만들어 개헌안에 관한 연구 작업을 진행했다. 당시 국회의원 중 거의 3분의 1이 회원이었던 '미래한국헌법연구회'는 대통령제와 의원내각제에 관해 세미나를 잇달아 개최하는 등으로 헌법 개정 논의를 본격화했으나, 여론 확산에 실패하여 개헌안 초안 마련까지 나아가지는 못했다.

1987년의 개헌 이후 남북관계는 물론 시대상황이 많이 변했기 때문에 현행 헌법이 우리 몸에 맞는지 재점검할 때가 되었다. 특히 그동안 나타난 대통령 단임제의 문제점을 보완할 때가 되었다는 데 대해서는 대체로 공감하지만, 현 시점에서 고도의 정치적 이슈인 개헌을 본격 거론하기에는 시기상조라는 신중한 입장도 있다. 산적한 국정현안이 어느 정도 안정적으로 관리된다면, 본격적으로 개헌 문제도 검토할 수밖에 없다는 것이 일반적인 중론이다.

참여정부 시절 대통령 중임제에 관한 원-포인트one-point 개헌 제안이 공감대를 얻지 못한 채 무대에서 사라진 예가 있는데, 1987년의 민주화 개헌 이후 시대상황의 변화에 따라 대통령 단임제의 미비점을 보완하는 수준의 개헌은 언제든지 공론화될 수 있을 것이다.

그런데 개헌 논의가 시작되면 결국 모든 이해집단과 기관·단체 간의 정치투쟁이 본격화될 것임이 명약관화하다. 그렇게 되면 오히려 개헌을 둘러싼 이해관계의 첨예한 대립과 갈등으로 인해 결국 개헌이 좌초될 수도 있다. 과거에도 그랬지만 과연 앞으로 개헌 이슈가 정국의 핵으로 부상하고 언론과 국민여론의 지지를 얻으며 추진동력을 획득하게 될지는 사실 미지수이다. 특히 영토조항이나 기본권조항에 관한 논의까지 확대되면 개헌은 이념 대립으로까지 이어져 상당한 국력 소진을 초래할 수도 있는 폭발성을 갖고 있다.

그런데 정치권의 개헌 논의는 주로 통치구조 특히 현행 대통령 단임제의 문제점을 해결하자는 데서 출발하고 있어, 앞으로의 논의도 거기에 집중될 것으로 보인다. 그러나 헌법에서 기본적 인권 부분이야말로 국민생활의 미래와 직결되고 각종 법률 제·개정의 가이드라인 역할을 하기 때문에 기본권에 관한 논의도 활발하게 이루어져야 할 것이다.

통치구조 부분은 정치권에서 논의를 주도할 수밖에 없지만, 기본권 부분은 정치권만이 아니라 법조계도 논의에 적극 참여해야 한다. 지난 20여 년 동안의 헌법재판소의 판례를 헌법에 어떻게 반영할 것인지를 깊이 연구·검토하는 것은 법조계와 법학계의 몫이다. 향후 본격적인 개헌 논의가 혹시 있을 것에 대비하는 차원에서 차제에 대법원, 헌법재판소, 법무부, 대한변호사협회도 각기 '헌법개정연구반'을 설치하여 헌법개정 사항을 미리 추출해 심도 있게 연구하는 작업을 시작할 필요가 있다. 관련 전문가들의 철저한 사전 연구와 치밀한 준비가 선행되지 않으면, 개헌이 학자들의 이상론과 정치권의 이해관계에 따른 정치적 타협에 의해 기형적인 모습으로 이루어질 공산이 크기 때문이다.

지난 2009년 7월 17일 제헌절 기념식에서 김형오 국회의장이 개헌을 공론화하자고 제안한 적이 있다. 그리고 국회의장의 자문기구인 '헌법연구자문위원회'는 속도감 있게 헌법개정안 연구보고서를 마련하여 주목을 받았다. 당시 헌법연구자문위원회의 사법체계 관련 개헌의견은 상당한 논란거리가 되었다. 헌법연구자문위원회는 대법원과 헌법재판소의 통합에 반대하고, 개헌의견은 주로 헌법재판소를 강화하면서 사법부를 약화시키는 것이어서 법조계에 파문을 일으키기에 충분한 내용을 담고 있었다.

위 연구보고서는 일단 사법체계 관련 개헌의 어젠다agenda를 제시했다는 점에서는 의의가 있었지만, 명령·규칙에 대한 위헌심사권 일원화, 재판소원의 예외적 인정, 대법원장의 헌법재판관 임명권 삭제, 선거소송의 헌법재판소 이관 등 법조계 내부에서조차 공감대가 형성되지 않은 사항을 포함하고 있어서 기관 간 갈등만 증폭시켰다.

사법체계 관련 개헌 문제는 대법원장 자문기구인 '사법정책자문위원회'에서 큰 그림을 그리는 작업을 한 다음, 정치인과 헌법학자들만이 아니라 사법제도 운영 경험을 가진 법조계의 중론을 모으고, 국민의 입장에서 무엇이 기본권보장에 도움이 될 것인지를 기준으로 입법·사법·행정부 사이에 긴밀히 협의하고 충분히 논의한 후 국민여론의 공감대를 얻어서 결정해야 할 사안이다.

특별사면의 기준을 마련하자

특별사면은 문민정부에서 8차례, 국민의 정부에서 6차례 단행된 바 있다. 참여정부와 이명박 정부에서도 특별사면은 빈번하게 이루어졌다.

특별사면이 단행될 때마다 법조계와 언론계를 중심으로 대통령의 사면권 남용에 대한 우려가 제기되었다. 물론 국민화합이라는 대승적 차원에서 내린 정치적 결단이라는 점과 대통령의 고유권한이라는 점을 고려하더라도, 특별사면이 너무 무원칙하게 남용되어 특별사면 고유의 순기능이 사라졌다는 지적은 어제 오늘의 일이 아니다.

대통령은 '법률이 정하는 바에 의하여' 사면·감형 또는 복권을 명할 수 있으며(헌법 제79조 제1항), 일반사면을 명하려면 국회의 동의를 얻어야 한다(동조 제2항). 그리고 헌법상 사면·감형 또는 복권에 관한 사항은 법률로 정하도록 되어 있다(동조 제3항).

헌법에 의하면 국회는 법률로써 대통령의 사면권을 제한할 수 있다. 그럼에도 불구하고, 국회는 1948년 8월 30일 법률 제2호로 사면법을 제정한 이래 지금까지 사면법에 사면기준을 설정하는 내용의 사면법 개정을 한 적이 없다.

지난 2004년 총선 직전에는 특별사면을 할 때에는 1주일 전에 국회에 통보하여 의견을 듣도록 하는 내용의 사면법 개정안이 국회를 통과했으나, 당시 정부는 삼권분립 원칙 위배, 사생활 침해 등을 이유로 거부권을 행사하고 국회에 재의를 요구했고, 국회 임기 만료로 재의결안이 폐기된 적이 있다. 그후에도 국회 법사위에 사면법 개정안이 의원입법으로 발의되었으나, 실질적인 개정은 이루어진 바가 없다.

지난 헌정사의 경험에 비추어볼 때, 사면법을 방치해온 사이에 우리는 정치가 법 위에 군림하면서 법치주의 원칙과 법적 안정성을 저해하고 사법기관의 권위를 무너뜨리는 현실을 아직도 경험하고 있는 것이다.

따라서 사면 대상의 제한을 통한 예측가능성 확보, 사법기관의 권위를 존중하는 방안 등이 포함된 사면법 개정안이 마련되어야 사면권 남용과 형평성 문제가 어느 정도 해결될 수 있을 것이다.

이 문제는 정치권에만 맡겨두지 말고 주무부처인 법무부에서 나서서 법조계의 중지를 모아 합리적인 선에서 정부안을 만들어 제출하는 방안도 한번 시도해볼 만하다고 본다.

사면의 기준을 설정하는 내용으로 사면법이 개정되기를 바란다.

법령이름 간소화 특별법

최근 생성되거나 개변되는 법령의 경우 그 명칭이 법령의 내용 전부를 가급적 반영하려고 하는 정확성에 초점을 둔 나머지 지나치게 길어지는 경향이 있다. 이는 국민의 편리한 법생활이라는 측면에서 볼 때 문제가 아닐 수 없다.

예컨대, 과거 토지수용법과 약칭 '공특법'을 통합하여 「공익사업을 위한 토지 등의 취득 및 보상에 관한 법률」이 제정되었고, 부동산중개업법은 「공인중개사의 업무 및 부동산거래신고에 관한 법률」이 되었으며, 이른바 도산법들은 「채무자회생 및 파산에 관한 법률」로 통합되었고, 수십 년 동안 익숙했던 산림법은 「산림자원의 조성 및 관리에 관한 법률」로 바뀌었으니, 법률가들조차 정확한 법명이 헛갈려 법전을 찾는 데 곤혹스러운 경우가 비일비재하다.

게다가 시대상황에 따라 즉흥적으로 특별법이나 가중처벌법을 양산하다 보니, 이제는 형사법정에 걸린 개정開廷 안내문은 물론 공소장이나 판결문에는 형법보다 「성폭력범죄의 처벌 및 피해자 보호 등에 관한 법률」이나 「특정경제범죄가중처벌 등에 관한 법률」 등이 오히려 많이 사용되고 있다.

그리고 법명을 붙여 쓰던 관행을 바꾸어 띄어쓰기를 하면서 법명마다 꺾음 표시를 하게 되었으니, 종래 '민법'이라고만 할 것도 이제는 「민법」으로 표시하게 되어 낭비와 불편이 이루 말할 수 없다. 법조 실무에서 법령이름을 기재하거나 인용하는 데 지나치게 많은 수고와 노력과 비용이 소요된다.

법명은 법조인은 물론이요 국민들이 쉽게 알고, 쉽게 쓰고, 쉽게 기억할 수 있게 가급적이면 짧게 축약하여 정했으면 한다.

가령 「공직선거 및 선거부정방지법」은 최근 공직선거법으로 법명이 개정되었는데 그 연유는 차치하고서라도 정말 잘한 일이다. 「계량에 관한 법률」을 계량법으로, 「정치자금에 관한 법률」을 정치자금법으로 개정한 것도 같은 이유에서 바람직한 처사다.

과거 판결문에서 '공직선거및선거부정방지법(이하 "공직선거법"이라 한다)' 라고 길게 적어야 했던 것을 생각하면 법명 간소화가 얼마나 필요한지를 알 수 있을 것이다.

그리고 모든 법명에 「 」 표시를 하도록 하는 것은 그 자체 낭비이므로, 띄어 쓰지 않아도 되는 법명은 과거처럼 그냥 쓰고, 띄어 써야 할 법령의 경우에는 ' '로 표시하는 것이 전자자판을 사용하는 데 훨씬 편리하므로, 이 점도 개선했으면 한다. 따라서 법명은 가능한 한 띄어 쓰지 않아도 되도록 축약하여 정해야 할 것이다.

법령 제·개정에 관여하는 공직자들은 너무 자주 법령이름을 바꾸는 것도 물론 자제해야 할 것이지만, 법령이름 하나를 붙일 때에도 국민의 입장에서 생각하는 자세가 필요한 것임은 다언을 요하지 않을 것이다.

차제에 가칭 '법명간소화특별법'을 제정하여 모든 법률의 이름을 재검토하고, 한꺼번에 편리하고 쉬운 이름을 붙여주는 방안을 모색해야 할 것이다.

'3·26사변'이라 부르자

6·25사변 60주년을 불과 3개월 앞둔 2010년 3월 26일에 일어난 초계함(PCC) 천안함 폭침 사건이 발생한 지 한 달이 지났다. 선체가 인양되면서, 서서히 사건의 윤곽과 증거가 속속 드러나고 있다. 나는 사건 발생 뉴스를 보는 순간 직감적으로 북北에 의한 무력공격이라고 생각했다.

북의 전과前科 때문만은 아니다. 시골 동네 어느 집에 도둑이 들면 평소 소행이 불량하고 손버릇 나쁜 바로 그 아이를 직관적으로 떠올리게 된다. 민완형사가 강력범죄 발생 후 순식간에 용의자를 떠올리고 용의 선상에 올려놓는 날카로운 심증도 경험이나 직관에 의존하는 경우가 많다.

지금 용의자는 부인하고 있지만, 이제 수집되는 객관적 물증에 따라서는 북은 용의자 단계를 넘어 입건立件 후의 피의자, 나아가 기소起訴 후의 피고인의 자리에 앉게 될 것으로 예상된다.

만약 북의 무력공격에 의한 것이라는 나의 심증이 물증에 의해 입증된다면, 이는 '3·26사변'으로 명명되어야 한다. 국어사전을 찾아보면, 한 나라가 상대국에 선전포고도 없이 무력을 쓰는 일을 '사변事變'이라고 한다. 아무런 선전포고도 없이 은밀한 잠행을 통해 초계 중인 군함을 기습적으로 무력공격함으로써 46명의 고귀한 생명을 앗아간 것이니, 이는 단순한 테러나 사건 또는 해전이 아니라, 명백히 사변인 것이다.

이러한 중대한 사변에 대해 우리가 취해야 할 조치는 무엇인가? 그 중대 사태의 성격과 수위에 걸맞은 대응조치, 다시 말하면, '상응조치相應措置'가 필요하다. 상응조치는 순차적으로, 단계적으로 취해져야 한다. 정치적·외교적·경제적·군사적 상응조치를 다각적으로 하나하나 검토해야 한다. 다만, 이 경우에도 우리는 냉철함을 잃지 말아야 한다. 우리 대한민국은 저들과 달리 보편적인 국제규범을 준수하는 문명국가임을 잊어서는 안 된다.

이 시점에서 무엇보다 중요한 것은 철저한 진상규명이다. 광범위한 증거수집과 전문가의 과학적인 조사를 통해 총력을 기울여 객관적인 증거를 확보함으로써 피의자를 밝히는 일에 우선 매진해야 한다. 여기서는 누구의 소행인지를 밝히는 것이 우선이고, 이에 대한 우리 군의 방어태세가 적절했는지에 대한 진상규명은 시간을 두고 해도 된다.

책임소재가 가려진 다음에는, 제재와 처벌이 반드시 뒤따라야 한다. 또한 당해 책임자의 사죄 내지 사과를 받아내야 하고, 유무형의 손해에 대한 배상을 받아내야 한다. 사과와 배상의 수준에 따라 제재와 처벌의 수위가 낮아질 수 있겠지만, 종래처럼 개전改悛의 정이 전혀 없다면, 보다 강력한 제재와 응징에 직면한다는 점을 이번 기회에 분명히 보여주어야 한다.

그후 마지막으로 해야 할 일은 당연히 재발방지책의 강구다. 다시는 이와 같은 사변을 일으키지 않도록 국제적으로 담보되는 실효성 있는 약속을 받아내야 한다. 그와 같은 약속을 받아내는 데서 더 나아가, 이번 기회에 핵을 포기하고 개방의 길로 나아가 국제사회의 정상적인 일원이 될 것이라는 약속도 받아내야 한다.

물론 우리 내부적으로도 시스템을 정비하고 장비를 보완하는 등 징비懲毖의 지혜를 짜내야 한다. 혹여 안보 공백이 있었다면 돈이 들더라도 이를 대폭 보완해야 한다.

국민들은 자식을 군대에 보내듯이 내 돈을 기꺼이 낼 각오가 있어야 한다. 대한민국 영토와 영해와 영공을 물샐 틈 없이 지키는 것은 결국 우리 국민 스스로의 몫이기 때문이다.

〈2010년 4월 25일〉

新법조시대의 '법의 날'에 법치주의를 다시 생각한다

지난 2012년 4월 25일은 제49회 '법의 날'이었다. '법을 법답게 지키자'는 취지에서 제정된 '법의 날'은 원래 5월 1일이었으나 '메이데이'와 겹쳐 4월 25일로 변경된 것이 2003년이니 벌써 10년이 되었다. 4월 25일은 근대사법의 시발점인 1895년 법률 제1호 재판소구성법이 시행된 날이다.

2012년은 근대사법 117년, 대한민국사법 64년이 되는 해이자, 로스쿨 출신 신예법조인 1기가 탄생하여 '新법조시대'의 개막을 알리는 원년이기도 하다. 한국 법조는 30년 전 사법시험 300명 시대를 연 이래 가장 큰 변화의 시기를 맞고 있다.

그동안 우리 법조는 양과 질 모든 면에서 괄목할 만한 성장을 이루었다. 특히 1987년 체제의 민주화 이후에 법조가 헌정체제 내에서 차지하는 위상과 영향력은 서초동 청사의 위용에서 보듯이 비교법적으로 보더라도 그 어느 나라에서보다 높아졌다고 평가된다.

한편, 일부 법조인들이 국민일반의 상식에 맞지 않은 언행을 하여 지탄을 받기도 하고, 각종 비리로 인해 징계와 형사처벌의 대상이 되는 일까지 빈발하면서, 국민들은 법조에 대해 신뢰와 존경은커녕 실망을 하는 일이 늘어만 가고 있다. 법조인력 대량 배출로 인해 일자리와 일거리를 걱정해야 하는 현실은 녹록지 않다.

지난 시대의 산업화와 민주화의 성취를 토대로 선진국에 제대로 진입하기 위해서는 국민소득이나 무역규모 등의 가시적인 지표도 물론 중요하지만, 더 나아가 세계에서 존경받는 국격을 갖춘 '문화국가'가 되어야 한다. 그러기 위해서는 공직자에 대한 국민의 신뢰나 법치주의 등 눈에 보이지 않는 사회적 간접자본을 튼튼하게 갖추는 일이야말로 그 무엇보다 중요하다. 법조는 우리나라 헌정체제 내에서 법치주의의 시행착오를 극복하고 법의 지배를 사회 각 분야에 더욱 확산·삼투滲透시키는 선봉장이 되어야 한다.

국민의 행복을 좌우하는 민생과 복지가 결국은 법을 통해 제도화되는 선진법치국가를 지향하는 이상, 법의 영역과 법조의 역할은 증대될 수밖에 없다. 우리 법조가 심기일전하여 시대정신이 요구하는 사회적 역할을 잘 수행하고, 자세를 더욱 혁신하여 법과 제도를 바로 세우는 데 중추적인 역할을 다함으로써 국민에게 더욱 봉사하는 모습으로 다가선다면, 국민의 신뢰 속에 민주주의 발전에 기여하는 법조로 존경받을 수 있을 것이다. 그러기 위해서는 법률서비스의 수요자인 국민이 우리 법조에게 무엇을 요구하는지를 세심하게 읽어내고 외부환경의 변화에 보다 능동적으로 대응하지 않으면 안 된다.

무엇보다 먼저, 법과 제도를 만드는 법조인 출신 정치인들이 헌법정신을 입법에 제대로 구현하는 역할을 충실히 해주어야 한다. 1988년 9월 헌법재판소가 출범한 이래 무려 300건 이상의 위헌결정이 선고되었다. 국민의 권익 보호에 직결되는 헌법기관의 공백이라는 법치주의의 위기가 수시로 발생하고 있다. 이런 사태에 대해 법조인 출신 국회의원들에게 그 책임을 묻지 않을 수 없다. 이번에 당선된 42명의 법조인 출신들에게 거는 기대가 큰 이유가 여기에 있다. 헌정체제를 유지하고 헌법정신을 법률 제·개정과정에 투영하여야 할 1차적 책무는 법조인 출신이 지고 있다.

우리 법조는 그동안 추진해온 사법개혁을 잘 마무리해야 하는 과제도 안고 있다. 앞으로, 부족한 것은 보완하고 또 고칠 것은 개선해나가면서 국민의 요구 수준에 신속하게 부응하는 사법시스템을 만드는 데 중지를 모아야 한다. 심리불속행제도와 상고심제도의 개선, 법조일원화와 평생법관제의 정착, 법관평가와 법관인사권 행사의 합리화, 양형의 적정화·합리화, 재판전문성의 제고, 심급구조와 재판관할의 재조정, 영장항고제와 영장보석제도 도입 문제, 대검 중수부의 수사 기능 폐지와 특별수사청의 신설 문제, 검·경 수사권 조정 문제, 법무부의 문민화 등 앞으로 해결해야 할 사법개혁 과제가 산적해 있다.

제18대 국회 사법제도개혁특위에서 합의 도출에 실패했던 예에서 보듯이 조직이기주의로 인해 국민을 위한 사법개혁이 좌초되어서는 안 된다. 첨예하게 대립하는 주요 쟁점은 어디까지나 국민의 입장에서 국민의 여망을 존중하는 토대 위에서 타협하고 절충함으로써 해법을 찾아야 할 것이다. 법은 국가기관이나 공직자를 위해서가 아니라 국민을 위해 존재하는 것이기 때문이다.

그리고 법치주의의 확산을 위해서는 변호사의 진출 영역을 다변화하는 데 지혜를 모아야 하고, 1만 명이 넘는 변호사들의 창의적 역할이 더욱 강조되어야 한다. 변호사는 단순히 개개 사건을 맡아 법률사무를 처리하는 데서 더 나아가 '법률제도 개선'(변호사법 제1조 제2항)과 법률문화의 발전에 이바지해야 한다. 활동하는 각 분야에서 시대상황에 맞지 않는 법과 판례를 찾아내 이를 변경하기 위한 논리와 대안을 제시하고 법률의 위헌성을 적극 주장하는 등으로 법률가의 문화적 사명을 다해야 한다.

우리 법조가 법의 지배라는 관점에서 경제주체들에게 예측가능성을 확보해줌으로써 그 경제활동을 효율적으로 뒷받침할 수 있도록 법치주의가 내실화되어야만 우리나라는 선진일류국가로 웅비할 수 있다고 믿는다. '법의 날'에, 법의 지배와 법치주의의 내실화, 사법개혁과 인권보장 이념의 확산, 국민을 위한 사법시스템의 구축, 한국 법조의 선진화·국제화라는 네 가지 과제를 다시 한번 생각해본다.

〈법률신문 2012년 4월 26일〉

H형에게 - 누구에게나 행복한 세상

형! 제19대 국회의원 당선을 진심으로 축하드립니다.

형은 개인적으로 그토록 바라던 꿈을 이루어 기쁘기도 할 테고, 국민의 대표로서 감당해야 할 막중한 책무를 생각하면 가슴이 벅차오르며 각오도 남다를 것이라 봅니다.

며칠 전 올림픽대로를 지나다 보니 의원회관을 크게 새로 짓고 있더군요. 19대 국회가 개원하면서 넓은 새 건물에 입주한다고 하니 더욱 좋겠습니다.

좋은 인물을 뽑으면 세상이 달라지고 나라가 바뀐다고 했는데, 이 말은 형과 같은 사람을 두고 하는 말이겠지요. 형과 같이 참신하고 유능하고 장래성이 큰 기대주들이 이번 총선을 통해 속속 등장하는 걸 보면, 그래도 우리나라는 천운이랄까 국운이 있는 게 틀림없습니다.

지난해 여름, 형이 어떤 소명을 깨닫고 현실을 박차고 일어나 봉사와 헌신의 길을 가고자 한다고 말했을 때, 나는 내 기대가 적중했다고 좋아했습니다. 소통과 공존과 통합을 중시하는 부드러운 리더십이 필요한 시대에는 가장 정치할 사람 같지 않은 형과 같은 인재가 도리어 필요하다고 생각했기 때문입니다. 그것이 시대정신이고 시대의 요구라는 생각이 들었습니다.

정치가의 기본자질을 능력, 상식, 원칙이라고 한다면, 형은 충분히 자격을 갖추고 있습니다. 무엇보다도 대한민국의 핵심 가치를 사수하겠다는 그 비장함과 용기가 마음에 들었습니다.

형은 늘 법조인이 된 것으로 꿈을 이룬 것이 아니라 법조인으로서 새로운 큰 꿈을 설정하고 그것을 향해 부단히 노력해야 한다고 말했지요. 형은 법조인이 된 것 자체가 사회로부터 받은 엄청난 혜택이기에 그 빚을 갚고 되돌려주어야 한다고 말했었지요. 그 말을 스스로 실천하고 결국에는 봉사의 삶을 살아가기로 한 그 용기 있는 결정에 나는 박수를 보냈습니다.

형은 그동안 언제든지 공직이 맡겨지면 국가에 봉사할 수 있도록 평소 자기관리를 해왔던 것도 내가 지켜보아 잘 압니다. 내가 보기에도 형은 자신을 잘 건사하여 주위 사람들을 편안하게 하는 수기안인修己安人을 잘 실천해왔습니다. 내가 보기에 형은 확고한 국가관을 갖추고 역사를 제대로 알고 우리나라의 앞날을 고민하고 대책을 찾아낼 수 있는 능력과 지혜가 있는 인재입니다. 형은 어느 이슈에 대해서건 준비되어 있는 사람이었고, 우리나라 최고의 에이스입니다.

이번에는 낡은 정치냐, 미래 정치냐의 선택에서 승리했습니다. 그러기에 성실하게 나라와 국민을 생각하는 사람이 되려고 한다던 그 말이 허언이 될 리가 없다고 믿습니다.

조지프 캠벨은 신화에서 지도자(큰 인물)의 드라마틱한 성장 4단계를, leaving home(길 떠남), threshold(문턱 과정, 고난), ultimate boon(극적인 외부 도움과 은혜), return(귀환)으로 설정했는데, 형은 시골 고향을 떠나 갖은 고난을 거치고 나서 유권자의 도움을 받아 이제 유력 정치인으로 귀환했습니다.

형!

정치의 '政'자는 발걸음이 목표를 향해 똑바로 가도록 채찍질한다는 뜻이라고 합니다. 국가의 방향을 제대로 잡고 똑바로 인도하는 지도자, 미래를 내다보는 혜안과 전략적 마인드를 가지고 이 나라를 기어코 지켜내고 국민이 잘 살게 하는 데 목숨마저 거는 자세로 일하는 지도자, 국민의 행복을 책임지는 '최고행복책임자'가 되어주십시오. 절망과 신음 속에서 희망의 샘물을 길어 올리고 혼란과 어둠 속에서 질서를 찾아내는 지도자, 우리나라와 이 사회를 살 맛 나는 공동체 사회로 만드는 지도자가 되고자 한다던 나와의 약속을 절대 잊지 마십시오.

형은 그런 지도자로 성장할 수 있는 타고난 자질과 친화력, 그리고 성실성까지 갖추었으니, 장차 이 나라를 이끌고 갈 정치지도자로 우뚝 서리라 믿어 의심치 않습니다.

넙죽어멈 떡 돌리듯이 선심 쓰는 포퓰리즘이 아닌 한도에서 '복지증진을 통한 삶의 질 향상'이야말로 이 시대의 화두라고 생각합니다. 사실 지금은 이념보다 정책이 중요한 시대입니다. 흔히 '교-일-주-건-노'라고 하더군요. 교육-일자리-주거-건강-노령 문제 해결이 급선무입니다. 형은 국회의원으로서 이것만은 꼭 해결해주어야 합니다.

정치는 곧 생활의 문제요 민생의 문제가 아니겠습니까? 먹고사는 문제를 좀 더 세심하게 다루어주십시오. 살림살이정치, 민생정치, 생활정치에 주력하는 정치인이 되십시오. 국민을 무서워하고 국민의 삶을 돌보는 참된 생활정치가 뭔지를 보여주십시오.

나는 한 사람의 지도자가 우리의 삶을 바꿀 수 있다고 믿는 사람입니다.

그렇다고 형은 즉흥주의 정책에 휘둘려서는 안 됩니다.

형은 아이젠하워의 온화한 리더십을 좋아한다고 했습니다. 이 시대는 국민의 아픈 곳을 헤아리고 어루만져주는 부드러운 리더십이 필요한 시대이고, 청렴하고 전문성이 있고 폭넓게 보면서 소외계층도 아우를 수 있는 지도자가 필요한 시기라고 했습니다. 맞습니다. 시대는 변하고 있습니다.

물론 그 외에도 농어촌-경제-외교안보통일-정치에 대해서도 관심을 가져주었으면 합니다. 한반도를 둘러싼 상황을 주도적으로 관리하고 국제정치적 자기결정권을 확보할 수 있는 역량, 냉엄한 국제정치의 틀 속에서 종국에는 한반도의 평화통일을 창조해낼 수 있는 역사적 상상력, 세계평화의 지평을 넓히는 전략과 비전을 갖춘 정치지도자로 성장하십시오. 좌와 우를 아우를 수 있는 성숙한 통합의 새 민주정치를 펼쳐주십시오.

형에게 거는 저의 기대가 너무 크다고 겁먹지 마십시오. 형이 그동안 쌓아온 과거의 성과, 현재의 능력, 미래의 비전, 주변의 평가가 있기에 저는 형이 거뜬히 그런 소명을 다할 것으로 믿습니다.

형! 중국의 '류링허우'를 아시지요?

앞으로 10년 후 중국을 책임질 지도자들이 지금 견고한 경험을 쌓으며 성장하고 있습니다. 후춘화 네이멍구 당서기 1963년생, 순정차이 지린성 당서기 1963년생, 저우창 후난성 당서기 1960년생, 루하오 공청단 제1서기 1967년생, 쑤수린 푸젠성 당서기 1962년생, 누얼바이커리 신장위구르 당서기 1961년생, 장칭웨이 허베이성장 1961년생입니다.

형은 늘 우리나라에도 이제 저들과 어깨를 나란히 할 1960년대생 정치지도자를 키워야 한다고 말했지요. 저는 형이야말로 그런 기대를 저버리지 않을 거라 믿습니다.

아무쪼록 20세기를 잘 이어받되 전혀 다른 21세기 대한민국 대개조大改造의 길로 나아가도록 대한민국을 이끌어주십시오.

통일의 시대를 여는 지도자가 되십시오.

'누구에게나 행복한 세상'의 꿈을 꼭 이루어주십시오.

형! 다시 한번 국회의원 당선을 진심으로 축하드립니다.

〈2012년 4월 12일〉

제2장

사법개혁의 방향

대담한 사법개혁에 나설 때다

대법관 증원 문제, 헌법에 해답이 있다

대법원장과 [illegible]

오늘의 소수의견, 내일의 다수의견

고등법원과 지방법원, 광역법원으로 합쳐야

법관평가, 제도화하자

[illegible]

사법행정권과 재판의 독립

전국법관대회

법원행정처장

기념관기본법

재판 방영을 적극 검토하자

대담한 사법개혁에 나설 때다

2010년 1/4분기에 우리나라는 수출액이 드디어 G8에 올라섰다. 중국, 독일, 미국, 일본, 프랑스, 네덜란드, 이탈리아, 한국 순이다. 영국, 러시아를 추월했다. 자랑스러운 일이 아닐 수 없다.

그것이 전부는 아닐지라도, 다방면에서 5천 년 역사상 가장 눈부시게 국운 융성한 지금의 대한민국은 외국에서도 성공신화로 받아들이고 있다. 지난 60여 년의 대한민국 현대사를 총체적으로 평가한다면 능히 성공의 역사라고 할 만하다.

그렇다고 하여도 우리나라는 국정이나 사회의 어느 각 분야를 막론하고 아직도 국가선진화를 향한 개혁 과제가 무수히 놓여 있다. 우리나라가 고도의 선진국가로 성장해가는 과정에서 대한민국 60년의 성공을 바탕으로 이제 '국가대개조國家大改造'를 통해 한 차원 높게 '단절적 비약'을 이루어야 한다면, 그러한 대수술이 필요한 국가적 개혁 과제는 한둘이 아니다.

대한민국 사법부도 국가권력의 한 축으로서 마찬가지다.

저명한 헌법학자 한 분은 '우리나라 법원이 우리나라가 선진국으로 가는 데 발목을 잡는 걸림돌이고 우리나라 형사재판이 자의적인 증거판단과 들쭉날쭉한 양형과 전관예우로 점철된 만신창이여서 수술대에 올려놓아야 한다'는 주장을 했다. 그런 면이 전혀 없는 것은 아니지만, 그러나 나는 거기에 전적으로 동의하지는 않는다.

1만 4천여 명 이상으로 급속히 확대된 재야법조인들이 재판이 이루어지는 일상의 현장에서 법관의 재판을 늘 지켜보고 평가하고 있는 시대이기 때문에, 재판이 그렇게 엉망진창이나 만신창이까지 될 수는 없다.

2010년에 강기갑 의원의 이른바 '공중부양' 사건 판결을 비롯한 특정의 몇몇 하급심판결이 국민적 논란을 불러일으켰다. 이에 대한 이념적인 호·불호가 폭발해 급기야 국회와 언론 및 학계를 중심으로 편파판결, 편향판결, 사법파시즘이라는 막말로까지 비화한 적이 있었다.

그 당시 언론보도를 보면 마치 대한민국 법원이 정말 재판 하나도 제대로 하지 못하는 조직이라는 잘못된 인상을 심어주기에 충분했다. 이러한 극단적인 공격이 재판의 권위와 형사사법에 대한 신뢰를 심각하게 무너뜨리는 것은 아닌지 우려하지 않을 수 없다. 대한민국 법원이 재판도 제대로 하지 못하고 있다면, 국민들이, 심지어 외국 기업이 한국 법원에 재판을 걸 이유가 없을 것이다.

사법부의 역사를 평가한다면 과거 비민주적 권위주의정권 하에서 굴절된 모습으로 인해 아쉬운 부분이 없었던 것은 아니지만, 비약적인 경제발전과 민주화의 진전에 발맞추어 재판의 독립 면이나 사건 처리규모, 인적·물적 자원 및 재판역량 면에서 우리나라의 현재 국력 수준에 버금가는 괄목할 만한 성장을 이루어냈다고 할 수 있다.

물론 아직도 상고심제도의 개선, 법조일원화의 대폭 확대, 관료적 사법시스템의 개선, 법관인사권 행사의 합리화, 양형의 적정화·합리화, 재판전문성의 제고, 재판관할의 재조정 등 앞으로 시급히 해결해야 할 사법개혁 과제가 산적해 있다.

재판제도 자체의 속성을 감안하더라도, 사실 아직도 사법부에 대한 국민의 신뢰 수준이 만족스러운 것만은 아니다.

과연 사법제도가 적정하고도 신속한 재판, 분쟁의 발본색원적 해결에 적합한 구조로 짜여 있는지, 신속한 재판을 해야 한다는 생각 때문에 또는 밀려드는 사건 수에 비해 재판 인력이 부족하다는 이유로 '적정한 재판'의 이념이 희생되고 있는 것은 아닌지 되돌아보아야 할 것이다.

영화 〈도가니〉, 〈부러진 화살〉의 흥행에 따라 재판제도 전반에 대한 국민적 반감이 확산되었다. 이에 동조하는 세력의 법원에 대한 과도한 공격, 정봉주 전 의원에 대한 공직선거법 위반 사건의 주심인 이상훈 대법관에 대한 고발, 곽노현 서울시 교육감에 대한 제1심 재판결과를 이유로 한 재판장 개인에 대한 공격 등 사법부 외부에서 벌어지는 사법에 대한 불신과 저항의 수준은 전례가 없었다.

거기다가, 일부 법관의 부적절한 언동을 둘러싼 사회적 논란과 이에 대한 징계 및 법관재임명 탈락에 따른 진통 등 사법부 내부의 갈등까지 겹쳐, 사법부를 둘러싸고 벌어지는 악재는 가히 법조계 전체의 위기로 번지고 있다.

이러한 급격한 외부환경의 변화는 법조계나 법조인 전체에 대한 정서적 반감 때문에 증폭되는 면도 있지만, 법조계의 대표 격이자 인권보장의 최후보루인 사법부가 여기서 중심을 제대로 잡지 못하고 계속 미적거리면서 대응의 시기를 놓치고 현재와 같은 혼란 상황이 계속된다면, 헌정체제 내에서 사법부가 담당하는 기능과 권위의 실추로 이어질 것으로 우려된다. 종국에는 법치주의와 국가 사법질서가 무력화될 수도 있다는 위기감을 갖고 대응해야 한다.

지금 국민들 입장에서는 사법부가 뭔가 좀 더 개혁하고 개선해야 할 부분이 있다고 생각하고 있는 것이다. 2011년 9월 양승태 대법원장 취임 이후에 사법제도 전반에 걸친 개혁 작업에 나서지 않고, 평생법관제와 같은 법관인사제도의 개선에 주력하면서, 국민들의 기대 수준에 부응하지 못한 측면이 있다.

국민들은 양 대법원장이 새로 취임한 만큼 국민들의 기대 수준에 맞추어 국민들의 눈높이에서 '재판 받고 싶어하는 법원', '언제나 믿음직하게 재판하는 법원'이라는 인식이 피부에 와 닿을 수 있도록 이제 사법부가 사법제도 전반에 걸친 대담한 개혁에 나서줄 것을 요구하고 있는 것이다.

물론 그것은 법원을 위한 사법개혁이어서는 안 되고 국민을 위한 사법개혁이어야 한다.

특히 몇 백 명에 불과하던 법관수가 이제 3,000명을 바라보고 있고, 헌법재판을 하는 헌법재판소가 별도로 있는데도, 대법원의 상고심은 예나 지금이나 극소수의 대법관만으로 운용하는 것이 과연 현실에 맞는지도 본격적으로 논의해야 한다.

상고심의 개선방안으로, 고등법원 상고심사부제도 시행 내지 대법관 증원 또는 대법원의 2원적 구성방안 등이 조속히 검토되어야 할 시점이다.

그리고 현재의 3단계 행정구역을 개편하기 위한 논의가 진행되고 있는바, 이와 연계하여 전국 법원의 관할구역을 현재의 교통상황이나 생활권역 등에 맞추어 전면 재검토하는 문제도 시급한 과제이다.

이제라도 대법원장은 먼저 법원조직법 제25조에 규정된 '사법정책자문위원회'부터 소집하여 각계 원로들의 고견을 듣는 등 외부 의견 수렴에 나서야 한다. 그 다음, 대법원에 각계각층이 널리 참여하는 '사법개혁위원회'를 만들어 사법시스템 전반에 걸친 대담한 사법개혁을 적극 추진해야 한다. 여기서 다시 실기하면 현재와 같은 내우외환의 위기상황을 극복하고 사법의 재생再生을 이룩할 수 없다는 냉철한 현실인식이 필요하다.

사법부가 자체 사법개혁에 적극 나서지 않으면, 또 국회가 나설 수 있다. 제18대 국회는 2010년 3월 '사법제도개혁특별위원회'를 출범시켰다. 그 결과 판·검사의 이른바 전관예우 금지(1년간 최종 근무지 사건 수임 금지)를 골자로 한 변호사법 개정을 이루어내는 괄목할 만한 성과를 거두었다. 이러한 성과는 법원·검찰만이 아니라 행정부의 고위공직자 전체로 전관예우 금지를 확대하는 방향으로 발전하는 기폭제가 되었다.

사개특위는 상당한 합의안을 도출했지만, 대법관 증원과 상고심제도 개선, 양형기준의 국회 동의 여부, 영장항고제와 영장보석(조건부 석방) 제도 도입 문제, 대검찰청 중앙수사부의 수사 기능 폐지와 특별수사청(고위공직자비리조사처)의 신설 문제 등 몇 가지 민감한 쟁점에 대해서는 합의 도출에 실패했다.

미결 상태인 첨예한 주요 쟁점에 대해서는 앞으로 적절한 시기가 되면 다시 논의가 본격화될 것인데, 앞으로 사법개혁을 함에 있어서는 반드시 유념할 사항이 있다.

첫째, 무엇보다도 헌법정신을 존중하여야 한다. 문제의 해결책은 헌법규정과 헌법정신에서 찾아야 한다. 입법권이 국회의 고유권한이라 하더라도 국회가 모든 것을 다 할 수 있는 것은 아니다. 국회는 행정부와 사법부의 입장과 전문성을 존중하는 토대 위에서 입법권을 신중하게 행사해야 한다.

개혁 과제를 해결하려면 그동안 사법개혁을 꾸준히 해왔고 실제로 재판을 담당해야 하는 사법부의 의견이 중요할 수밖에 없다. 사법부를 배제한 채 외부에서 일방통행 식으로 사법개혁을 해야만 그런 개혁 과제가 성공할 수 있다는 주장은 지나친 이상론이고 지난 시절 역사적 성과를 도외시하는 것으로서 수긍하기 어렵다.

반대로 행정부와 사법부도 입법권에 대한 의견개진을 넘어서 마치 가이드라인을 제시하는 듯한 태도를 보이거나 조직적으로 반발하는 태도를 보이는 것도 자제되어야 한다.

둘째, 조직이기주의로 인해 국민을 위한 개혁이 좌초되어서는 안 된다. 입장이 첨예하게 대립하는 주요 쟁점은 어디까지나 국민의 입장에서 국민의 여망을 존중하는 토대 위에서 해법을 찾아야 한다. 사법개혁의 기본목표는 결국 국민의 사법제도에 대한 신뢰를 제고하자는 것이다. 기관이기주의적 발상이나 정략적 접근 태도를 앞세워서는 사법개혁은 소기의 성과를 거둘 수 없고 혼란만 증폭시킬 것이다.

셋째, 한꺼번에 모든 것을 망라적으로 다 이루려고 하는 욕심을 버려야 한다. 합의 가능한 쉬운 것부터 차근차근 입법화하고, 첨예한 이해관계가 대립되고 있는 부분은 상호 양보와 타협·절충을 통해 가능한 한 합리적인 대안을 마련해야 한다.

대법원은 2012년 3월 자체 발간한 '사법발전계획'인 《법원은 국민 속으로 국민은 법원 속으로》를 통해 향후 양 대법원장 임기 동안 추진할 주요 사법정책 과제와 추진계획을 제시했다. 이를 통해 '양승태 대법원'의 자체적인 사법개혁 구상이 어느 정도는 가시화되었다.

사법발전계획에 제시된 사법이념과 사법정책 목표를 달성하기 위한 세부 실천방안이 순차적으로 시행되면 국민의 신뢰를 받는 열린 법원으로 거듭날 수 있을 것으로 기대된다.

사법발전계획에는, 이미 그동안 추진되어온 평생법관제와 전면적인 법조일원화 외에도 제1심 강화를 위한 전담·전문법관제의 확대, 민사소송에 대한 국민참여(배심)재판제도의 도입, 시민사법참여단·시민사법참여위원회의 설치, 사법정책연구기관의 설치, 법관연임심사의 강화 방안은 시의적절하고 주목할 만하다.

특히 법무부 산하의 형사정책연구원이나 헌법재판소 산하의 헌법재판연구원의 성과에 비추어볼 때 중장기 사법 과제의 연구를 담당할 전문연구원(사법정책연구원)의 설치는 의미가 있다고 본다.

총론적인 사법발전계획이 수립된 이상, 첫째, 그 실천을 위한 세부 로드맵의 작성이 필요하다. 둘째, 일선 법원이 주도적으로 나서야 한다. 법원행정처에서 향후 구체적인 방안을 마련해야 할 부분도 있겠지만, 직접 재판을 담당하고 국민과 소통해야 하는 각급 법원이 그 실정에 맞게 세부 방안을 마련하여 실천함으로써 국민이나 소송관계자의 피부에 와 닿는 변화의 모습을 보여주어야 한다. 전국적으로 동시 실시가 어려운 사항은 특정 법원의 시범운영을 통한 전국적 확산 방식으로 하는 것이 바람직하다.

다만, 여기서 유념할 점은, 제1심을 강화하고 국민을 위한 합리적인 재판제도를 마련함에 있어 법원별 또는 재판부별로 재판 진행의 절차가 각양각색으로 되어서는 곤란하다는 점이다. 민사재판 및 형사재판 진행에서 창의적인 방안을 도입한다고 하여 '소송절차의 전국적인 통일성의 원칙'이 저해되는 경우가 있어서는 안 된다는 것이다. 소송관계자가 법정에서 혼란을 느끼지 않도록 세심한 배려를 하면서 외부 여론을 수렴하여 제1심 강화 방안을 시행해야 할 것이다.

나아가, 사법발전계획과는 별도로, 대법원은 국민들이 바라는 사법개혁 과제의 해결에도 적극 나서야 한다. 예컨대 대법관 증원이나 대법원 구성의 변경 방안, 심리불속행제도의 개선, 재판관할의 전면 재조정, 특허소송체계의 개편, 노동법원의 설치 및 자치구법원의 설치 등의 문제에 대해서도 실기하지 않고 적극 추진해야 한다.

일부 판사들의 정치적 편향성, 심리불속행제도의 파행적 운영, 사실심 법원의 과도한 조정 강요, 젊은 법관의 재판 진행상의 문제점 등 사법부에 대한 국민들의 불만이나 불안을 해소하는 개선방안이 나와야 한다. '언제나 믿음직한 재판을 하는 법원'을 만들기 위해 '국민을 위한 사법개혁'을 추진해야 한다.

대법원에 대법관을 대폭 증원하거나 대법관 아닌 대법원판사를 두든지 하여 대법원의 재판에 대한 국민들의 불만을 어떻게 해소할 것인지, 법관들이 변호사 개업을 안 하고 평생 판사로 근무할 수 있도록 하고 법조일원화를 어떻게 조기 정착시킬 것인지, '경륜 있고 나이 지긋한 법관'에게 재판받기를 원하는 국민들의 요구를 어떻게 수용할 것인지, 대법원장의 제왕적 권한을 어떻게 합리적으로 행사하고 분산할 것인지, 변호사단체의 법관평가에 대해 개방적인 자세를 가지고 법관인사에 반영하도록 할 것인지, 특허침해소송을 둘러싼 공동소송대리 문제를 어떻게 해결할 것인지, 경기고등법원 설치 요구와 관련하여 전국 법원의 심급과 관할을 어떻게 전면 재조정할 것인지 등 산적한 사법현안에 대한 개혁방안이 조속히 마련되어야 한다.

국민과의 소통을 통한 국민의 신뢰와 존경 확보 방안에서 간과되어서는 안 되는 것은, 법원이 존경받고 신뢰받아야 할 가장 중요한 국민은 바로 국민과 함께 호흡하면서 재판시스템에 전문적으로 참여하는 변호사직역이라는 점이다.

사법부가 1만4천여 명의 변호사 및 변호사단체와 진지하게 소통하고 그 의견을 적극적으로 경청하는 것이야말로 재판에 대한 국민의 신뢰 회복에서 가장 우선시되어야 할 것이다.

법조일원화 확대 과정에서 결국 변호사야말로 양승태 대법원장이 취임사에서 강조한 '가장 고결한 인격과 높은 경륜을 갖춘 지혜로운 법관 상'을 달성하기 위한 법관의 인재 풀pool일 수밖에 없다.

변호사와 변호사단체가 가진 사법제도에 대한 핵심적인 불만, 예컨대, 심리불속행제도조차 해결하지 못하고서야 국민으로부터 신뢰받고 존경받을 길이 없을 것이다.

향후 사법개혁의 과정은 물론이고 대법원장의 각종 권한 행사과정은 결국 '제도'와 '사람'의 문제로 귀착된다. 어떤 인사를 대법관이나 법관으로 선발할 것인지, 재판과정을 어떤 방식으로 보다 투명화할 것인지, 재판의 독립을 어떻게 유지할 것인지, 판결문을 어떻게 공개할 것인지 등의 문제를 해결하고 개선방안을 추진함에 있어, 사법서비스의 주된 수요자인 변호사단체의 의견을 수렴하고 경청하는 것만 제대로 한다면 국민의 신뢰 회복으로 가는 첩경이 열릴 수 있다.

대법관 증원 문제, 헌법에 해답이 있다

대법원의 재판은 대법원장과 대법관 12명으로 이루어진 전원합의체와 대법관 4인씩으로 이루어진 3개의 소부에서 이루어진다.

제18대 국회의 사법개혁특별위원회에서는 상고심제도의 개혁과 관련하여 대법관 증원에 대한 격론이 벌어졌다. 당시 사법개혁특별위원회 법원소위는 대법원의 권리구제 기능을 강화하기 위해 대법관을 20명으로 증원하는 방안을 제시했고, 이에 대해 대법원은 현재의 대법관 수를 증원하는 것은 그 효과도 의문이려니와 전원합의체를 통한 정책법원 기능을 유지하기 위해서는 증원안을 수용할 수 없다고 반발했다.

당시 대한변호사협회는 대법관을 50명으로 증원하자고 제안했다. 사실심 재판부의 양적 증대와 사건 수의 증가 추세에 비추어 12명의 대법관으로는 재판연구관의 도움을 받는다고는 하지만 날로 늘어나는 상고 사건을 신중하게 처리하는 데 한계가 있다는 것이 중론이기는 하지만, 그렇다고 하여 헌법상 최고법원(헌법 제101조 제2항)으로서 정책법원이어야 할 대법원이 모든 사건의 권리구제에 충실하고 3심제를 모두 보장해야 한다는 것은 비교법적으로 보더라도 최고법원의 기능에 맞지 않는 주장이다.

어느 입장도 일리가 있고 장단점이 있다.

국회나 행정부에서 나서서 상고심 재판을 직접 담당하고 있고 상고심 구조에 대해 가장 많은 고민을 하고 있는 사법부의 의견을 무시하면서까지 일방통행 식으로 대법관 증원안을 관철하려고 한 것은 애당초 권력분립의 원칙상 바람직하지 않은 방식이었다.

대법원은 대법관 증원 대신에 전국의 고등법원에 상고심사부를 두는 방안을 대안으로 제시했다. 그러나 이 방안도 과거에 실패한 상고허가제도와 현재 많은 문제점이 지적되고 있는 심리불속행제도의 전철을 밟지 않는다고 담보할 수 없다.

세상사에는 옳고 그름을 가려야 하는 경우가 있는 반면에 각기 장단점이 있는 어느 제도 중에서 하나를 선택해야 하는 경우가 있다. 나는 대개 어느 제도든 이는 선택의 문제로서 옳고 그름의 문제가 아니라고 생각한다.

상고심제도의 개선 문제에서도 어느 방안을 채택하더라도 각기 장단점을 가지고 있기 때문에, 대립하는 양 입장을 서로 절충하고 타협하는 지혜가 필요하다. 나는 정치의 본령은 갈등의 증폭이 아니라 갈등의 해소와 타협에 있다고 생각한다.

상고심제도에 대한 논란도 헌법정신으로 돌아가서 타협할 수 있는 문제라고 생각한다. 헌법 제102조 제2항 단서에 의하면 법률이 정하는 바에 따라 대법원에 대법관 아닌 법관을 둘 수 있도록 되어 있다. 헌법규정에 따라 상반되는 양 입장을 절충할 수 있다. 현재의 대법관 수 12명은 그대로 유지하되, 대법관 1인과 대법관 아닌 대법원판사 2인 내지 3인으로 12개의 소부를 구성하고 대법원장과 대법관 12명이 전원합의체를 구성하는 이원화 방안이야말로 정책법원형과 권리구제형 사이에서 균형을 꾀할 수 있는 가장 합리적인 타협방안이라고 생각한다.

대법원장과 대법관

양승태 대법원장은 '대법관후보추천위원회'가 법정기구로 된 후, 그리고 양 대법원장이 2011년 9월 취임한 후 첫 번째 대법관 인사에서 박시환, 김지형 대법관의 후임에 정통 엘리트 법관인 김용덕 법원행정처 차장과 판사 출신 박보영 변호사를 임명 제청했다. 출신대학, 출신지, 법조직역 및 성별에서의 다양성과 조직 안정성을 두루 만족시킨 절묘한 선택을 했다는 점에서 인사의 감동과 묘미를 느끼게 해주었다. 만약 법원 내부에서만 발탁되었다면 국민의 지지와 호평을 받지 못했을 것이다.

박보영 대법관의 경우 2004년부터 변호사로 활동하면서 서민과 애환을 함께하며 재판을 받는 국민 입장에 서보았던 소중한 경험을 가지고 있다는 점에서 기대가 크다.

대법원은 구체적인 사건에서 최종심으로서 권리구제 기능을 담당하면서도 동시에 헌정체제에서 최고법원으로서의 위상에 걸맞은 정책법원 기능도 추구해야 하는 이중적 과제를 지혜롭게 수행해야 한다. 그러기에 대법관은 고도의 재판 실무 능력을 갖춘 인사가 되어야 함은 물론이지만, 그에 못지않게 대법원의 재판을 통해 우리 사회의 다양한 가치와 사회적 약자·소수자의 요구가 반영될 수 있는 통로도 마련되어야 한다.

대법원의 3개 재판부는 대법관 4명씩으로 구성되어 있는데, 앞으로 적어도 각 소부에 여성과 법원 외부인사가 각 1명씩 이상은 충원되어야 균형이 맞는다. 그렇게 해야 각 재판부에서 활발한 합의와 토론이 이루어지고, 사회적 약자·소수자의 의견이 적극 개진되어, 사회적 중요 쟁점 사안에 대한 전원합의체 심리가 대폭 확대됨으로써 대법원이 법치주의의 심화를 선도할 수 있게 된다.

이제 대법관 내지 헌법재판관 인사가 법관의 승진 파라미드의 정점으로 기능하는 시대는 지났다. 인적 구성의 다양화라는 방향은 피할 수 없게 되었다.

그런 의미에서 대법관과 헌법재판관 인사에서 정통 엘리트 법관 위주의 일률적 구성이 가져올 수 있는 부작용과 한계를 극복하려는 시도는, 다소 인위적이라고 하더라도, 앞으로 당분간은 계속되어야 한다. 공직선거법이 국회의원이나 지방의원 비례대표 후보자를 여성에게 50% 할당하고 있는 정신을 참고할 만하다.

양삼승 변호사는 대한변협신문 칼럼에서 이렇게 말했다.

"가장 바람직하기로는 일정 직급 또는 경력 이상의 법관 또는 변호사들 중에서 헌법문제나 국가·사회의 정책적인 문제에 대하여 깊은 고민과 사색을 해온 법관 또는 변호사 등을 발굴·추출하여 대법원의 법관으로 등용하는 것이다."

문제는 어떤 분이 대법원장·대법관이 되어야 할까 하는 점이다. 그동안 다행히 대법원장은 법원 내·외부나 언론에서 모두 훌륭한 인품과 탁월한 능력을 가지고 있는 것으로 평가되는 분이 임명되어왔다.

대법원장은 법관으로서의 용기와 소신, 인권의식, 정의감, 인간에 대한 예리한 통찰력, 소통 능력, 사법행정 능력 등의 덕목을 두루 갖추어야 할 것임은 너무나 당연하다. 나는 대법원장은 그보다는 근본적으로 더 중요한 몇 가지 조건을 갖추어야 한다고 생각한다.

대법원장은 우리나라 헌정체제 안에서 사법부가 공동체적 정의正義의 중심이 되게 하고 법원의 권위를 바로 세워야 하는 막중한 책임이 있다.

그동안 사법부가 사법권의 독립을 지나치게 강조한 나머지 공동체의 중심이 아니라 논란의 중심이 되었다는 지적을 받고 있다.

대법원장은 우리나라 민주주의의 심화과정에서 판결이 공동체에 미치는 정치적 영향을 정확하게 인식하여, 법원의 권위가 바로 서게 하고 국민의 신뢰를 회복하기 위해 무엇이 필요한지에 대한 사법철학을 가지고 있어야 한다.

대법원장은 3부의 하나인 사법부의 최고지도자로서 정치력도 갖추어야 한다. 한편 법조계를 대표할 만한 어른으로서 존경도 받아야 한다.

우리나라 대법원장은 대법관 제청권, 헌법재판관 3인 추천권, 법관 임명 및 보직권 등 비교법적으로 유례가 없을 정도의 막강한 권한을 가지고 있다. 이러한 '제왕적 권한'을 어떻게 합리적으로 공정하게 행사하고 그 권한을 분산할 것인지에 대한 개선방안도 나와야 한다.

무엇보다 대법원장은 '한 번 법관이면 영원한 법관'이라는 인식이 뿌리내릴 수 있도록 평생법관제를 정착시킬 의지가 있어야 한다.

'국민을 위한 사법개혁'을 이루려면 대법원장이나 대법관은 국민과 더 가까운 곳에서 활동한 경험이 중요한 자산이 될 수 있다. 이용훈 대법원장이 정착시킨 공판중심주의나 구술변론 확대도 사실 그의 변호사 경력이 없었으면 추진이 불가능했을 것이다.

사법부에 대한 신뢰의 위기를 극복하고 법원 외부의 하소연에 대해 귀를 열어놓고 국민과 소통할 수 있는 분, 그러한 국민들의 불만과 불안과 의구심에 대해 냉철하게 상황을 인식하고 대법원장으로서 어려운 책무를 다하고야 말겠다는 의지가 있는 분이 대법원장이 되어야 한다.

대법관이 되어야 할 분도 당연히 법관으로서의 덕목을 두루 갖추어야 할 것이지만, 상고심제도 개혁이 아직 이루어지지 않은 현재의 대법원 시스템 하에서는, 무엇보다도 재판 능력이 탁월해야 한다. 재판 능력은 단순한 사건처리 능력과는 다르다. 대법관은 적어도 재판연구관을 압도할 수 있는 지혜와 실력과 균형감각을 갖추어야 한다. 지역별, 성별, 출신학교별, 세대별 안배나 재산관계도 고려요소가 될 수 있을 것이다. 그러나 나는 그런 것보다는 재판 능력이 가장 우선시되어야 한다고 생각한다.

우리나라 대법원은 이상론으로는 정책법원을 지향하고 있지만, 국가의 향방을 좌지우지하거나 국민의 삶을 뒤흔들 만한 그러한 사건은 사실 그렇게 많지 않다. 그런 사건에서 올바른 판단을 내릴 수 있는 경륜과 지혜와 식견까지 두루 갖춘 분이면 금상첨화이겠지만, 국민들이나 재야법조계 및 검찰에서는 대법원이 구체적인 사건 하나하나에 대해 정확한 법리판단을 하여 항소심 재판을 바로잡아주는 최종심으로서의 기능을 제대로 해주기를 간절히 바라고 있는 것이 현실이다.

현재로서는 최종심 법관으로서의 재판 능력 내지 법해석 능력이 무엇보다 중요하다.

상고심 사건은 하나하나가 당사자에게는 더 없이 중요하기에 국민들은 대법관 숫자를 대폭 늘려서라도 제대로 된 상고심 재판을 해 달라고 요구하고 있는 마당에, 예컨대, 상고이유 주장이 「상고심절차에 관한 특례법」 소정의 심리속행사유에 해당함이 법조문상 명백한 사건에 대해 위 법률조항을 무시하고 심리불속행으로 사건을 간단히 처리해버리는 대법관은 사건처리 능력은 탁월할지언정 재판 능력이 탁월하다고 하지는 않을 것이다.

대법원이 사건 폭주를 이유로 상고심의 하급심 견제 기능에 소홀하고 항소심판결을 쉽게 통과시키게 되면, 항소심법원은 자의적인 사실인정과 법리판단을 하게 되기 쉽고, 강제조정결정에 이의했다는 이유로 불이익을 주는 판결을 하게 되는 악순환이 계속될 수도 있다는 법원 외부의 하소연에 대해 귀를 열어놓고 국민과 소통할 수 있는 분, 그러한 국민들의 불만과 불안과 의구심에 대해 냉철하게 상황을 인식하고 대법관으로서 그 어려운 책무를 다하고야 말겠다는 의지가 있는 분이 대법관이 되어야 한다.

2011년 7월 18일 개정 법원조직법 제41조의2는 '대법관후보추천위원회'를 법정기구화했는데, 헌법재판소 재판관의 경우도 같은 절차가 필요하다는 생각이다. 헌법재판관에 걸맞은 전문성과 재판역량 및 인품을 갖춘 적임자를 찾아내어 재판관에 임명하느냐도 중요하기 때문이다.

헌법재판관은 입법·사법·행정부 3부府에서 3명씩 선출·지명·임명하도록 되어 있는데, 그 선정과정이 아직은 대법관에 비해 너무 비밀스럽게 진행되고 있어 이제는 이 부분도 개선해야 한다. 현재의 제도 하에서는 선정권한이 있는 사람과의 친소관계에 따라 자의적으로 정해지거나 현직 법관 위주로 선정될 소지가 있다.

따라서 대법관제청자문위원회의 예와 같이, 정식으로 입법화되기 전이라도, 3부의 규칙이나 시행령을 통해 각각 '헌법재판관추천위원회'를 구성하여, 널리 인재를 발탁하고 검증하는 절차가 필요하다. 개정 법원조직법 제41조의2에 대법관후보추천위원회가 법정되기 전에 대법원규칙으로 '대법관제청자문위원회'를 운영한 전례가 참고가 될 수 있다. 다음의 헌법재판소 재판관 임명절차 때부터 정부와 대법원과 국회에 각각 헌법재판관후보추천위원회를 구성하여 3배수의 재판관 후보를 추천하도록 하고, 대통령과 대법원장과 국회가 그 중에서 재판관 후보를 지명·선출하는 절차가 이제는 필요하다. 그후 운영을 보아가며 아예 헌법재판소법에 명문규정을 두어 3부에 각각 재판관후보추천위원회를 두도록 입법화해야 할 것이다.

대한변호사협회는 2011년 6월 대법원장 적임자에 대한 설문조사를 실시했다. 나는 손지열 전 대법관(변호사)을 추천했다. 손지열 전 대법관은 위와 같은 덕목을 두루 갖추었고, 법원 내외의 신망이 두터우며, 대법원장으로서 갖추어야 할 인품, 법조경력, 재판 능력, 사법행정 능력, 사법개혁 의지, 시대정신, 균형감각 등 모든 면에서 타의 추종을 불허하는 적임자라고 생각하여 추천했다. 2006년 7월 11일 대법관을 퇴임한 후 바로 변호사 개업을 하지 않았고, 7개월 후 로펌 소속 변호사로 활동하여 오히려 전관예우로부터 자유로운 행보를 보였다는 점도 강조했다.

대한변협은 2011년 7월 21일 제15대 대법원장 후보로 고현철 전 대법관(법무법인 태평양 변호사), 김용담 전 대법관(법무법인 세종 변호사), 손지열 전 대법관(김앤장 변호사), 양승태 전 대법관, 우창록 변호사(법무법인 율촌)를 추천했고, 이명박 대통령은 양승태 전 대법관을 지명했다. 나는 서울고등법원에서 고현철 전 대법관을, 대법원에서 손지열, 김용담 전 대법관을 모신 바 있다.

나중에 들은 얘기로는, 당초 대한변협 사법평가위원회에서는 손지열, 고현철, 이홍훈 전 대법관을 추천했는데, 이홍훈 전 대법관이 빠지고 김용담, 양승태 전 대법관과 우창록 변호사가 들어갔다고 한다. 결과적으로 4개 로펌에 골고루 돌아간 셈이다. 신영무 협회장이 재야에서는 우창록 변호사를 추천했고 우 변호사가 일찍 변호사 개업을 해서 로펌을 창립한 변호사라는 점이 고려됐다고 말했다고 한다.

여담이지만, 이홍훈 전 대법관의 퇴임사는 읽어볼수록 감동적이다.

"(법관으로서) 어떤 한 인생이 던지는 절박한 호소 앞에서 법이 진정 추구하는 바에 다가가고자 노력했으며, 우리 사회의 굴곡진 역사과정의 한가운데서 의미 있는 변화와 함께하고자 했다."

오늘의 소수의견, 내일의 다수의견

어제의 소수의견이 오늘의 다수의견이 될 수 있고, 오늘의 소수의견이 내일의 다수의견이 될 수 있다. 대법원이나 헌법재판소의 인적 구성을 다양화해야 하는 이유, 소수의견도 숨 쉴 수 있는 공간이 있어야 하는 이유가 바로 여기에 있다.

서해안 바닷가를 관할하는 조그만 법원에서 형사단독판사로 근무하던 1993년의 일이다.

맡은 사건의 죄명은 '수산자원보호령 위반'이고, 공소사실은 피고인이 관할관청으로부터 승인을 받지 않고 3중 자망어구를 사용했다는 것이다. 서울에서는 본 적이 없는 사건이라 궁금하기도 하여 하나하나 검토해보았다.

죄명부터가 이상했다. 무슨 포고령이나 긴급조치 위반도 아니고, 죄명이 '수산자원보호령 위반'으로 되어 있는 것부터가 도저히 이해가 되지 않았다. 죄형법정주의 하에서 대통령령 위반죄라는 것이 가능하기는 한가.

수산업법 관련조항은, "필요한 사항은 대통령령으로 정할 수 있다" "제1항의 규정에 의한 대통령령에는 필요한 벌칙을 둘 수 있다" "제2항의 벌칙에는 300만 원 이하의 벌금·구류 또는 과료의 규정을 둘 수 있다"고 규정하고 있었다.

내가 보기에 범죄구성요건 해당 여부나 처벌 여부를 대통령령에 백지

위임한 것이다.

나는 수산자원보호령의 모법인 수산업법 제52조 제2항, 제79조 제2항이 죄형법정주의에 위반된다고 판단하여 직권으로 위헌제청결정을 했다.

그러나 놀랍게도 헌법재판소는 전원일치로 합헌결정을 했다(1994. 6. 30. 선고 93헌가15, 16, 17 결정).

"국회의 기술적·전문적 능력과 아울러 시간적 적응 능력과 관련이 있는 것으로서 형벌의 종류와 그 범위는 확실히 정하여져 있고 범죄의 대상이 되는 행위도 그 대강은 국민이 예측할 수 있도록 수권법률에 구체적으로 정하여져 있다고 볼 것이므로 죄형법정주의 원칙에 위반되지 않는다."

나는 헌법재판소에서 위헌결정을 할 것으로 확신하고, 위헌제청신청이 없었음에도 직권으로 자신만만하게 위헌제청을 했었다. 그런데 헌법재판소 재판관 9인 중 나와 같이 위헌론에 선 재판관이 1명도 없다는 데 큰 충격을 받았다. 9 대 0이라니.

나의 헌법해석 능력과 판단력에 대해 의문을 품기에 충분한 사건이었다.

사실 단독판사로서 처음 위헌제청결정을 한 사건이 헌법재판소에서 무참히 기각되자, 앞길이 창창한 청년법관으로서 자존심도 상하고 상당히 의기소침해졌다.

그런데, 그로부터 세월은 흘러 16년이 지난 후인 2010년 9월 30일, 헌법재판소는 내가 받은 1994년의 합헌결정을 폐기했다(2010. 9. 30. 선고 2009헌바2 결정). 이번에는 반대로 6대 3이다. 나의 견해가 17년 만에 다수의견이 된 셈이다.

어제의 소수의견이 오늘의 다수의견이 된 것이 아니라, 애당초 존재하지도 않았던 의견, 나의 의견이 이제 헌법재판소의 다수의견이 된 것이다. 나의 생각과 판단이 결국 옳았다는 것이 인정되어 나로서는 명예회복이 된 셈이다.

그러나 몇 가지 개운치 않은 생각은 남는다.

2010년 위헌결정을 보면, 사건명이 '헌바'이고, '국선대리인'이 선임되어 있다. 법원이 1994년 합헌결정을 원용하여 위헌제청신청을 기각했다는 것, 그래서 남해안 바닷가에서 고기 잡는 일개 어부 피고인이 변호사도 없이 직접 헌법소원을 했다는 것, 그리고 2009년 4월 22일 법률 제9627호로 수산자원관리법이 제정된 후에 헌법재판소가 위헌결정을 했다는 것.

나는 후배 변호사들에게 법률가의 상상력과 창의력을 강조한다.

"어제의 소수의견, 오늘의 소수의견이 내일의 다수의견이 될 수 있다. 판례를 묵수·추종할 것이 아니라 납득이 되지 않으면 판례 변경을 주장해야 한다. 헌법적 시각을 가져야 한다."

소액사건심판법 사건 대법원 전원합의체 판결에서, 민문기 대법관이 소수의견을 개진하면서 판결문에 적은 유명한 문장이 있다.

"한 마리 제비로서는 능히 당장에 봄을 이룩할 수 없지만, 그가 전한 봄, 젊은 봄은 오고야 마는 법, 소수의견을 감히 지키려는 이유가 바로 여기에 있는 것이다."

〈대한변협신문 2012년 11월 26일〉

고등법원과 지방법원, 광역법원으로 합쳐야

과거에 제주도민들은 광주로 가서 고등법원 재판을 받았는데, 1995년에 제주지방법원에 원외재판부, 광주고등법원 제주재판부를 설치함으로써 제주에서 고등법원 재판까지 받을 수 있게 되었다.

이는 마치 계란 세우기와 같은 일인데, 그후 각 지역에서 고등법원 원외재판부를 설치해 달라는 요구가 빗발쳐 지금은 대부분의 도청소재지에는 고등법원 원외재판부가 설치되어 있다.

지역주민들과 지역법조계의 호평 속에 잘 운영되고 있어 이러한 고등법원 원외재판부 제도는 성공적으로 정착되었다.

그런데 아직도 경기도청이 소재한 수원시의 주민들은 고등법원 재판을 받으려면 서울까지 가야 한다. 이에 경기중앙변호사회를 중심으로 '경기고등법원 유치 범도민 추진위원회'가 구성되어 본격적으로 활동하고 있다.

추진위원회는 2011년 8월 29일 헌법재판소에 '경기고법 미설치는 헌법 제27조의 재판받을 권리와 제11조의 평등권을 침해한다'고 주장하며 헌법소원심판까지 청구했다.

경기고등법원 신설에 대해서는 대한변호사협회도 적극 찬성하고 있고, 전국 13개 지방변호사회도 2011년 9월 15일 성명을 통해 경기도민들의 경기고등법원 유치 노력을 적극적으로 지지한다고 밝혔다.

이제 대법원과 국회의 대응이 주목된다.

현재 서울, 부산, 대구, 대전, 광주에 5개의 고등법원이 설치되어 있고, 춘천, 청주, 창원, 전주, 제주에는 고등법원 원외재판부가 설치되어 운영되고 있다. 이제 고등법원 재판부가 없는 지방법원 소재지는 수원, 의정부, 인천, 울산 4곳밖에 없는 셈이다.

사실 서울고등법원은 수원지방법원과 인천지방법원 및 의정부지방법원까지 관할하다 보니 지나치게 비대해졌다. 2011년의 경우 서울고등법원 사건 중 수원지방법원 관내 사건은 7,219건이나 된다. 이는 대전고법 3,955건, 광주고법 3,891건, 대구고법 2,758건에 비해 많고, 부산지법 관내 사건 수보다 11.9%나 많다.

경기도 주민들의 재판받을 권리를 실질적으로 보장해야 한다는 주장도 설득력이 있다. 이러한 점을 종합해보면, 경기고등법원 신설 방안은 일리가 있다.

다만, 경기고등법원 신설 문제만 검토할 것은 아니다. 이제는 수원, 의정부, 인천, 울산에서도 고등법원 재판을 해야 한다는 결론이 올바른 방향이다. 그렇게 되면 모든 지방법원 소재지에서 고등법원 재판을 받을 수 있게 된다.

그리고 이제 법원의 구조와 관할을 근본적으로 개편할 시점이 되었다고 본다. 모든 지방법원 소재지에서 고등법원 재판이 가능해지면, 과연 지방법원과 고등법원을 따로 설치할 필요가 있는지도 검토할 시점이다.

궁극적으로 하나의 지역법원에서 제1심 재판과 항소심 재판을 하면 그만인 것이다.

지방법원과 고등법원의 구분도 불필요하고, 광역법원으로 단순화하면 된다. 예컨대, 충청북도 소재지인 청주시에는 '충청북도법원'을 두고, 울산광역시에는 '울산광역시법원'을 두면 된다. 거기서 1심 재판과 항소심 재판을 함께 하면 되는 것이다.

그렇게 함으로써 1광역시·도 1법원 원칙이 관철될 수 있다. 현재 경상북도, 충청남도, 전라남도에는 지방법원이 없는 셈인데, 각 도청의 이전과 병행하여 대구·대전·광주지방법원과 분리·독립된 경상북도법원 등이 신설되어야 한다.

양승태 대법원장도 2011년 9월 6일 국회 인사청문회에서 모두발언을 통해 재판절차의 구조와 심급 등에 대한 전반적인 검토가 필요한 때가 되었다고 했다.

경기고등법원 신설 문제를 포함하여 관할과 심급구조를 전면적으로 개편하는 작업에 신속히 착수해야 한다.

법관평가, 제도화하자

서울지방변호사회는 매년 말 우수법관 명단을 발표하고 있고, 변호사의 법관평가는 다른 지방변호사회로 확산되고 있다. 대한변호사협회는 재임용 대상 법관에 대한 평가결과를 공개하고 있다. 서울지방변호사회로부터 3년 연속 우수법관으로 평가된 황적화 부장판사는 언론에서 집중 조명을 받는 스타판사로 떠올랐다.

법관에 대한 변호사단체의 평가에 대해서는 논란이 있다. 변호사단체의 법관평가의 공정성이나 평가참가자의 수에 대한 부정적인 시각이 있고, 심지어는 '선수가 심판을 평가한 것으로 수용할 수 없다'는 법원 측의 반응도 있다. 하지만 사법권력을 국민으로부터 위임받아 행사하는 법관이 국민의 평가에서 성역처럼 자유로울 수는 없다고 본다. 이제는 법관평가에 대한 국민적 여망을 어떻게 제도화할 것인가를 고민할 시점이 되었다.

소송의 승패에 이해관계를 가진 변호사가, 그것도 전체 변호사 중 1/10도 안 되는 변호사가 법관평가에 참가했으니, 그 결과가 공정성이나 객관성 면에서 문제가 있지 않느냐 하는 견해에는 찬성할 수 없다. 여러 법정을 수십, 수백 차례 다녀보면서 여러 법관의 재판 진행 스타일과 재판역량을 비교 평가할 수 있는 소중한 기회를 가진 국민이자 전문가가 바로 변호사이기 때문이다. 이러한 위치에 있는 변호사들이 법관을 평가하는 것과, 소송당사자로서 일생에 법정에 몇 번 가보기 어려운 일반국민이 자신의 재판을 맡은 법관을 평가하는 것과는 분명 차원이 다르다. 법조일원화가 확대되어 변호사 중에서 법관을 선발할 때 변론을 지켜본 법관들의 변호사에 대한 평가결과가 중요한 잣대가 되어야 하는 것도 같은 이치다.

사법당국은, 나름대로 법조인으로서의 양식과 가치판단 기준을 가진 다수의 변호사가 평가한 내용이 특정 법관에 대해 일치·수렴한다면 이는 상당히 일리가 있는 결과일 것이라는, 개방적이고 겸손한 태도를 가지고 접근해야 할 것이다. 변호사의 법관평가결과를 전달받은 대법원으로서는 이를 감정적으로 무시하지만 말고 면밀히 검토·확인해보아야 한다. 널리 인사자료를 구해도 모자랄 텐데 들어온 인사자료를 외면하는 것은 이해할 수 없다. 법조3륜의 한 축인 변호사단체의 평가결과를 겸허하게 검토해서 인사에 반영하고 연임 심사에 참고하겠다고 공식적으로 발표하는 것이 주권자인 국민에 대한 예의가 아닐까 한다.

법관 수가 3,000명을 바라보는 현재, 법원 내부에서 알아서 적절히 법관평가를 하여 인사 운용을 하고 있다고 하기에는, 외부의 시각이 그렇게 만만치 않다는 것을 이제 현실로 받아들여야 한다. 외부의 급격한 환경변화와 시대정신의 도도한 흐름을 외면하고는 재판에 대한 국민의 신뢰를 확보하기 어렵다는 엄연한 현실을 직시하여야 한다.

나아가, 향후에는 법관에 대한 외부 평가를 더욱 확대하고 제도화·객관화하는 작업을 법원이 선제적으로 하는 지혜가 필요하다.

내부 평가의 다면화 방안, 내부 모니터의 강화 방안, 변호사단체·시민단체·소송관계인·시민모니터단에 의한 법관평가제도의 상설화 방안 등을 사법부가 적극 나서서 추진해야 한다.

퇴임 대법관의 진로

종래 대법관을 퇴임하면 대개는 로펌 변호사로 전직하거나 개인 변호사 사무실을 운영했지만, 최근 들어와 대학교수로 전직해 후진을 양성하는 사례가 늘고 있다. 전관예우 논란을 의식해 퇴임 후 일정 기간 동안 변호사를 하지 않는 분도 있다.

최초의 여성 대법관으로서 그 소임을 다하고 대법원에 소수자 보호라는 과제를 남기고 떠난 김영란 대법관은 퇴임 후 변호사 개업을 하지 않겠다고 선언해 언론으로부터 '아름다운 마무리'라고 칭송을 받았다. 김 대법관은 잠시 학계에 몸담았다가 국민권익위원장이 되었다. 박시환, 김지형 대법관도 2011년 퇴임 후 변호사 개업을 하지 않고 로스쿨에서 후진을 양성하고 있다.

물론 그 전에도 대법관 퇴임 후 로스쿨에서 후진 양성을 하는 분도 소수 있었고, 인사청문회에서 일찌감치 퇴임 후 변호사 개업을 하지 않겠다고 선언한 분도 있었다. 앞으로는 퇴임 후 국선전담변호사가 되겠다고 하는 분도 나올 것으로 보인다. 또는 퇴임 후 다시 법관이 되어 소액재판을 전담하는 판사로 정년까지 일하겠다고 하는 분도 생겨날 것이다.

그런데 대법관 퇴임 후 변호사를 하지 않는 것이 칭송의 대상이 된다는 것은 지금 국민들이나 언론이 변호사 직에 대해 가지고 있는 부정적 인식의 일단을 드러낸 것이어서 씁쓸하다. 변호사 출신 정치인을 '율사' 출신이라고 폄하하고 변호사 출신 국회의원이 많은 정당을 빗대어 '로

폄당'이라고 비하하는 현실과 일맥상통한다.

대법관을 지낸 분이 세속적인 돈벌이에 나서지 않고 그 경험과 경륜을 살려 국가와 사회에 기여하고 국민에게 봉사하는 기회를 가지게 된다면 물론 바람직한 일이다. 하지만 대법관 퇴임 후 공익을 위해 봉사할 수 있는 제도적 뒷받침이 미비한 현재로서는 연부역강한 퇴임 대법관이 변호사로 활동하는 것을 반드시 부정적으로만 볼 것은 아니다.

중요한 것은 어떤 변호사가 되어 어떻게 활동하느냐 하는 것이다. 항소심 재판에서 억울한 결론에 직면한 국민들이 대법관 출신 변호사의 경험과 역량에 최후적으로 기대어 자신의 권리를 종국적으로 구제받고자 하는 것은 지극히 정상적인 이해관계의 발로이자 인지상정이다. 대법관 출신 변호사가 상고심 사건에서 법률가로서 최선을 다하고 거기에 합당한 정당한 보수만을 받는다면, 그것이 기본적 인권 옹호와 사회정의 실현이라는 변호사의 사명을 다하는 일인 이상, 그러한 활동이 경원시되어서는 안 된다. 대법관 출신 변호사가 하는 일에 비해 과다한 보수를 받는다면 그것을 시정하면 되는 것이지, 변호사 활동 자체를 부정적으로 보아서는 안 된다.

대법관 퇴임자의 다양한 분야 진출은 사실 법조인의 역할 확대와 관련이 있을 수밖에 없다. 변호사 수의 급증에 따라 변호사의 활동 범위는 각 분야로 점점 넓어지고 있다. 정계에도 전례 없이 많은 수의 변호사가 진출했으며, 로스쿨의 교수와 기업의 사내변호사 및 고위공무원으로 대거 진출하는 등 변호사가 국가와 사회에 이바지할 수 있는 영역은 점점 더 늘어나고 있다.

그러한 추세에 따라 대법관 출신도 직역이 확대되어야 한다.

사법행정권과 재판의 독립

신영철 대법관이 서울중앙지법원장으로 재직할 때 법관들에게 보낸 대외비·친전 이메일 내용이 무슨 연유에서인지 2010년 1월경에 뒤늦게 외부에 유출된 후 엄청난 파장이 일어났다. 법원장이 어느 정도까지 법관의 재판과 관련한 사항에 대해 언급하고 지도할 수 있는가 하는 것이 쟁점이었다. 다시 말하면, 사법행정권의 범위와 재판의 독립 문제에 대한 논란이었다.

그런데 그 당시 법원 내부에서의 논의 내용이 여과 없이 외부나 언론에 알려지고, 사법부 내부에 분란이 생겼다거나 법관 사회의 보혁 대결이 본격화되었다고 과장 보도되기에 이르렀다.

일부 법관들은 사법부 내부에서의 논의와 토론을 통해 자체적으로 해결해야 할 사안을 법원 외부세력과 연계하거나 언론을 통해 정치 이슈화함으로써 어떤 목적을 달성하려고 시도했다는 비판을 받기도 했다.

법원 내부의 문제가 실시간으로 외부에 알려져 정치 문제가 되고 과장 보도되었다. 철저한 진상조사를 하고 그 결과에 따라 판사회의 등을 통한 법원 내부의 논의가 우선되어야 함에도 불구하고, 그러한 절차가 이루어지기도 전에 성급하게 외부에서 조사에 개입하려 하거나 내부 조사단의 조사결과를 견강부회 격으로 평가해버리거나, 또는 심지어 신 대법관의 사퇴까지 운위하는 일이 벌어졌다.

이러한 행태는 그 자체로 사법권 독립을 저해하는 것이라는 데 문제의 심각성이 있다. 이러한 모습은 문제 해결에 도움이 되지 않을 뿐만 아니라 그 자체로 사법권의 독립을 침해할 소지가 있어 바람직하지 않다. 법원은 물론 국민을 위해서도 바람직하지 않은 현상이다.

나는 기본적으로 사법부 내부의 문제는 사법부 자체의 역량과 그 건강성에 의하여 스스로 해결해야 한다고 생각한다. 사법행정권의 범위 문제도 원칙적으로 사법부 내부의 문제이다.

사법행정권의 범위를 명확하게 설정하는 것은 사실 어렵기도 하다. 가령 국회 법제사법위원회의 소관은 법원의 '사법행정'에 관한 사항인데(국회법 제37조 제1항 제2호 마목), 법사위에서도 사법행정 사항과 재판 사항 사이의 구별이 그다지 명확한 것은 아니다. 재판을 하는 법원에서 사법행정은 재판작용과 직·간접적으로 밀접하게 관련될 수밖에 없는 것이다.

특히 '재판절차'의 경우 소송절차 진행의 전국적 통일성을 도모하기 위해 제정된 각종 대법원규칙이나 재판예규가 실제로 재판에 영향을 미치고 있는 현실에서, 신 대법관이 보낸 이메일도, 법원장의 입장에서 재판절차의 통일성 도모를 위한 자신의 의견이나 선배 법관으로서의 생각을 사신私信 형식으로 조심스럽게 피력한 것으로 볼 수도 있고, 받아들이는 개개 법관의 입장에 따라서는 근무평정권을 가진 법원장의 재판에의 개입으로 볼 소지도 있어, 사법행정의 범위에 속하는지 여부에 대한 법리 판단이 매우 어려운 사안이다.

가장 중요한 것은 이제라도 사법행정권의 행사 범위에 관한 가이드라인을 규범화하여 명확히 정립하는 등 재발 방지책을 마련하는 일이다. 그동안 일선 법관들이 상급자나 사법행정당국의 압력 행사나 재판 간여로 느꼈던 구체적인 사례를 수집·분석하고, 법원 내부에서 충분한 논의를 거치면 그와 같은 기준 설정이 어느 정도는 가능할 것으로 보인다.

법관들은 사법행정권이든 외부 권력이나 세력이든 여론이든 재판에 영향을 미치려는 어떠한 시도가 있더라도 그 앞에서 굳건한 용기와 소신을 가지고 헌법과 법률과 양심에 따라 당당하게 재판함으로써 국민들에게 봉사한다는 기본명제를 항상 되새겨보아야 한다.

재판의 독립이 경험 부족에서 나오는 법관의 독단을 의미하는 것은 아닐진대, 때로는 재판의 절차는 물론이요 실체에 대해서도 선배나 동료의 의견이나 지혜를 널리 구함으로써 자신의 최종 판단이 객관성과 예측가능성을 가지도록 부단히 노력하는 겸손한 자세도 필요하다.

전국법관대회

2008년은 대한민국 건국 60주년이 되는 해였다. 2008년 8월 25일과 26일 양일간 대법원·헌법재판소·법무부·대한변호사협회·한국법학교수회·한국법학원이 공동주최한 '건국 60년 기념 한국법률가대회'가 성황리에 개최되었다. 대한민국 60년을 기념하여 모처럼 법조 실무가와 법학자들이 함께 모여 다양한 법조현안에 대해 토론한 뜻 깊은 자리였다.

당시 개회식에는 많은 법률가들만이 아니라 이명박 대통령도 참석했다. 1995년 대법원이 개최한 근대사법 100주년 기념식에 김영삼 대통령이 참석한 이래 현직 대통령이 법조계의 행사에 참석한 것은 아주 이례적인 일이다. 법조계의 큰 행사에 행정부·입법부의 수반이나 수장이 참석하는 관행도 확대해나가야 한다.

한국법률가대회에 참석한 이명박 대통령은 법치가 무력화되는 현실에 대해 진단하고 법과 원칙의 확립 및 법조인들의 솔선수범을 강조하는 축사를 하여 박수를 받았다. 또한 김용준 전 헌법재판소장은 '건국 60주년의 회고와 선진법치국가를 향하여'라는 제목의 기조연설에서 우리나라 법치주의 정착을 위한 여러 방안을 제시했다.

위 대회에서는 '선진국 조건으로서의 법치주의'라는 대주제와 '한국의 법치주의 왜 어려운가', '경제발전을 위한 법의 역할'이라는 소주제 하에 심포지엄이 개최되고, 분야별로 각종 세미나도 열렸다. 이로써 법률가들이 지난 60년간의 산업화·민주화·선진화 과정에서 과연 그 주어진 책무를 제대로 수행해왔는지에 대한 자성의 계기가 되었다고 평가된다.

앞으로도 법조 실무계와 법학계가 함께 참여하는 법률가대회를 더욱 활성화하고 정례화할 필요가 있다. 실무계와 학계에 공통되는 법적인 핫이슈를 발굴하여 함께 토론하는 장이 더욱 활성화되어야 한다. 로스쿨제도 도입 이후 이제 실무계와 법학계는 더불어 발전할 수밖에 없는 밀접한 관계가 되었다.

다만, 각 기관이 매년 공동으로 법률가대회를 개최하는 것은 번거로울 수 있으므로, 각 기관이 해마다 돌아가면서 대회를 주최하는 방안을 모색하면 좋을 것이다. 개최 시기도 문제인데, 가급적이면 대학의 방학과 법원의 휴정기를 활용하면 참석률을 제고할 수 있을 것으로 본다.

그리고 매년 개최되는 대한변호사협회의 '법의 지배를 위한 변호사대회'처럼 '전국법관대회'와 같은 직역별 대회도 정례화해야 한다. 나아가 '울산지역 법률가대회'와 같은 각 지역별 법률가대회도 다른 지역으로 확산시킬 필요가 있다.

그렇게 함으로써 직역별, 지역별 특수성과 법조 전체의 보편성이 함께 어우러지면서 우리나라 법치주의와 법률문화가 더욱 성숙한 모습으로 발전할 수 있을 것이다.

최근 들어와 각 지역별로 대학과 검찰청 또는 법원이 함께 학회를 만들어 활동하는 경우도 많아졌는데, 로스쿨과 각 지역법원 및 검찰청이 각 법률 분야별로 학회나 연구회를 만들어 산학협동의 장점을 발휘했으면 한다.

법원행정처장

무릇 제도라는 것은 그것이 옳고 그름을 재단하는 문제가 아닌 사안의 경우에는, 정답이 없고 찬반양론과 장단점이 있는 것이다. 어떤 제도를 바꾸고 개선하는 경우에는, 장단점을 면밀히 검토한 후 신중하게 접근해야 함을 법원행정처장의 사례를 통해 알 수 있다.

법원행정처장을 대법관이 아닌 정무직으로 보하는 것으로 바꿨다가 불과 2년 만에 다시 대법관이 맡는 것으로 원상회복시킨 예가 있다. 이용훈 대법원장 취임 후 2005년 12월 14일 법원조직법 개정으로 법원행정처장은 대법관이 아닌 국무위원급 정무직으로 보하도록 했다. 이에 따라 대법관이 아닌 장윤기 법원행정처장이 취임했다.

법원행정처장을 정무직으로 개정할 때의 논리는, 법원행정처의 비대화를 막고 행정과 재판을 분리하여 재판의 독립성을 강화하겠다는 것이었다. 시행 2년 만에 다시 제도를 원상회복하게 된 것을 보면 그 당시의 법 개정이유가 단견이었음을 알 수 있다.

대법원에는 사무국과 같은 행정조직이 없고, 사법행정사무를 관장하기 위해 별도로 법원행정처를 두고 있다. 그 기관의 장인 법원행정처장은 대법원장의 지휘를 받아 법원행정처는 물론이고 각급 법원의 사법행정사무를 감독하는 막중한 자리이다.

법원행정처장이 대법관 신분이 아니면 무엇보다 법관임명동의권과 대법원규칙제정권을 가진 대법관회의에서 의결권을 행사할 수 없는 문제점이 있다. 국회의 법제사법위원회 회의나 국정감사에서는 대법원장이 아닌 처장이 출석하여 답변하는데, 처장이 대법관이 아닌 경우에는 상고 사건 재판 경험이 없어 대법원의 판결 흐름에 대한 이해도가 낮을 수 있어, 재판이나 판결과 관련된 질의에 대응하기 곤란한 경우가 생길 수 있다는 지적도 있어왔다.

대법관이 처장 직을 맡게 되면 대법관 중 일부는 임기 6년 중 2년 정도의 기간 동안 처장을 거칠 수 있다. 이렇게 되면 상고심 사건의 재판 경험을 사법행정에 반영할 수 있고, 반대로 처장을 하고 나서 재판업무에 복귀하면 처장을 하면서 들은 국회와 국민의 목소리를 재판에 반영할 수 있게 되는 장점이 있다. 상고심 재판에는 때로 정책적 판단이 필요한 경우가 있고 그런 경우 처장 직을 통해 쌓은 식견이나 경험 또는 경륜이 도움이 될 수 있을 것이기 때문이다.

대법관은 국회의 임명동의절차를 거친 후 대통령이 임명함으로써 어느 정도의 민주적 정당성을 가지고 있다. 대법관을 법원행정처장에 보하는 것으로 환원시킨 것은 잘한 일이다.

기념관기본법

초대 및 제2대 대법원장을 지낸 가인街人 김병로(1887-1964) 선생은 을사늑약 후 의병을 일으켰고, 1915년 변호사시험에 합격한 후 형사변호공동연구회를 창설하고 광주학생운동과 6·10만세운동 등에 대해 무료변론을 했으며 신간회 중앙집행위원장으로 활동하는 등 유명한 독립운동가 출신의 법조인이다. 해방 후 1946년에는 군정청 사법부장이 되었고, 1948년 대한민국정부 수립 후에는 초대 대법원장이자 법전편찬위원장이 되어 형법을 기초하는 등 건국 초기의 사법발전에 기여했으며, 1957년 퇴임시까지 대법원장으로서 사법권 독립의 기틀을 세웠다. 법관의 덕목인 청렴·강직·소신을 몸소 실천했다. 이용훈 전 대법원장은 국회 인사청문회 당시 가인을 가장 존경하는 법조인 중 한 분이라고 밝힌 바 있다.

대법원은 가인의 생가가 있는 전북 순창군 복흥면 하리에 300평 규모의 기념관을 건립하고, 인근에는 연건평 1,300평 규모의 법관연수시설을 건립했다. 대법원 로비에는 가인의 흉상이 서 있고, 전주시 덕진공원에는 전북지역 출신의 출중한 법조인인 최대교 전 검사장 및 김홍섭 전 법원장과 함께 '법조 3성聖' 상이 세워져 있으나, 그것만으로는 부족하다고 여겨졌는데, 생가 부근에 가인기념관을 세운 것은 너무나 잘한 일이다. 연수시설에서 법관들은 가인을 기리면서 참다운 법관의 길에 대해 경건하게 생각해보고 초심을 더욱 견고하게 다질 수 있을 것이다.

다만, 가인의 훈시 중에 요즘의 법관들이 들으면 깜짝 놀랄 만한 발언이 있었으니, 그것은 지적하고 넘어가자. 가인은 1952년 사법감독관회의(오늘날의 법원장회의) 석상에서 '영장 범죄사실이 범죄로 인정할 수 없거나 경미한 범죄로서 도망 염려가 없음이 명백한 경우를 제외하고는 형식심사에 그치고 영장을 내주는 것이 당연하다'고 훈시했다. 천하의 가인도 일제 치하에서 일제의 형사사법 시스템 하에서 살아온 분인지라, 오늘날의 구속영장실질심사제의 수준까지는 내다보지 못했던 것이다.

가인을 배출한 순창군에서는 가인연수관 사업을 위해 진입로와 인근 등산로를 정비하는 등으로 잘 협조했고, 이제 가인연수관은 법원 구성원들의 좋은 연수시설로 자리 잡았다. 그 당시 강인형 순창군수는 대법원장 감사장을 받기도 했다.

현재 순창군에서는 대법원과 함께 대대적인 가인 생가 복원사업도 추진하고 있는데, 그 도중에 강인형 순창군수는 공직선거법 위반으로 기소되어 법원에서 당선무효형을 선고받아 군수직을 상실하고 말았다. 제1심인 순창군 관할 남원지원에서는 대법원장 감사장이 효험이 있었는지 당선유효형을 선고받았으나, 항소심에서 당선무효형이 선고되었고, 대법원은 상고를 기각했다. 강 군수가 사법부에 이바지한 바 있다는 것과 형사재판의 양형은 별개인 모양이다. 가인연수관에 대해 강 군수가 크게 기여한 것을 아는 나로서는 안타까운 마음 금할 길 없다.

건국 이후 우리 법조계에는 존경할 만한 인물이나 지도자가 많이 있었음에도 지나치게 애써 폄하하거나 홀대하는 경향이 없지 않았다. 어린 학생은 물론이고 법학도나 로스쿨생, 사법연수생 내지 새내기 법조인들에게 법조인으로서 사표로 삼을 만한 분들을 많이 찾아서 보여주는 작업은 결코 소홀히 할 일이 아니다. 존경받는 법조인의 삶과 정신을 새롭게 계승하도록 하는 것은 오늘 우리 세대의 몫으로서 후세를 위해서도 반드시 필요하다. 법조인의 기념관을 세우고 그 정신을 기리고 받드는 것은 값진 일이 아닐 수 없다.

차제에 제2, 제3의 기념관을 세우고, 그것이 여의치 않다면 대법원에 있는 법원사자료실을 더욱 확대 개편하여, 많은 법조인들의 발자취와 흔적을 전시하는 기념관으로 발전시키는 방안도 검토할 만하다.

법조인만이 아니라 국가에 공헌한 전직 대통령 등 지도자에 대한 기념관 건립도 논란은 있지만 적극적인 자세로 잘 마무리 지어야 한다. 박정희 대통령 기념관은 우여곡절 끝에 2012년에야 개관했으나, 아직 건국 대통령의 기념관 하나 마련하지 못하고 있다. 공칠과삼功七過三이라는 말도 있듯이 역사 속의 인물의 공과를 함께 보여주는 기념관은 누가 뭐라 해도 반드시 필요하다.

특정인에 대한 기념관을 세울 때마다 예산 지원을 놓고 논란을 거듭할 것이 아니라, 차제에 기념관의 설립과 등록·관리 및 예산 지원 등에 대해 통일적으로 규율하는 가칭 '기념관법' 내지 '기념관기본법'을 제정하여, 앞으로 각종 기념관을 더욱 많이 지었으면 한다.

우리나라도 미국의 국립순직소방관기념관National Fallen Firefighters Memorial과 같이 국가를 위해 일하다가 순직한 경찰·소방공무원들을 기념하는 기념관 하나 정도는 크게 지어야 한다.

재판 방영을 적극 검토하자

양승태 대법원장은 2012년 1월 국민과의 소통과 투명한 재판을 위하여 재판의 생중계에 대해 전향적인 자세가 필요하다고 언급을 했다. 이제 우리나라도 재판의 방영 문제에 대해 각계의 의견을 수렴하여 재판의 방영 허가기준과 절차에 관한 규정을 정비할 때가 되었다.

현행법상 법정 안에서 녹화·촬영·중계방송 등의 행위를 하려면 미리 재판장의 허가를 얻어야 한다(법원조직법 제59조). 이는 재판당사자의 인권을 보장하고 재판의 존엄성을 유지하게 하기 위하여 보도의 자유를 법률로써 제한한 것이다.

촬영 등의 허가를 받을 때에는 촬영 등 행위의 목적, 종류, 대상, 시간 및 소속기관명 또는 성명을 명시한 신청서를 재판기일 전날까지 제출해야 한다('법정 방청 및 촬영 등에 관한 규칙' 제4조 제1항). 다만, 방영이 허가된 경우에도 공판 또는 변론의 개시 후의 촬영은 금지되어 있다(위 규칙 제5조 제1호).

요즘 시대에는 재판도 국민에게 널리 보도되어야 국민의 신뢰와 이해를 얻을 수 있다. 때에 따라서는 외부의 비판도 받아야 공정한 법치주의의 실현이 보장된다. 재판과정의 방영으로 인하여 법관이 영향을 받는다고 볼 근거도 없고, 그래서도 안 된다. 법정에서의 혼란은 현대적 촬영 장비로 충분히 해소될 수 있고, 재판의 권위가 더 많은 사람이 본다고 해서 감소될 수는 없다.

미국에서도 1979년 플로리다 주 대법원의 '포스트 뉴스위크 사건'부터 TV 방영이 허용되었다. 유명한 오 제이 심슨에 대한 이토 판사의 형사재판은 생중계되었다.

오늘날 보도의 자유와 국민의 알 권리의 가치가 확인된 이상, 재판의 방영에 대해 소극적·제한적인 태도를 취한 현행법령은 이제 재검토할 때가 되었다.

법원조직법상으로는 재판부의 허가가 있으면 공판이나 변론의 방영이 가능함에도 불구하고, 대법원규칙이 공판이나 변론 개시 후의 방영을 금지하고 있는 것은 지나친 제한이어서 문제가 아닐 수 없다. 이 부분부터 개정해야 한다. 적어도 국민의 관심을 끄는 중요 쟁점 사건의 모두冒頭절차와 판결 선고절차에 대한 방영부터 허용하는 것이 옳다. 시범적으로, 대법원 중요 재판의 공개변론부터 방영을 허용하는 것도 좋은 방안이다.

그동안 헌법재판소가 결정 선고의 방영을 허용하고 공개변론의 전 과정을 촬영하여 인터넷 동영상으로 게시하고 있는 것은 주목할 만하다.

재판의 TV 방영을 널리 허용하는 경우에도 무엇보다도 엄격한 객관성을 유지하고 정해진 룰을 철저히 준수할 수 있도록, 법원과 언론계를 중심으로 협의체를 구성하여 비교법적·입법론적 검토를 심층적으로 하여 명확한 기준과 절차를 확립하는 일이 선행되어야 할 것이다.

제3장

형사사법과 인권보장

국제기준과 형사사법

"이제부터 기본권의 문제는 국내문제라기보다는 국제적 차원의 문제로 부상이 된 것을 잊어서는 안 된다."(헌법재판소 1990. 9. 10. 선고 89헌마82 결정).

2020년에 대한민국이 선진 G10에 진입한다는 비전을 실현하려면 경제력이 물론 중요하겠지만 아울러 선진국으로서의 도덕성과 문명성을 구비해야 한다. 우리나라가 선진국으로 도약하려는 이상, 보편적인 국제규범을 준수하여야만 존경받는 문명국가로 세계 속에 우뚝 설 수 있다.

인권보장의 영역에서 선진화·문명화·세계화라는 역사의 흐름을 제대로 따라가지 못하고서는 선진일류국가로 웅비하려는 그 어떤 비전도 실현될 수가 없는 것이다. 그 길이 성공하기 위해서는 사회 각 분야가 이른바 국제기준Global Standard이라는 거울을 앞에 두고 그것에 자신의 현실 제도와 관행을 비추어보고 냉정하게 검증해보는 작업이 선행되어야 할 것이다.

정치적 민주화의 길에 접어들면서 우리나라는 지난 1990년 세계인권규약에 가입하고 우리의 형사사법제도와 실무를 인권의 국제전시장(1992년 7월 13일 UN 인권이사회)에 첫 선을 보인 바 있다. 그러나 2회에 걸친 인권이사회의 심의결과를 보면, 우리의 형사사법제도에 대한 국제사회의 평판은 그다지 긍정적이지 못하다.

국제적 인권기준에 비추어 우리의 형사사법절차를 점검해보려는 것이 이 발표의 목적이다. 그것은 바로 어떠한 방식으로 한국 형사사법제도를 개선하면 국제기준에 부합하는가 하는 관심의 발로이기도 하다.

국제인권법, 즉 국제적으로 인정된 인권기준을 비롯한 선진 제국의 제도와 비교함으로써 우리의 형사사법제도 전반의 위상과 좌표를 분석하여 그러한 세계적 보편성과 한국적 특수성을 감안한 바람직한 개선 방향을 제시하는 데 이 글의 목적이 있다.

다만, 그동안 우리의 경험상 제도 운용에 있어서의 공무원의 권한 남용과 법 실무 운용에서의 제도 왜곡을 원천적으로 봉쇄할 수 있는 제도의 설계가 필요하지만 여기서는 논의의 초점을 일단 제도의 개선 방향에 중점을 둔다.

* 이 글은 2002년 9월 17일 대법원 사법제도비교연구회 제9회 연구발표회 주제발표문 〈국제기준에 비추어본 한국 형사사법절차의 개선 방향〉의 서문이다. 주제발표문 전문은 《사법개혁과 세계의 사법제도[II]》, 사법제도비교연구회(2005), 13면 이하에 실려 있다.

대법원 최초의 형사 사건 공개변론

대법원 전원합의체 공개변론은 대법원의 대법정에서 중요 사건에 대해 소송당사자의 변론을 듣고 전문가의 의견을 청취하는 제도이다.

대법원은 2003년 12월 여성도 종중원으로 인정해 달라는 '딸들의 반란' 민사 사건에 대해 사법사상 첫 공개변론을 열었다. 대법원이 형사상고심 재판에서 최초로 공개변론을 연 것은 한참 후인 2004년 9월 16일이다. 사건은 바로 '검사 작성의 피의자신문조서의 증거능력'에 관한 형사 사건(2002도537)이었다.

이 사건은 폭력조직 두목인 주모씨와 행동대원인 이모씨가 짜고 주모씨의 기존 질병인 허리 디스크를 교통사고 후유장애인 것처럼 속여 보험회사로부터 보험금을 편취한 사기 사건으로, 원심에서 주모씨는 징역 8월과 벌금 300만 원, 이모씨는 징역 6월에 집행유예 2년을 각각 선고받고 상고했다.

변호인은 나중에 대법원장을 지낸 이용훈 변호사와 나중에 그의 비서실장을 지낸 김종훈 변호사였다.

이용훈 변호사의 상고이유 제1점은, '검사 작성의 피의자신문조서의 경우 형식적 진정성립(서명날인이나 서명무인)이 인정되면 실질적 진정성립(피의자가 검찰에서 조서 기재와 같은 진술을 했다는 점)도 사실상 추정된다는 권위주의정권 시대 이래의 20여 년간의 기존 대법원판례를 변경해야 한다'는 주장이었다.

변호인은 '원심이 유죄의 증거로 인정한 병원 의사 최모씨와 보험회사 직원 오모씨에 대한 검사 작성의 피의자신문조서 또는 진술조서 등에 대해 최모씨와 오모씨가 법정에서 조서 기재 내용이 자신들의 진술과 다르다고 주장해 실질적 진정성립을 부정하고 있으므로 증거능력이 부정되어야 한다'고 주장했다.

나는 대법관실 전속 부장 재판연구관으로서 2003년 초반경 위 사건에 대한 조사·연구를 담당하고 있었다. 당시 대법원은 공개변론제도를 처음 시행하려고 했고, 김능환 수석재판연구관(대법관 역임, 현 중앙선거관리위원장)은 재판연구관들에게 대법원의 공개변론에 적합한 사건을 추려서 보고하라고 했다.

나는 위 사건이야말로 형사증거법에서는 매우 중요한 쟁점을 다루고 있고, 종전 대법원판례의 변경 여부에 대한 법리적·정책적 논쟁이 가능하다고 보아, 공개변론에 적합한 사건으로 보고했다.

그렇게 추려진 사건 중에서 공개변론을 하려고 했으나 공개변론에서 참고인진술을 들을 수 있는 근거규정이 없다는 절차법상 문제점이 발견되었다. 그래서 대법원은 규칙제정권에 근거하여 2003년 10월 24일 대법원규칙으로 '대법원에서의 변론에 관한 규칙'을 제정했다. 그후 2007년 6월 1일 개정 형사소송법 제390조 제2항에 참고인진술을 들을 수 있는 근거규정이 신설되어 법률로 승격되기까지는 대법원규칙에 의하여 대법원 공개변론절차가 규율되었다.

대법원은 '여성 종중원' 민사 사건에 대해서는 2003년 12월에, '검사 작성 피의자신문조서의 증거능력' 형사 사건에 대해서는 2004년 9월에 공개변론을 열었다.

2004년 2월 재판연구관을 그만두고 변호사가 된 나는 형사 사건 최초의 대법원 공개변론을 앞두고 2004년 9월 16일자 〈법률신문〉에 검사 작성의 피의자신문조서의 증거능력에 대한 기존 대법원판례를 변경할 필요가 있다는 글을 기고했다.

*

"법정에서 검찰조서의 기재가 자신의 진술 내용과 다르게 기재되어 있다고 다투는 경우를 왕왕 볼 수 있다. 현행법상, 피의자의 진술을 기재한 검사 작성 피의자신문조서는 전문증거이므로 공판기일에서 진술자의 경험을 직접 듣는 것이 원칙이지만(형사소송법 제310조의2), 공판기일에서의 피고인의 진술에 의하여 그 '성립의 진정'이 인정되면 증거능력이 인정된다(형사소송법 제312조 제1항). 여기서 성립의 진정은 형식적 진정성립과 실질적 진정성립 양자를 의미하고, 전자는 서명·날인·간인의 진정을, 후자는 그 진술의 임의성이나 진위 여부가 아니라 '진술과 조서 기재의 일치'를 말한다(통설·판례).

그런데 대법원은 1984. 6. 26. 선고 84도748 판결 이래 '형식적 진정성립이 인정되면 실질적 진정성립이 추정된다'는 입장을 확고히 해왔다. 이에 대해서는 법해석의 한계를 벗어난 것이라는 비판이 제기되어왔다. 이러한 문제 상황 하에 대법원은 9월 16일 공개변론을 통하여 판례 변경 여부를 심리하기로 했다. 결론부터 말하면, 판례의 추정론은 이제 변경되어야 한다.

첫째, 추정론은 법해석의 범위를 넘어선 것이다. 형사소송법 제312조는 '원진술자의 진술에 의하여 그 성립의 진정함이 인정된 때' 증거능력을 인정하고 있다. 문언상 '원진술자의 진술' 이외의 방법으로 진정성립을 인정할 수는 없다. 판례의 추정은, 법률상 추정이 아닌 바에야, 간접사실에 의하여 주요 사실을 추단하는 사실상 추정으로 보이는데, 형식적 진정성립에 의하여 실질적 진정성립이 추정된다고 한다면 '원진술자의 진술' 이외의 증거방법에 의하여 진정성립을 인정하는 셈이 되어 명문규정에 반한다. 현행법상 가능한 문언의 의미 한계 내에서 형식적 진정성립에 의하여 실질적 진정성립이 추정된다고 해석할 아무런 근거가 없다.

둘째, 추정론은 합리적인 근거도 없이 실질적 진정성립에 대한 입증책임을 사실상 피고인 측에 전가시키는 결과가 되어 타당하지 않다. 판례는, 피의자에게 조서 열람 기회를 주었다는 것과 이에 대한 이의진술권이 있다는 것을 근거로 추정론을 펴왔지만, 이는 진정성립과는 아무런 관계가 없는 절차규정에 불과하고, 조서 말미의 부동문자일 뿐이다.

셋째, 추정론은 결과적으로 공판중심주의를 형해화形骸化하여 형사재판권을 무력화시켰다. 검찰조서에 대하여 법정진술에도 아랑곳하지 않고 증거능력을 인정한다면 이로써 법관에 의한 재판은 사실상으로는 소추자인 검사에 의한 재판이 되어 공판중심주의의 왜곡을 제도적으로 보장하는 셈이 된다. 법정진술에도 불구하고 검사의 자백조서에 크게 의존하여 유죄를 선고하는 실무는 피의자로부터 수단방법을 가리지 않고 자백을 받아내려는 유혹을 더욱 강화시킬 뿐이다. 변호인 참여 없는 조사실에서 심지어 철야수사를 통하여 획득된 검찰자백이 추정론에 의하여 공판정에서 증거능력을 쉽게 부여받아 증거의 왕으로 군림하도록 허용하는 틈새에서 2002년 고문치사사건이 생긴 것이다.

넷째, 이러한 판례의 추정론이 1984년에 나왔다는 점에 주목해야 한다. 당시 법원은 권위주의정권 하의 각종 시국사건과 공안사건에서 추정론을 통하여 검찰자백조서를 전가의 보도처럼 유죄증거로 썼다. 종래의 추정론은 한정된 인적 자원을 효율적으로 배분한다는 차원에서는 그 시대정신에는 걸맞은 기능을 어느 정도 해왔다고 볼 수 있다. 법관 대부분이 민사재판에 투입되고 일부만 형사재판에 투입되는 상황 하에서는 추정론을 통하여 '검찰수사를 추인하는 의식儀式'으로 재판을 운영하는 것이 현명했을 수도 있다.

그러나 이제 법관이 2,000여 명에 이르고, 민사재판은 그동안 집중적인 투자와 판례 정립, 집중심리나 신 모델 시행, 조정의 활성화 등을 통하여 상당한 국민적 신뢰기반을 마련했다. 2003년 3월부터는 형사재판에 많은 법관을 투입하여 공판중심주의를 제대로 구현하려고 방향 전환을 모색하고 있으며, 더욱이 배심제·참심제까지 논의되는 마당에, 이제 추정론이 폐기되더라도 재판 운영이 가능하다고 생각한다.

추정론을 통하여 '증거능력'을 쉽게 인정한 다음 개개 법관의 '증명력' 판단에 모든 것을 일임한 채 대법원이 팔짱을 끼고 있기에는 검찰조서를 우회하여 무죄선고를 받기가 너무나 힘든 것이 형사사법의 현실이다. 이번 기회에 최고법원이 사법 현실에 눈을 감지 않는 현명한 판단을 할 것으로 믿어 의심치 않는다."

대법원은 공개변론 후 2004년 12월 16일 전원합의체 판결로 기존 판결 수십 개를 모두 폐기했다. 조폭두목의 사건에서 형사증거법상 기념비적인 대법원판결이 나온 것을 보면서 미국의 유명한 '미란다 판결'이

떠오른다. 1963년 미국 연방대법원이 선언한 '미란다 룰'은 납치강간범 미란다 피고인의 사건에서 나왔다.

'징역 50년'은 부끄럽다

2010년 4월 15일 법률 제10259호로 개정되어 2010년 10월 16일부터 시행된 개정 형법 제42조는 유기형 상한-가중 상한을 15-25년에서 30-50년으로 상향 조정했다(제42조). 이제 우리 국민은 무려 50년의 징역형에 처해질 수도 있다.

그 개정 전의 형법은 유기징역의 상한을 15년(가중하면 25년)으로 제한하고 있어, 무기징역과 유기징역 간의 형벌효과가 지나치게 차이가 나고, 중대범죄의 경우에 상응한 형벌을 선고하는 데 제한이 있으므로, 유기형의 상한을 상향 조정하여 행위자의 책임에 따라 탄력적으로 형 선고를 가능하게 하자는 것이 개정의 취지이다.

이른바 조두순 사건, 김길태 사건으로 국민의 법감정과 법원의 양형 사이에 괴리가 드러나자 정치권은 발 빠르게 유기형의 상한을 조정하는 것으로 대책을 마련했다. 늘 이러한 사건이 있을 때마다 특별법을 통해 가중처벌하는 것으로 땜질식 대응을 해오던 것이 그동안의 입법 경향이었는데, 이번에 징역 상한을 50년으로 상향 조정하면서는 정치권이 특별법이 아닌 기본법인 형법을 전격적으로 개정하는 것으로 대응했다는 점에서 놀라움을 금할 수 없다.

국회 법제사법위원회는 법안심사1소위를 거쳐 2010년 3월 31일 위원회에서 대안을 마련하여 본회의에 회부해 징역 50년 상한제 형법을 통과시켰다. 법안심사1소위에 법원행정처차장과 법무부차관이 출석하여 의견을 개진했다고는 하지만, 법사위나 본회의에서 별다른 논의도 없었고 공청회조차 없었기에 당시의 전격적인 형법 개정은 그 충격과 여진이 클 수밖에 없다.

유기형의 상한을 갑자기 2배로 올린 것은 비교법적으로 보거나 종래의 양형 실무에 비추어보거나, 입법부의 과잉대응이었다.

개정 전의 15~25년은 1953년 형법 제정시부터 유지되어왔다. 그동안 학계에서는 25년 이상의 형이 행형 목적에 부합하는지 의문인 점, 학계도 엄벌주의에 반대하는 입장인 점 등을 감안하여 상한 조정에 대한 반대의견이 우세했다. 주요 입법례를 보더라도, 15년(독일), 20년(영국, 스위스, 오스트리아, 네덜란드, 대만), 24년(이탈리아), 30년(프랑스, 일본), 40년(스페인)인데, 개정 형법이 가중 상한을 50년으로 한 것은, 선진외국으로부터 너무 급진적인 입법이라는 평가를 받을 수 있다.

일본이 2004년 12월 8일 형법 개정시 종래 우리와 같은 15~25년에서 20~30년으로 개정한 예가 있는데, 우리도 일본 형법 정도에 그쳤어야 한다. 범죄와 형벌을 정하는 데에는 세계적으로 인정되는 일정한 틀이 있다. 이와 같은 선진 각국의 입법례를 도외시하고 형사정책을 특별법이 아닌 형법에 바로 수용한 것은 국격國格을 떨어뜨리는 일이다. 종래 우리나라가 형사정책적 수요를 특별형법 속에 숨겨두고 대외적으로 공표되는 기본법인 형법은 대외용 장식품으로 사용하던 '전략적 이중성' 마저 포기한 처사다.

가중 상한 50년으로 개정된 형법은 30년 정도로 하향 조정해야 한다.

사형을 피해 다니다

사형을 늘 피해 다녔다. 1986년 군법무관부터 치면 법조경력 27년차가 다 되어가는데, 부끄러운 일인지 운이 좋은 것인지 모르겠으나, 사형을 구형한 적도 선고한 적도 없고, 변호사로서 변호한 피고인이 사형을 선고받은 적도 없다. 사형집행을 본 적도 없다. 내가 기억을 못하고 있나 아무리 생각해봐도 없는 것이 틀림없다. 내가 사형 선고를 받은 일은 당연히 없다. 사형이 구형된 사건을 재판한 적은 있으나, 고심 끝에 무기징역을 선고했던 일은 몇 번 있다. 사형 감인데 의도적으로 사형을 피했는지도 모르겠다.

얼마 전에 택시를 탔더니 기사가 국민들을 불안에 떨게 하는 성범죄와 강력범죄가 빈발하므로 그동안 유보했던 사형집행을 재개해야 한다고 역설한다. 요즘 같은 시기에는 교도소에 수감 중인 사형수들을 사형시켜 사회기강을 바로잡아야 한다는 것이다. 사형을 늘 피해 다녔지만, 명색이 변호사인데, 택시기사와의 사형제 토론은 피할 수 없게 되었다. 한참 동안 나의 설명을 들은 택시기사는 이게 아주 복잡하고 어려운 문제라는 결론에는 찬성해주었다.

헌법재판소는 2010년 2월 25일 사형제에 대해 5 대 4로 합헌결정을 선고했다. 헌재는 1996년 11월 28일에는 '타인의 생명을 부정하는 범죄행위에 대해 행위자의 생명을 부정하는 사형을 규정한 것은 행위자의 생명과 그 가치가 동일한 하나 혹은 다수의 생명을 보호하기 위한 불가피한 수단의 선택'이라는 이유로 합헌결정을 내린 바 있다.

1996년 결정 당시 김진우, 조승형 재판관 2명만 사형제는 헌법 제10조 및 제37조 제2항 단서에 위반된다는 소수의견을 취했다. 13년이 지난 후 위헌론을 취한 재판관이 4명(조대현, 김희옥, 김종대, 목영준)으로 늘어났다. 네 재판관은 가석방 없는 종신형을 전제로 사형을 폐지해야 한다고 했고, 합헌 측 민형기, 송두환 재판관도 사형 대상을 축소하거나 시대상황을 반영해 개선해야 한다는 보충의견을 냈다.

재판관 구성이 대거 바뀐 후의 5기 헌법재판소가 어떤 입장을 취할지 미지수이지만, 헌법 제110조 제4항에 '사형'이라는 용어가 나오는 우리 헌법 하에서, 그리고 이론적·정책적으로도 사형폐지론과 사형존치론의 입장이 각각의 논거가 분명하고 팽팽히 맞서 있는 상황에서, 사법기관인 헌법재판소가 사형제의 위헌 여부를 결정하는 것은 사실 무리가 있다.

사형제 폐지 또는 개선 문제는 다수결의 원칙을 통해 국민의 다수의사를 대변하는 국회에서 정치적으로 풀어야 할 입법 내지 정책의 문제이다. 이제 공은 국회로 넘어가 있다.

최근 정치권을 중심으로 사형제도 개선 논의가 활발하게 벌어지고 있는 것은 만시지탄의 감은 있지만 바람직한 현상이다. 김황식 국무총리도 최근 국회 본회의 답변에서 개인적으로는 종신형 도입을 전제로 사형제를 폐지해야 한다는 입장이라고 밝혔다. 제19대 국회에서는 반드시 입법적으로 해결해야 한다.

국민여론과 형법문화의 시대적 변화상황 및 국제인권법의 정신과 UN의 권고 등을 종합적으로 고려하여 합리적인 개선방안을 마련해야 할 것이다.

유럽의회는 2010년 3월 우리나라 헌법재판소의 합헌결정에 대한 비난 결의안을 채택한 적이 있다. 1998년 '국민의 정부' 출범 이래 우리나라는 사형집행을 하지 않고 있어 국제적으로는 이미 실질적인 사형폐지국으로 분류되고 있다.

그런데 문제는 사형 선고는 하되 집행은 하지 않는 이러한 어정쩡한 입장이 '사형집행의 명령은 판결이 확정된 날로부터 6월 이내에 하여야 한다'는 형사소송법 제465조 제1항의 규정과 정면으로 배치된다는 점이다.

그렇지만 형사소송법을 무조건 준수하자는 주장은 하고 싶지 않다. 오히려 외교적 및 국제인권법적인 이유로 인해 형소법을 준수하는 것이 어려운 이상, 차제에 형소법을 사법관행에 맞게 개정해야 한다.

흉악범죄에 대한 사법적 대응의 필요성 측면이나 일반국민의 다수 여론에 비추어 아직은 사형제 폐지가 시기상조라고 볼 여지도 있다. 사형을 선고는 하되 집행은 하지 않는 사법관행과 우리나라가 사형집행을 하지 않겠다고 EU에 한 외교적 약속 등을 반영하여, '사형은 선고하되 일정 기간 사형집행을 유보한 뒤 그 기간이 경과하면 종신형이나 무기징역형으로 감형해주는 방안'을 현실적으로 고려할 만하다.

국회가 개선방안을 마련함에 있어 공청회를 통하여 각계각층의 의견을 수렴할 텐데, 변호사단체도 개선방안 마련에 적극 동참하고 목소리를 내야 할 것이다.

〈대한변협신문 2012년 10월 29일〉

죄형법정주의를 위한 변론

국회의원 총선에서 선거일 직전에야 후보자가 결정되고 별 연고가 없는 지역구에 전략공천이 이루어지는 경우가 있다. 그렇게 되면 그 지역에서는 기존 조직과 당원들을 중심으로 반발이 일어나게 마련이다. 후보자는 지역구에 내려가 부랴부랴 동별로 당원들을 모아놓고 상견례를 하면서 출마의 변을 설파하고 지역구 당원조직을 수습하게 된다.

그러한 수준의 당원들과의 상견례에 대해 공직선거법상 금지된 '정당의 당원집회'라고 기소된 사건을 변론한 적이 있다. 공소사실은 총 4회에 걸쳐 선거구민인 당원 약 80명을 대상으로 당원집회를 개최했다는 것이다. 당시의 공직선거법 제141조 제1항은, "정당은 선거일 전 30일부터 선거일까지 소속 당원의 단합·수련·연수·교육 그 밖에 명목 여하를 불문하고 선거가 실시 중인 선거구 안이나 선거구민인 당원을 대상으로 당원수련회 등(이하 이 조에서 당원집회라 한다)을 개최할 수 없다"고 규정하고 있었다. 처벌규정은 공직선거법 제256조 제3항이다.

1심에서는 사안이 워낙 경미하여 당선유효형이 선고될 것으로 기대하고 재판의 조기종결을 원하였기 때문에 검찰이 제출한 증거에 모두 동의하고, 법리적인 주장을 전혀 하지 않았다.

항소심을 맡은 나는 항소이유로 무엇을 내세울지 이것저것 검토하면서 묘책이 없을까 고민하다가 공책에다 제141조의 조문을 그대로 정서하고는 빨간 볼펜으로 밑줄을 치고 몇 번을 들여다보았다. 항소이유로 삼을 만한 것이 마땅치 않았다. 일단 공소사실과 같은 정도의 상견례 모임은 '당원집회'가 아니고 제141조 단서에서 말하는 '당무에 관한 연락·지시 등을 위하여 일시적으로 이루어지는 당원 간의 면접'에 해당한다고 주장할 수 있을 것으로 보였으나, 그리 강한 주장은 아니다.

안광眼光이 지배紙背를 철한다는 말이 있다. 몇 십 분 동안 조문을 뚫어지게 들여다보니, 불현듯 조문의 주어가 '정당은'이라고 되어 있는 것이 눈에 들어왔다. 그렇다면 당원집회를 개최한 지역구 '당원협의회'가 과연 '정당'인가 하는 의문이 스쳐갔다. 정당의 '지구당'제도는 이미 2004년에 폐지되었던 것이 생각났다. 제141조는 지구당이 있을 때의 조문이 그대로 남아 있었던 것이다. 다시 말하면 지구당을 폐지하면서 제141조를 손보지 않았던 것은 명백한 입법 실수였다.

물론 입법론적으로 보면 2004년 이후에도 과거 지구당을 실질적으로 대신하게 된 당원협의회가 개최한 당원집회도 금지할 필요가 있겠지만, 실정법 해석상 '당원협의회'가 '정당'이 아니라면, 피고인은 무죄일 수밖에 없다. 이것이 바로 죄형법정주의이다. 입법 실수로 인한 혜택은 피고인에게로 돌아가야 한다.

그렇게 하여 항소이유 제1점으로, "현행 정당법상 정당의 당부黨部는 중앙당과 시·도당만 있고, 2004년에 지구당제도가 폐지되었으니, 공직선거법 제141조의 정당은 중앙당과 시·도당을 의미하고, 지역구 당원협의회는 여기에 해당하지 않는다"는 법리오해 주장을 내세웠다.

변호사인 내가 봐도, 아니 누가 봐도, 입법의 허점을 교묘히 파고든 얄미운 주장이 아닐 수 없다. 아니나 다를까. 정의감 넘치는 항소심법원은 입법취지와 탈법방지를 강조하면서, '제141조에서 말하는 정당의 의미를 반드시 정당법 제3조의 중앙당이나 시·도당으로 한정하여 해석할 아무런 법적 근거는 없는 것으로 보인다'고 판단하여 항소를 기각했다. 내가 봐도 정의관념에는 부합하는 판결이다. 그러나 그것은 입법론으로는 옳을지 몰라도 죄형법정주의 원칙에는 반하는 판결이라 생각하여 상고를 했다. 법관이 입법을 해서는 안 되기 때문이다.

당연히 대법원은 피고인의 손을 들어주었다.

"당원협의회는 시·도당 소속 하급기관에 불과할 뿐 공직선거법 제256조 제3항에 의하여 형사처벌 대상이 되는 당부에 해당한다고 볼 수 없으므로 당원집회가 단순히 시·도당 소속 당원협의회 차원에서 개최된 것에 불과하다면 처벌할 수는 없다."(대법원 2009. 5. 14. 선고 2009도679 판결)

대법원판결 후인 2010년 1월 25일 개정된 선거법은 위 제141조의 '정당' 다음에 괄호 하고 '당원협의회를 포함한다'는 문구를 추가함으로써 입법상의 실수는 6년 만에 정리되었다.

법률의 허점을 찾아내고 죄형법정주의를 강조하면서 피고인의 무죄를 주장하는 것은 변호사로서 능히 할 수 있는 일이다. 아니, 반드시 해야 할 일이라고 생각한다.

〈대한변협신문 2012년 12월 24일〉

국민참여재판

2008년부터 시행된 국민참여재판은 시행 4년을 지나면서 신청비율, 배제비율, 사건처리 기간, 무죄율, 항소심 파기율, 평결과 판결의 일치율, 배심원의 절차 만족도 등 여러 가지 측면에서 상당한 성과를 보이고 있다고 평가된다.

무엇보다도 국민이 유무죄 판단과 양형 판단에 직접 참여함으로써 국민과 법원이 소통하는 통로가 마련되고 형사절차의 투명성이 제고되었다는 점에서 사법의 민주적 정당성과 재판에 대한 신뢰를 높이는데 크게 기여했다.

국민참여재판은 뿌리 깊은 전관예우 논란도 잠재울 수 있음을 보여주었다.

배심원의 평결과 법관의 판결 사이의 일치율이 무려 91%에 이른다는 점은 놀라운 성과이다. 양형에 건전한 국민의 의사가 제대로 반영되고 있다는 의미다.

국민들이 법관에 비해 온정적이지 않을까 하는 우려도 기우임이 드러났다. 우리나라 국민 개개인의 역량과 양식이 이제 공동체의 문제를 형사재판의 마당에서 감당하기에 충분할 정도로 성숙해졌다는 것이 입증된 셈이다.

참여재판은 집중심리 및 공판중심주의 원칙에도 부합한다. 참여재판으로 진행된 제1심에서 배심원이 만장일치로 한 평결결과를 받아들여 무죄로 판단한 경우 항소심에서는 가급적 제1심의 무죄 판단을 뒤집지 못하도록 한 대법원 2010. 3. 25. 선고 2009도14065 판결도 참여재판 활성화에 크게 기여했다.

참여재판은 형사재판에 대한 국민의 신뢰를 제고하고 공판중심주의를 구현하는 키포인트Key Point이다. 정치학에서는 배심재판이야말로 '주권자인 국민의 정치생활의 근간을 뿌리부터 변혁하는 일'이라고 한다.

대법원은 '형사재판의 근간을 뿌리부터 변혁'하는 국민참여재판을 더욱 활성화하고 이를 확고한 형사재판 모델로 정착시켜야 한다.

영장보석제도

2006년부터 6년간의 '이용훈 사법부'에서 일구어낸 중요한 사법개혁의 성과 중 하나는 바로 불구속 수사·재판의 확대이다.

구속자 수 통계를 보면, 영장실질심사제도 도입 전 해인 1996년의 14만 3,068명에서 그후인 1999년의 11만 764명, 2002년의 9만 9,897명으로 서서히 감소하다가 2006년에는 5만 1,481명, 2008년에는 4만 3,032명으로 급격히 감소했다. 2009년에는 4만 2,732명이다. 1996년에 비하면 2009년에는 약 10만 명이 구속을 면했다.

지금 기준으로 하면 구속되지 않았어도 될 사람들이 1996년도에는 10만 명이나 억울하게 구속되었던 것이다.

1996년에는 기소된 피고인 중 63.6%가 구속피고인이었으나 요즘은 구속 구공판 피고인 비율이 전체 기소자 중 14% 정도에 불과하다. 범죄에 대한 대응능력이 약화되었다는 징후가 없는 이상 이와 같은 불구속 확대 정책은 앞으로도 계속 유지될 필요가 있다.

그동안 불필요한 구속의 억제는 영장실질심사제, 기소 전 보석과 함께 법정구속의 증가로 뒷받침되었다. 그러나 일각에서는 다소 과도한 비율의 영장 기각에 대한 불만이 제기되고 있고, 영장 발부기준에 대한 견해 차이로 인한 갈등 양상이 지속되고 있는 것도 사실이다.

일각에서는 영장전담법관의 실무 운용이 아직도 다소 자의적이라는 비판을 하면서 영장재판에 대한 상급심에의 불복(영장항고)제도의 도입을 강력히 주장하고 있다.

양승태 대법원장은 2011년 9월 26일 취임식 후 기자간담회에서 영장보석(보석조건부 영장)제도의 도입을 시사하여 주목을 받았다. 이른바 유전무죄의 부작용을 배제하기 위한 안전장치를 둔다면, '완화된 구속대체수단'인 영장보석제도의 도입을 이제 본격 논의할 시점이 되었다는 것이 중론이다.

형사사법절차의 확보라는 피의자구속의 목적을 달성하면서도 신체의 자유 제한을 최소화하는 중간지대를 설정하기 위한 영장보석제도는 선진법치국가에서 상당한 성과를 거두고 있는 제도이므로 우리도 이제 그 도입을 검토할 만하다.

그렇게 되면 구속영장재판은 단순한 발부와 기각이라는 극히 어려운 양자택일적 선택을 하기 위한 심문에서 탈피하여, 구속대체수단인 보석조건을 실질적으로 심사하여 정하는 것으로 무게중심이 이동하게 된다.

다만, 강조되어야 할 점은, 영장보석은 종래의 구속영장에 대한 대체수단이 되어야 하는 것이지, 종래 같으면 불구속되었을 피의자에게 보석조건을 부과하거나 과도한 사법통제를 가하는 것이 됨으로써 영장보석이 도리어 인권보장에 역행하는 제도로 등장해서는 안 된다는 점이다.

아울러 영장보석제도만이 아니라, 현재 논란이 되고 있는 영장항고제 도입 문제, 미체포 피의자의 구인제도의 문제점 등과 함께, 기존의 기소전 보석, 구속 취소, 구속집행정지, 보석 등으로 다기화되어 있고 복잡한 구속제도 전반을 재검토하여, 구속제도를 보다 단순화하고 일원화하는 방안도 함께 추진해야 할 것이다.

검찰과 경찰의 수사권 조정

2011년에 있었던 경찰의 수사권 조정에 관한 형사소송법 개정 논란은, 검사의 사법경찰관에 대한 수사지휘권은 유지하되, 사법경찰관의 수사개시권도 인정하는 것으로 봉합하면서 일단락되었다.

다만, 개정 전의 형사소송법에는 '검사 지휘에 관한 세부사항을 하위법령에 위임하는 조항' 자체가 없었는데, 정부의 형사소송법 개정안에는 '검사 지휘에 관한 세부사항'을 '법무부령'으로 정하기로 하는 조항을 정부합의안으로 넣었다.

국회 사법제도개혁특별위원회도 정부합의안과 같이 의결했는데, 형사소송법 개정안의 '법무부령' 부분이 법제사법위원회의 체계심사과정에서 '대통령령'으로 변경되어 본회의를 통과했다.

이렇게 세부사항을 대통령령에 위임하는 바람에 그후 대통령령 제정 과정에서 검찰과 경찰의 대립이 극심했던 것은 당연한 귀결이다.

형사절차법정주의 하에서 수사지휘권의 범위는 당연히 기본법인 형사소송법에 규정해야 하고, 그 세부사항을 하위법령에 위임할 성질의 것은 아니다.

형사소송법에서 구체적인 위임이 없더라도 법률에 위반되지 않는 범위 안에서 대법원규칙인 '형사소송규칙'으로 소송절차에 관하여 세부적인 사항을 규정할 수 있다.

또한 그동안 형사절차 중 사법경찰관의 수사에 관한 세부사항은 형사소송법의 위임 없이도 '사법경찰관리 집무규칙' 등 법무부령으로 규율해왔다.

검찰의 수사지휘권이 형사소송법상 보장되어 있다면 그 세부사항은 형사소송법의 위임 없이도 법무부령으로 정할 수 있는 것이다. 다시 말하면 애당초 '검사 지휘에 관한 세부사항을 법무부령에 위임하는 조항'은 법체계상 형사소송법에 들어가서는 안 되는 조문이었다. 법체계상 정부합의안이 근본적으로 문제였던 것이다.

아직도 검·경 수사권 조정 문제는 미결인 채 남아 있다. 검·경 수사권 조정 문제는 무엇이 국민의 형사사법에 대한 신뢰를 제고하는가, 무엇이 법치주의의 내실화에 기여하며 국민의 인권보장에 바람직한 것이냐 하는 기본원칙으로 돌아가서 해결해야 한다. 검찰과 경찰이 기관이기주의적 입장에 치우쳐서는 도저히 해결할 수 없는 문제이다.

수사권 조정 문제는 각국의 입법례가 워낙 다양하고 국제기준도 명확하지 않지만, 선진법치국가의 사례를 면밀하게 조사·검토하여 문제해결에 반영할 수밖에 없을 것이다.

일본 형사소송법은 검찰과 사법경찰에 대해 원칙적 협력관계와 예외적인 지휘관계를 규정하여, 사법경찰의 수사권을 제1차적인 것으로 하고, 검찰의 수사권은 제2차적·보정적補正的인 것으로 하고 있다. 권력의 집중을 방지하고 수사에 대한 책임을 명확화하기 위해 그렇게 규정했다. 그런데 일본에서는 물론 경찰의 민주화와 지방화가 전제되어 있다.

일반범죄의 경우 경찰수사는 사실적 요소가 강하고 검찰수사는 법률적 요소가 강하기 때문에, 장기적으로는 우리나라도 제반 여건이 구비된 후에, 양자의 관계를 상호 협력관계로 조정하는 것이 바람직하다.

다만 검사제도가 수사에서의 국민의 인권보장과 적법절차의 실현이라는 법치국가적 요청에 근거한 제도임을 감안할 때 검사의 보정작용補正作用이 보장되도록 하는 장치로서 검찰의 보충적인 수사지휘권은 당연히 보장되어야 한다.

군사법원법은 검찰과 사법경찰의 관계를 원칙적으로 '분업적 협력관계'로 규정하고 있는데, 수사권 조정의 모델이 될 수 있다.

존속살인죄 폐지는 시기상조

형법은 일반살인에 대해 '사형·무기 또는 5년 이상의 징역'에 처하도록 하면서 별도로 존속살인죄를 두어 '사형·무기 또는 7년 이상의 징역'에 처하도록 규정하고 있다. 이와 같이 가중처벌하는 존속살해죄를 별도로 규정하는 것이 법리적·정책적으로 타당한지와 관련해 본죄를 폐지하자는 주장이 일각에서 제기되고 있어 논란이 되고 있다.

순수하게 법리적·학문적인 측면에서만 접근하여, 존속살해죄가 비교법적으로 시대착오적인 규정이라거나 비속卑屬 신분에 따른 차별대우 규정이라거나, 또는 법과 도덕을 준별해야 한다거나, 존속살해죄를 폐지하더라도 직계비속의 패륜성은 법관의 양형과정에서 충분히 감안할 수 있다는 등의 학계의 논의도 나름대로 일리는 있다.

그러나 존속살해죄의 존폐에 대해서는 양론이 있을 수 있다는 점에서, 특별한 계기나 국민적 공감대 형성도 없이 형법학계의 전문가적인 입장에만 치중하여 갑자기 존속살해죄 폐지를 논의하는 것은 여러 가지 측면에서 바람직하지 않다고 본다. 평등 원칙 위반이라는 견해도 있는 반면에, 효와 조상숭배를 인륜의 근본으로 삼는 유교적 전통과 도덕에 부합하는 입법으로서 존치되어야 한다는 입장이나 여론도 무시할 수 없기 때문이다.

무엇보다도 우리 형법의 가중처벌의 정도가 극단적으로 균형을 잃은 것으로서 현저하게 불합리한 것이 아니기 때문에, 존속살해죄를 굳이 폐지할 실익 자체가 없다. 즉 형법 제정 당시의 형법 제250조 제2항은 존속살해죄의 법정형을 '사형 또는 무기징역'으로 하여 일반살인죄에 비해 가중처벌의 정도가 문제될 수 있었지만, 다행히 형법 제250조 제2항은 1995년 12월 29일 법률 제5059호로 개정되어 현재는 법정형이 '사형·무기 또는 7년 이상의 징역'으로 이미 완화되어 있다.

헌법재판소 2002. 3. 28. 선고 2000헌바53 결정은, 존속상해치사죄(제259조 제2항)에 관한 사건에서, '비속의 직계존속에 대한 존경과 사랑은 우리 사회윤리의 본질적 구성부분을 이루고 있는 가치질서로서 비속이라는 지위에 의한 가중처벌의 이유와 그 정도의 타당성 등에 비추어 그 차별적 취급에는 합리적 근거가 있다'고 판단하여 위헌론을 배척한 바 있다.

폐지론자들은 일본과 독일과 같이 존속살해죄를 두었다가 폐지한 사례를 들고 있지만, 프랑스, 이탈리아, 대만, 아르헨티나와 같이 가중처벌을 하는 나라도 있다.

나아가 존속살해죄의 존치로 인해 현저하게 불합리한 결과가 발생했다는 실무 사례도 발생한 바 없다.

이와 같이 존속살해죄의 폐지라는 것이 법리적인 측면 외에는 그다지 실익이 없음에도 이를 폐지하자는 주장은 그것이 국민감정에 미치는 영향과 상징성에 비추어 바람직하지 않다. 존속살해죄의 폐지가 선진형법의 척도가 되는 것도 아니다.

이러한 민감한 사안은 학문적으로만 접근할 것이 아니라, 국민여론에 대한 설득 작업과 국민적 공감대 형성이라는 절차를 밟은 다음 신중하게 논의해야 한다.

증거개시

2008년부터 시행된 개정 형사소송법은, 공소가 제기된 후의 검찰 보관 수사기록에 대한 변호인의 열람·등사 신청권에 대하여, 개시開示의 대상을 검사가 신청할 예정인 증거에 한정하지 아니하고 피고인에게 유리한 증거까지를 포함한 전면적인 증거개시를 원칙으로 하여, 검사는 열람·등사신청이 있으면 원칙적으로 열람·등사를 허용해야 하고, 예외적으로 일정한 사유가 있는 경우에만 열람·등사를 제한할 수 있으며, 열람·등사를 제한할 경우에도 지체 없이 그 이유를 서면으로 통지하도록 규정하고 있다(형사소송법 제266조의3).

또한 변호인의 열람·등사신청권이 형해화하지 않게 검사의 열람·등사거부에 대하여는 수소법원에 열람·등사허용명령을 신청하도록 불복절차도 마련하고 있다(형사소송법 제266조의4).

그런데 재판 실무상 첨예하게 유무죄가 다투어지거나 사회적 이목이 집중된 사건에서, 열람·등사의 과도한 제한으로 인하여, 피고인의 방어권 및 변호인의 변론권이 침해되는 사례가 생겨나고 있다.

검찰과 법원은 실체적 진실 발견을 위해 변호인·피고인에게도 이용하게 하는 것이 상당한 수사기록은 소송당사자가 공통으로 이용해야 할 중요한 국가의 자산이라는 관점에서 증거개시를 전향적으로 운용해야 한다.

우리 형사소송구조는 이제 실질적으로 사실상의 당사자주의 구조를 취하고 있으므로 증거개시의 범위를 가급적 확대하는 방향으로 제도를 운용할 필요가 있다. 우리나라는 검찰 측 증인에 대한 접근이나 왜곡의 우려가 현실적으로 심각한 나라가 아니기 때문이기도 하다.

특히 검찰의 권한이 세계적으로 유례가 없을 정도로 강화되어 있는 점을 감안할 때 '변호인의 충실한 변론 활동'이 더욱 강화되어야 비로소 균형이 유지되고 공정한 재판이 가능하다는 관점이 중요하다.

증거개시제도의 입법과정에서는 법원과 검찰의 대립이 문제되었지만, 이제 증거개시의 실무에서는 변호인·피고인과 법원·검찰의 대립이 문제로 대두되고 있다. 법이 정한 기준에 대해 대법원의 판례가 정립될 기회가 적은 제도일수록 실무 운용에 있어서 형사사법 담당자의 철학이 매우 중요하다.

공정하고 엄밀한 절차를 통한 실체적 진실 발견이라는 목표를 달성하기 위해서는 인식의 변화와 상호 협조가 그 무엇보다 필요하다. 수사나 재판 정보는 공공재산이기에 더욱 그러하다.

증거개시제도의 진정한 의미와 취지를 인식하고 실제 실무 운용에 필요한 최적의 기준을 조속히 마련하여 실무에 적절히 적용함으로써 형사사법에 대한 법적 안정성과 예측가능성 및 국민의 신뢰를 제고하는 방향으로 증거개시제도가 실무에 정착하도록 공동의 노력을 다해야 할 것이다.

기록 열람·등사의 제한

성폭력 피해자의 개인정보가 피고인 측에게 알려져 합의를 위한 연락이나 협박 등이 발생하여 피해자가 법원 직원을 「성폭력범죄의 처벌 및 피해자 보호 등에 관한 법률」 제21조 제1항 위반으로 진정하는 일이 발생한 적이 있다.

같은 법 제21조 제1항은 '성폭력범죄의 수사 또는 재판을 담당하거나 이에 관여하는 공무원은 피해자의 주소·연령·직업·용모 기타 피해자를 특정하여 파악할 수 있게 하는 인적사항과 사진 등을 타인에게 누설하여서는 아니 된다'고 규정하고 있으나, 여기서 말하는 '타인'에 변호인·피고인이 포함된다고 보기는 어렵다고 해석된다.

'기소 후 검찰 보관 기록'에 관해서는 특수매체(비디오테이프 등)에 대한 등사를 필요최소한의 범위로 제한하고 있고(형사소송법 제266조의3 제6항), 법원은 기소 후 검찰 보관 기록에 대하여 열람·등사허용결정을 할 때 열람·등사의 시기·방법을 지정하거나 조건·의무를 부과할 수 있도록 규정되어 있어(형사소송법 제266조의4 제2항 제2문) 별 문제가 없으나, 형사소송법 제35조에 의하여 보장된 변호인·피고인의 '법원 보관 형사기록'(공판기록 및 수사기록) 열람·등사에 대해서는 별다른 제한규정이 없어서 여러 가지 문제가 발생하고 있다.

심지어 형사소송법 제165조의2 소정의 비디오중계장치에 의한 비밀증언을 기록한 매체도 무제한 열람·등사할 수 있는지 해석상 논란이 있다.

재판 실무에서는 형사소송법 제35조에도 불구하고 열람·등사를 제한하는 조치를 취하는 예도 있으나, 재판장의 소송지휘권 발동으로 그러한 조치가 가능한지 논란이 있다.

따라서 피고인·변호인의 방어권·변론권과 피해자의 보호라는 상충하는 이익을 조화시키는 방향에서 법원 보관 형사기록에 대한 열람·등사를 일정한 경우에 제한할 수 있도록 하는 입법적인 개선방안이 마련되어야 한다. 법률 개정에 시간이 걸린다면, 우선 대법원규칙을 개정하여 시행하는 것도 검토해볼 만하다.

법원 보관 소송기록의 열람·등사(복사)에 관하여는 다른 법령에 특별한 규정이 있는 경우를 제외하고는 대법원규칙인 '재판기록 열람·등사규칙'이 정하는 바에 따르고(동 규칙 제3조), 재판장은 기록의 열람·복사에 관하여 그 일시, 장소를 지정할 수 있다(동 제6조 제4항)고 규정하고 있는바, 예컨대 진술조서의 진술자의 주소, 전화번호 기재 부분을 변호인에게는 등사하도록 허용하면서 그 부분의 복제를 피고인에게 열람하게 하여서는 안 된다는 조건을 부과할 수 있도록, '재판기록 열람·등사규칙' 제6조 제4항에 '방법의 지정'을 가능하도록 개정하거나, '형사소송규칙' 제38조의2 제1항(재판장은 피해자의 사생활에 관한 비밀 보호 또는 신변에 대한 위해 방지 등을 위하여 공판정 심리를 기록한 영상녹화물의 사본교부를 불허하거나 범위를 제한할 수 있다)의 예에서 보듯이, '형사소송규칙'에 열람·등사제한사유를 규정하는 것도 좋은 방안이 될 것이다.

피해자의 절차참여권

'형사소송규칙' 제96조의16 제5항은 피의자심문을 하는 판사는 구속 여부의 판단을 위하여 필요하다고 인정하는 때에는 심문장소에 출석한 피해자를 심문할 수 있다고 규정하고 있다. 이는 형사소송법에 위반되지 않는 범위 안에서 대법원규칙을 통하여 피해자의 진술권을 보완적으로 인정한 것이다.

그러나 심문기일을 알지 못하는 피해자가 심문장소에 출석하는 것은 사실상 어려워 위 제도는 잘 활용되지 않았다. 서울북부지법은 2009년부터 검찰과 협의를 거쳐 피의자심문절차에 참석을 원하는 피해자에 미리 심문기일을 알려주어 피의자의 구속 여부에 대한 의견을 적극 개진할 수 있도록 하는 방안을 마련해 시행하고 있다.

그동안 피의자·피고인의 인권보장에 주안을 두고 법제와 실무가 움직여왔다. 요즘은 형사절차에서 피해자의 절차참여권을 확대 보장하는 문제가 주목을 받고 있다.

형사소송법은 공판과정에서 피해자의 진술권 및 기록 열람·등사권을 인정하고 있으나(제294조의2, 제294조의4), 실무적·제도적으로 개선·보완해야 할 부분이 있다.

피해자의 위임을 받은 변호사에게도 기록 열람·등사권이 인정되나(형사소송법 제294조의4), 피해자의 위임을 받은 변호사의 공판정에서의 진술권은 법의 공백 상태로 있다.

형사소송법 제294조의2는 피해자의 신청이 있는 때에는 그 피해자를 증인으로 신문하여 피해의 정도 및 결과, 피고인의 처벌에 관한 의견, 그 밖에 당해 사건에 관한 의견을 진술할 기회를 주도록 하고 있는데, 형사소송법 제294조의2는 피해자가 개인인 경우만 상정하고 있어, 피해자가 법인인 경우, 피해자의 위임을 받은 대리인(임직원)이나 변호사에게 진술신청권이 있는지 명확하지 않다.

예컨대, 경제범죄나 「부정경쟁방지 및 영업비밀보호에 관한 법률」 위반 피고 사건의 경우 피해자는 대부분 기업체인데, 당해 피해기업의 대리인인 임직원이나 변호사가 공판절차에 참여할 통로가 마련되어 있지 않으면, 공판검사가 아무리 실효성 있게 대처하더라도, 공판이 피해자 측 의견이 배제된 채 진행될 소지가 다분히 있다.

따라서 법인이 피해자인 경우 법인의 대리인의 법정진술권을 부여하는 방향으로 형사소송법 제294조의2를 개정할 필요가 있다. 법률 개정 전이라도 피해자 보호의 취지에 따라 이를 전향적으로 해석하여 피해자의 임직원이나 변호사의 진술신청을 적극 허가함으로써, 공판절차에서 정식 증인은 아니더라도, 피해자 대리인 자격으로 출석하여, 구술이나 프레젠테이션 방식으로, 당해 사건의 사실관계 및 그에 관한 의견, 피해의 정도 및 결과를 진술할 기회를 충분히 부여하는 방향으로 재판실무를 운영할 필요가 있다.

나아가 법률 개정 전이라도, '형사소송규칙' 제96조의16 제5항의 예에서 보듯이, 먼저 '형사소송규칙' 개정을 통하여 법률의 공백이나 미비점을 보완하여 운영해본 다음 그 성과를 보아 법률로 격상시키는 방안도 고려할 만하다.

양형기준과 양형조사관

형사재판에서는 사실인정과 법리적용도 물론 중요하고 어려운 일이지만 적정한 양형을 도출하는 작업은 정말 더 중요하고 어려운 일이다. 형사재판에서 유·무죄 판단이 물론 중요하겠지만, 대부분의 사건에서 소송당사자의 관심은 양형이다. 형법 제51조에 양형의 조건이 규정되어 있지만, 법관의 고민도 대개 양형에 집중되어왔다. 그럼에도 양형심리는 기록에 나타난 매우 제한적인 자료에 근거하여 법관 개개인의 경험과 직업적 감에 의존해왔다고 해도 과언이 아니다.

국가운영에서 하나의 축을 이루는 형사사법권도 결국 주권자인 국민의 위임에서 나온 것이므로 형사사법의 영역에서 국민의 신뢰를 얻지 못하면 이는 중차대한 문제가 아닐 수 없다. 양형이야말로 형사사법에 대한 국민의 신뢰에 직결되므로, '형을 정함에 있어 국민의 건전한 상식을 반영하고 국민이 신뢰할 수 있는 공정하고 객관적인 양형을 실현하기 위하여'(법원조직법 제81조의2 제1항) 법관은 물론이요 검사 및 변호인도 가일층 노력해야 한다.

사실 양형의 문제는 이제 법관 개개인의 경험과 개인적인 양심이나 세계관에만 일임할 것이 아니라 형평성과 객관성 내지 적정성을 담보할 수 있는 보다 과학적인 심리기법을 도입해야 한다.

대법원 양형위원회의 양형기준은 2009년 7월부터 기소된 살인죄 등 주요 범죄에 대해서부터 시행되었다. 양형위원회의 양형기준은 내용이 방대하고 비교적 세밀하여 공판과정에서는 양형기준을 어떻게 적용해야 할 것인지에 관해 공방이 벌어지기도 하고, 양형기준을 벗어난 판결을 하는 경우에는 판결서에 양형이유를 기재해야 하므로, 형사재판에서 법관의 양형심리는 양형기준제 시행 이후 새로운 국면을 맞게 되었다.

양형이 일시적인 여론에 휘둘려서도 안 되지만, 사회적 현실이나 국민들의 요구 및 일반적인 법감정 내지 법의식을 끊임없이 파악하고 분석하여 양형기준을 재조정하는 것 역시 법조인들이 할 일이다. 우리 법조인들의 양형 감각이 혹여 일반국민들의 법감정과 괴리되어 있지는 않은지 다시 한번 옷깃을 여미고 겸허하게 생각해보아야 한다.

과거 특정 아동성폭행 사건에 대한 법원의 양형에 대해 대통령을 비롯한 여·야 정치권은 물론 네티즌들의 의견이 분분하고 온 나라가 시끄러웠던 경우도 있다. 그럴 때마다 여론의 향배에 따라 정치권과 관련 당국에서는 유기징역형의 상한 인상, 공소시효 연장 및 전자 팔찌 부착기간의 연장 등 여러 가지 개선방안을 내놓았다.

물론 특정 재판의 양형에 불만이 있다고 하여 그 재판에 관여한 법관이나 검사 등을 매도하는 것은 사법에 대한 불신만 더 깊게 하는 것이므로 자제되어야 한다. 특히 대통령이나 정치권에서 입법적인 개선방안을 마련하는 것은 정치의 영역에 속하지만, 특정 확정재판에 대하여 당해 법관이나 피고인을 지나치게 비난하는 모습은 바람직하지 않다.

그리고 제도 개선은 외국의 입법례와 헌법 정합성을 면밀히 검토한 다음 신중히 처리해야 할 것이지, 여론이라는 호랑이 등에 올라탄 나머지 이성을 잃고 중구난방으로 각종 제도를 졸속 도입하는 우는 범하지 말아야 한다. 양형의 중요성에 비추어볼 때 양형심리를 보다 심층적·객관적·과학적·다각적으로 할 수 있는 여건이 조속히 마련되어야 한다.

그런 의미에서 양형조사관제의 도입을 규정한 관련 형사소송법 개정안이 조속히 국회에서 통과되어야 한다. 양형조사관을 법원과 법무부 중 어디에 둘 것인가 하는 논란 때문에 개정안 통과가 지연된다는 것은 도저히 납득하기 어렵다. 사법제도개혁 추진과정에서 양형기준제를 도입할 당시의 정신, 법무부 소속인 보호관찰소에 양형조사관을 두는 경우의 공정성 시비 우려, 보호관찰관의 제도적 취지 및 외국의 입법례 등을 고려하면, 법관의 양형심리를 도와주는 양형조사관은 법원에 두는 것이 양형조사관제도의 취지에 맞다.

그리고 검사도 양형에 대한 의견진술권이 있으므로 「보호관찰 등에 관한 법률」을 개정하여 검사에게 보호관찰관에 대한 양형자료 조사요구권을 부여함으로써 검사가 필요한 경우 보호관찰관으로부터 양형자료를 보고받아 법원에 증거로 제출하도록 하는 방안을 검토할 만하다.

한편, 형사소송법 개정안이 통과되기도 전에 양형기준제가 먼저 시행되고 양형조사가 이전보다 중요해진 이상, 법 개정 전에는 법관의 명을 받은 조사관(법원조직법 제54조의3)으로 하여금 잠정적으로 양형자료 조사를 하도록 하는 것이 바람직하고, 이들에 대한 충분한 교육을 통하여 양형자료 조사의 전문성을 축적하도록 함으로써 양형조사관제도 시행에 만전의 대비를 해야 할 것이다.

대법원 양형위원회는 그동안 살인, 뇌물, 성범죄, 강도, 횡령·배임, 위증, 무고, 약취·유인, 사기, 절도, 공문서범죄, 사문서범죄, 공무집행방해, 식품·보건범죄, 마약범죄, 증권·금융범죄, 지적재산권범죄, 교통범죄, 선거범죄 등에 대한 양형기준을 제정했는데, 양형기준이 권고적 효력만 있음에도 불구하고, 형사재판 실무에서 막강한 영향력을 발휘하고 있다. 양형에 대한 심리와 판단은 양형기준을 거의 벗어나지 않는 것으로 정착되어가고 있다.

한편 법관의 양형기준으로의 도피 현상과 양형에 대한 고민과 성찰의 결여, 엄벌주의적 경향 강화에 기인한 피고인과 변호인 측의 불만의 고조 등의 부정적 현상도 나타나고 있음을 부인하기 어렵다.

선거범죄의 재판기간과 양형기준

공직선거법 제270조는 선거범과 그 공범에 관한 재판은 다른 재판에 우선하여 신속히 하여야 하며, 그 판결의 선고는 제1심에서는 공소가 제기된 날로부터 6월 이내에, 제2심 및 제3심에서는 전심의 판결의 선고가 있은 날로부터 각각 3월 이내에 반드시 하여야 한다고 규정하고 있다.

그런데 당선무효 여부와 관련된 선거범죄 재판은 1·2·3심 모두 각각 두 달 안에 처리해 6개월 내에 확정판결까지 마무리하는 것이 사법부의 방침이자 거의 확립된 실무관행이다.

선거법을 위반한 당선인의 자격을 조기에 박탈하는 것은 선거의 공정을 확보하기 위한 당연한 조치이고, 이러한 자격박탈조치는 실제로 선거부정에 대한 형벌 이상의 효과적인 사전억지력이 된다.

베이컨Bacon의 "사법은 신선할수록 향기가 높다"는 경구야말로 선거범죄 재판에 적확히 해당되는 말이다. 당선의 효력에 영향이 있는 자에 대한 재판을 최대한 신속히 하여 선거결과를 빨리 안정시키고, 부정선거를 한 자를 공직 수행에서 조기에 배제하여 재선거를 신속히 시행할 수 있게 하며, 신속한 재판을 통하여 부정선거와 선거부패에 대한 일반예방적 효과를 실효성 있게 달성할 수 있도록 하기 위해서는 선거범죄 재판의 신속한 진행은 반드시 필요하다.

그러나 그렇다고 하여 무조건 빨리 재판을 끝내는 것은 방어권과 변론권을 침해하고 충실한 심리·판단을 방해할 수 있다. 공직선거법상 재판기간은 1심 6개월, 항소심 3개월, 상고심 3개월인데, 나는 이 규정만 엄격하게 준수해도 충분하다고 생각한다.

4월 총선 후 그해 10월에 재선거를 치루기 위해 9월 말까지 확정판결을 선고하는 것이 어차피 물리적으로 불가능하다면 그 다음해 4월에 재선거를 치룰 수 있도록 총선 다음해 3월까지 당선무효형이 확정되는 재판 속도면 충분하다고 본다. 총선 다음해 4월의 재선거 일정에 맞추어 재판을 신속하고도 충실하게 진행하는 것이 가장 합리적이다.

대법원 양형위원회는 2012년 8월 선거범죄 양형기준을 제정했다. 선거범죄 양형기준은 형종 및 형량기준과 집행유예기준으로 구성되어 있다. 그러나 선거범죄에서는 이런 체계가 맞지 않다. 선거범죄에서는 실형이냐 집행유예냐를 고민할 사건은 그리 많지 않다. 오히려 집행유예냐 벌금이냐, 당선무효형이냐 당선유효형이냐, 당선무효형이냐 선고유예냐가 양형의 핵심이다. 양형기준도 다른 범죄와는 달리 권고형으로 벌금형이 들어 있다.

대법원 2003. 2. 20. 선고 2001도6138 전원합의체 판결의 다수의견은, 선거범죄에 관하여, 피고인이 범죄사실을 자백하지 않는 경우에도 선고유예를 할 수 있으며, 대법원은 선고유예의 요건인 '개전의 정상이 현저한 때'에 관한 원심판단의 당부를 심판할 수 없다고 하여, 사실심의 선고유예 재량권을 상당 정도 인정하고 있다. 헌법재판소는 낙선목적 허위사실공표죄(공직선거법 제250조 제2항 : 벌금 500만 원 이상)에 대한 헌법소원 사건에서, 법관은 여러 양형 조건을 참작하여 형의 선고를 유예할 수도 있고, 법을 위반한 피고인으로서도 당선무효에 해당하는 형의 선고도 피할 수 있는 길이 있기 때문에 헌법상 비례의 원칙에 위배되지 않는다고 결정하였다(헌재 2009. 10. 5. 선고 2008헌바168 결정).

선고유예 여부가 가지는 엄청난 영향에도 불구하고 선고유예 여부를 전적으로 재판부의 재량 판단에 맡기는 경우 선거별, 재판부별, 법원별로 양형편차가 발생할 수밖에 없다. 실제로 그런 현상이 있다고 본다. 작량감경해도 당선무효형에 해당하는 벌금 250만 원이 하한인 낙선목적 허위사실공표죄(양형기준 제2유형)에 대한 선고유예기준도 무엇보다 중요하다. 이에 대한 기준이 양형기준에 구체적으로 설정되어야만 양형기준 제정이유에 부합하고 실효성도 있을 것이다. 양형기준은 낙선목적 허위사실공표죄에 대해 감경영역에서 최하 벌금 300만 원인데, '선고유예' 판결은 양형기준 이탈이 된다.

그동안 선거범죄에 대해서는 엄벌에 어느 정도 성공했다. 오히려 너무 과도한 형벌이 가해지는 측면이 있다. 선거범죄 양형기준의 경우도 종래의 양형 실무사례보다 규범적으로 더 강화한 내용이고, 결국 엄정한 당선무효형의 선고를 권고하는 것에 다름 아니어서, 앞으로 제19대 국회의원 총선 선거범죄의 경우 엄벌 일변도의 획일적 실무처리를 유도할 가능성이 높다. 이미 법원은 전국선거범죄전담재판장회의를 통하여 지난 제18대 국회의원에 대한 재판의 항소심에서 제1심의 당선무효형을 당선유효형으로 감형한 예가 전혀 없을 정도로 획일적으로 처리하고 있다. 당선무효형 확정으로 의원직을 박탈당한 15명의 제18대 국회의원들에 대한 사건도 구체적으로 살펴보면 경미한 사안에 대해 100만 원 이상의 당선무효형이 선고된 경우도 있다.

양형기준은 권고적 효력만 있음에도 불구하고, 형사재판 실무에서 막강한 영향력을 발휘하고 있다. 양형에 대한 심리와 판단은 양형기준을 거의 벗어나지 않는 것으로 정착되어가고 있다. 한편 법관의 양형기준으로의 도피 현상과 양형에 대한 고민과 성찰의 결여, 엄벌주의적 경향 강화에 기인한 피고인과 변호인 측의 불만의 고조 등의 부정적 현상도 나타나고 있음을 부인하기 어렵다. 양형기준이 너무 당선무효형을 유도하는 식으로 되어서는 곤란하다.

벌금 100만 원 이상의 판결 확정시 선거권 및 피선거권이 없어지는 범죄로는 선거범죄, 뇌물수수 및 정치자금부정수수죄가 있다. 발생 빈도, 중요성 및 실무상 필요성 등에 비추어볼 때, 정치자금법 제45조 제1항 위반죄 중 정치자금부정수수죄(정치자금법에 의하지 아니하고 정치자금을 수수한 자)에 대한 양형기준이 선거범죄 양형기준과 함께 설정되면 좋을 것이다. 뇌물수수죄와 유사하게 수수한 불법정치자금의 액수에 따라 양형기준을 설정하기 적합하다. 정치자금부정수수죄 하나만 가지고 별도로 양형기준을 만드는 것은 부적절하므로, 선거범죄 양형기준에서 대상범죄로 '정치자금부정수수죄'를 추가하면 좋다고 생각한다.

선거범죄 양형기준을 설정할 때에는, 양형기준이 구약식 사건에는 적용되지 않는다는 점이 고려되어야 한다. 무슨 말이냐 하면, 합의부 관할인 선거범죄에 대해서는 약식기소가 불가능(통설)하여 당선유효형에 해당하는 경미한 사건도 검사는 기소유예나 약식기소를 하지 않고 정식기소를 하고 있다는 점이 양형기준 설정에서 반드시 고려되어야 한다. 이런 상황에서 양형기준이 너무 당선무효형을 권고하는 쪽으로 가면, 재판 실무가 너무 경직될 수밖에 없다. 당선유무효가 경쟁상대방의 고발 여부나 검찰의 기소 여부에 좌우되게 되면, 구체적인 사안에서 부당한 결과가 초래될 수 있다.

기부행위는 선거일과 관련하여 시기별로 구분하는 것이 중요하다고 생각한다. 2004년 선거법 개정 이전에는 선거일 전 180일 이내의 기부행위만 제한했다가 개정 후 상시제한으로 변경했다. 양형기준은 '선거일에 임박한 경우'를 특별가중인자로 하고 있는데, 이와 병행하여 '선거일 전 180일 이전의 행위'를 특별감경인자로 설정할 필요가 있다. 양형기준은 '공직선거법 제112조 제2항 이외의 관례적·의례적 행위'를 특별감경인자로 하고 있는데, '공직선거법 제112조 제2항 이외의 관례적·의례적 행위 또는 직무상 행위'로 수정했으면 한다. 양형인자의 정의에도 공직선거법 제112조 제2항 이외의 '직무상 행위' 개념을 하나 더 열거해 주어야 한다. 의례적 행위는 아니지만, 국가나 지방자치단체의 정식 내부 검토 및 결재절차를 거친 공무수행이 경우에 따라 기부행위로 기소되는 경우가 있기 때문이다.

추징제도의 개선방안

지난 2006년 기준 추징금의 미납률이 무려 99.8%에 달하고, 금액으로 따지면 약 24조 원에 이른다. 그동안 관계당국의 형집행 의지나 능력에 문제가 있었다는 증거이다.

주지하다시피 형법 제48조 제2항은 몰수의 대상인 물건을 몰수하기 불가능한 때에는 그 가액을 추징하도록 규정하고 있다. 추징은 형법 제41조에 정해진 형벌의 일종인 몰수형의 취지를 관철하기 위한 일종의 사법처분으로서 실질적으로는 부가형벌의 성질을 띠고 있다.

더욱이 추징은 범인으로부터 범죄로 인한 이득을 박탈함에 그 목적이 있는 것이 원칙이지만 주형과 함께 하나의 징벌적 성질을 가져 범죄에 대한 일반예방적 효과를 얻으려는 데도 주안이 있는 것이다.

따라서 추징이 집행에 있어 지금과 같이 그 실효성이 없다면 추징은 형법이 정하는 형벌로서의 기능을 사실상 상실한 것이나 진배없는 것이고, 이는 국가형벌권의 현저한 약화를 의미하는 것이다.

위와 같은 문제점에 대해 대책으로 추징 미납자에 대한 환형 유치제도 내지 추징금 강제를 위한 구금제도의 도입 방안, 집행 단계에서의 은닉재산 조사권 및 금융거래내역 조회권의 신설 방안 등이 대안으로 검토되어야 한다.

그런데 판결 확정 후의 추징 집행의 실효성을 확보하는 것도 중요하지만, 집행을 확실히 하기 위한 보전처분이 적기에 이루어져야 한다는 지적도 유념할 필요가 있다.

따라서 현재 「공무원범죄에 관한 몰수특례법」과 「마약류불법거래방지에 관한 특례법」, 「범죄수익은닉의 규제 및 처벌 등에 관한 법률」에서 인정되고 있는 추징보전제도를 모든 범죄에 확대하여 추징보전을 일반화하는 방안도 신중히 고려할 필요가 있다.

그리고 추징금 미납자에 대해서는 사면·복권도 원천적으로 할 수 없도록 법제화해야 할 것이다.

법무부는 앞으로 선진법치국가의 입법례를 면밀히 검토하고, 추징 집행의 실효성 제고가 필요하다는 현실론과 인권침해나 이중처벌에 해당한다는 비판론을 충분히 감안하여 국민이 공감할 수 있는 방향으로 법 개정 작업을 추진해야 할 것이다.

물론 그 개정 전이라도 추징집행을 위한 인적·물적 지원도 아끼지 않아야 할 것이다.

검찰은 범죄수사와 공소유지만이 아니라 형벌의 집행에도 그 책임이 있음을 유념해야 한다.

형사항소심의 기능

2006년 당시 우리나라의 형사재판 항소율이 합의사건의 경우 52~56%, 단독사건의 경우 27~31%로서 다른 나라의 10%에 비해 높았고, 고등법원 사건의 37%, 지방법원 항소부 사건의 35%에서 양형 변경이 이루어졌다.

대법원은 2007년 2월 전국형사항소심재판장회의를 개최하여 항소심의 기능을 재조정하기로 했다. 남항소의 원인은 결국 항소심의 지나친 양형 변경에 기인하고, 따라서 이를 해소하기 위하여 항소심은 1심 판결을 가급적 존중하는 것이 옳다는 식으로 논의가 모아졌다.

즉 제1심의 선고형이 법관의 재량의 폭 안에 있어 '지나치게 무겁거나 가벼워서 부당'하다고 인정되지 않는 한 가급적 1심의 의견을 존중할 필요가 있다는 것이다.

그후 재판 일선의 항소심에서 제1심의 형을 깎아주는 일은 거의 기대하기 어려워졌다.

이러한 결과에 대해 재야법조계와 국민들 사이에서는 우려의 목소리도 나오고 있다. 사실 통계를 반대로 해석하면 항소심의 양형 변경률이 그렇게 높다는 것은 그동안 1심의 양형심리와 판단이 철저하지 못했거나 1심 재판부의 경험이 부족한 탓일 수도 있다는 지적도 가능하다.

1심의 영형심리 강화와 1심 재판의 충실화라는 전제조건이 충족되지 않은 채, 항소율과 파기율을 낮추어야 한다는 목표에 얽매여 적정한 양형을 통한 형사사법 정의의 실현이라는 또 다른 이념을 희생하는 결과가 되어서는 곤란하다.

형사항소심은 원칙적으로 사후심이지만, 사실의 오인이 있어 판결에 영향을 미칠 때(형사소송법 제361조의5 제14호) 및 형의 양정이 부당하다고 인정할 사유가 있는 때(형사소송법 제361조의5 제15호)를 항소이유로 삼을 수 있게 하여, 사실심(속심)으로서의 기능도 중시하고 있음을 잊어서는 안 된다.

양형의 부당이라 함은 1심 판결의 형의 양정이 당해 사건의 제 정상에 비추어 무겁거나 가벼운 것을 말하고, '심히(지나치게) 무겁거나 가벼운 경우'로 제한하여 해석할 아무런 근거가 없다.

항소심의 경우 '1심의 양형이 심히 부당하다고 인정할 만한 현저한 사유가 있는 때'에만 양형부당으로 1심 판결을 파기해야 한다는 주장은 입법론으로는 몰라도 현행법 해석론으로서는 맞지 않다.

그러한 주장은 징역 10년 이상이 선고된 사건의 경우 '형의 양정이 심히 부당하다고 인정할 현저한 사유가 있는 때'(형사소송법 제383조 제4호)에만 상고이유로 삼을 수 있는 것과 동일시하는 것이 되어 부당하다.

구체적인 사건에 따라서는 1~2개월 감형하는 것도 항소심에서 당연히 할 수 있는 것이다. 상고이유가 제한되어 있는 형사소송구조 하에서 항소심은 사실심의 종심으로서 1심 법원의 재판에 대하여 구제 내지 시정을 구하는 사실상 마지막 불복절차이기 때문이다.

영장항고

2006년에 이른바 론스타 사건과 관련하여 유모씨에 대한 구속영장이 4번 청구되고 4번 기각되는 드문 사태가 발생하여 법원과 검찰 간의 갈등으로 번졌다.

검사는 형사소송법 제416조의 준항고로 불복했고, 이에 대해 서울중앙지법 형사항소1부는 2006보2 재판변경청구 사건에서 종래 판례의 취지에 따라 준항고를 기각했다.

대법원은, 수사단계에서 검사의 청구에 의하여 피의자를 구속하거나 구속영장청구를 기각하는 재판은 '판사의 명령'으로서, 이는 형사소송법 제402조, 제403조의 '법원의 결정'에 해당하지 아니하고, 또 형사소송법 제416조의 '재판장 또는 수명법관의 명령'에도 해당하지 아니하므로, 이에 대하여는 항고 또는 준항고의 방법으로 불복할 수 없다고 판시해왔다(대법원 2005. 3. 31.자 2004모517 결정 등).

또한 재판부는, '재판장·수명법관의 명령'에 대하여만 불복의 방법을 두고, '수탁판사·판사의 명령'에 대하여는 불복의 방법을 두지 않은 것은 입법의 미비로도 볼 수 있으나, 구속영장의 발부에 대하여는 구속적부심사를 통하여, 구속영장청구의 기각에 대하여는 재청구를 통하여, 원재판의 위법을 시정할 수 있는 길이 열려 있기 때문에, 이러한 입법의 태도가 특별히 부당하다고 보이지 않는다고 덧붙였다.

그러나 양측의 갈등을 근원적으로 해소하기 위해서는, 피의자에 대한 구속재판의 예측가능성을 어떻게 확보하느냐에 대한 현안이 조속히 해결되지 않으면 안 된다.

그것은 바로 '증거인멸의 염려'와 '도망의 염려'라는 추상적인 개념을 어떻게 구체화해나가느냐는 문제이다.

법률의 일반개념을 구체화하는 일은 상급법원이 재판을 통해 할 수밖에 없다.

구체적인 사례에서 도망염려라는 구속기준을 어느 정도나마 제시해줌으로써 국민들에게 예측가능성을 확보해주는 것은 결국 상급법원의 몫이기 때문에, 비교법적으로 보더라도 영장재판에 대한 상소를 허용하여 풍부한 판례를 축척해나가는 것이야말로 영장을 둘러싼 갈등을 해소할 수 있는 길임에 틀림없다.

임의동행의 적법요건

대법원은 2006년 7월 6일 이른바 임의동행의 적법요건에 대해 보다 엄격한 기준을 제시한 판결을 선고했다.

절도 사건을 수사하던 경찰관과 함께 임의동행 형식으로 경찰서에 출석했다가 긴급체포된 후에 감시가 소홀한 틈을 타 경찰서를 빠져나간 혐의로 기소된 피고인에 대해 도주죄가 성립하는지 여부에 관한 사건에서 나온 판결이다.

수사절차상의 임의동행에 대해서는 임의수사설과 강제수사설 등의 견해 대립이 있었는데, 대법원은 '수사관이 동행에 앞서 피의자에게 동행을 거부할 수 있음을 알려주었거나 동행한 피의자가 언제든지 자유로이 동행하는 과정에서 이탈 또는 동행장소로부터 퇴거할 수 있었음이 인정되는 등 오로지 피의자의 자발적인 의사에 의해 수사관서에 동행했음이 객관적인 사정에 의해 명백하게 입증된 경우에 한하여 임의동행의 적법성이 인정'된다고 판시함으로써, 피의자에 대한 임의동행의 적법기준을 명확히 제시했다.

헌법상의 영장주의 및 적법절차 원칙을 거론하지 않더라도 1997년부터 수사의 필요성에 따라 체포영장 및 긴급체포제도를 도입한 이상, 대법원이 제시하는 기준으로 임의동행을 엄격히 제한 해석하더라도 수사공백의 문제는 없을 것이다.

무엇보다 중요한 과제는, 수사 목적이나 필요성 또는 관행이라는 미명 하에 일선 수사 실무에서 잔존하고 있는 탈법 임의동행이 사라지도록 실천하고 감시하는 일이다.

대법원이 제시한 기준이 일선에서 제대로 지켜질 수 있도록 수사 실무 종사자들의 인권의식을 고양하는 일도 소홀히 해서는 안 될 것이다.

그동안 대법원은 수사기관의 강제처분과 관련하여 인권신장에 기여하는 괄목할 만한 판결을 꾸준히 내려왔다고 평가된다.

이 판결도 우리 인권사에 획기적인 판결로 자리매김 되고, 나아가 이른바 '정신적 사회간접자본'으로서 국민의 '삶의 질'을 향상시키는 데 크게 공헌한 판결로 기억될 것이다.

사법부의 본령은 뭐니 뭐니 해도 결국 피의자나 피고인과 같은 사회적 소수자나 약자에 대한 인권보장적 기능에 있음을 깊이 유념하여, 헌법정신을 구현하고 국민의 기본적 인권을 신장시키는 신선한 판결을 계속 내놓아야 할 것이다.

긴급체포

법원과 검찰 사이에는 임의출석한 참고인 등에 대한 긴급체포의 적법성 문제를 놓고 견해 차이가 있다.

형사소송법 제200조의3 제1항 후단은, '긴급을 요한다 함은 피의자를 우연히 발견한 경우 등과 같이 체포영장을 받을 시간적 여유가 없는 때를 말한다'고 규정하고 있으나, 과연 임의출석한 참고인이나 피의자를 조사단계에서 긴급체포할 수 있는가 하는 것은 해석상 매우 미묘하고 어려운 문제가 아닐 수 없다.

1997년 긴급체포제도가 시행된 이래, 긴급체포의 위법을 이유로 한 구속영장의 기각에 대해 검사는 영장 재청구를 통해 다시 판단을 받는 외에는 최고법원의 사법 판단을 받을 길이 사실상 없었다. 이 점에서 입법적인 보완이 선행되어야 한다.

다만, 대법원은, 재정신청 사건에서, 긴급체포 당시의 상황으로 보아 그 요건의 충족 여부에 관한 검사나 사법경찰관의 판단이 경험칙에 비추어 현저히 합리성을 잃은 경우에 한하여 그 긴급체포는 위법한 체포로 평가할 수 있다고 판시하고 있다(대법원 2003. 3. 27.자 2002모81 결정 등 참조).

주거불명이거나 출석불응한 자에 대하여 소재수사 중 우연히 발견한 경우에는 견해 차이가 없지만, 실무상 수사기관 입장에서 긴급성이 있다고 해석하자고 주장하는 경우는, 첫째, 수사기관이 미리 확실하게 예정·예상할 수 없는 사정에 의해 피의자가 중죄를 범했다고 의심함에 충분한 이유가 인정되고 동시에 피의자가 도망하거나 증거를 인멸할 염려가 강하다고 판명된 경우와, 둘째, 수사기관이 피의자를 알지 못하고 있다가 어느 순간에 이르러 피의자의 범죄혐의가 확실해져서 피의자의 도망 또는 증거인멸 염려가 비약적으로 강해진 경우를 들 수 있다.

임의출석한 피의자가 수사 도중에 퇴거를 요청하거나, 수사기관이 적법절차에 의해 피의자를 수사하던 도중 죄를 범했다고 인정할 만한 상당한 이유가 있다는 증거를 갖추게 되었는데 그를 돌려보내면 증거를 인멸하거나 도망할 염려가 있는 경우에는, 영장을 청구하고 영장 발부 여부 결정시까지 어느 정도의 시간이 필요한 이상 그동안의 신병확보 방안이 필요하다는 주장에도 일리는 있다.

그런데 이러한 경우에 구속영장이 청구된 이상, 결국은 증거인멸 또는 도망의 염려라는 구속사유가 있는지 여부가 사실상 긴급성 판단에서 가장 중요한 요소라고 할 것이므로, 구속영장을 청구받은 판사로서는 긴급성이 명백하지 않은 경우에는 이를 구속사유 판단에 흡수시켜 영장을 기각하거나 발부하는 방식으로 실무처리를 함으로써 이 문제를 해결하는 운용의 묘를 살릴 필요가 있다고 할 것이다.

위법한 긴급체포 후 구속영장이 청구되었을 때 판사가 긴급체포의 위법을 간과하거나 또는 무시하고 구속영장을 발부한 경우에도 긴급체포의 위법은 적부심청구 사유가 될지언정 구금의 효력에는 영향을 미치지 않는다고 보기 때문이다.

그러나 영장주의 하에서 긴급체포는 예외적인 체포이므로 필요한 최소한의 경우에 한해 행하여야 하며, 체포영장을 받을 수 있는 시간적 여유가 있을 때에는 긴급체포를 해서는 아니 된다.

긴급체포는 피의자의 연령, 경력, 범죄성향이나 범죄의 경중, 태양 기타 제반 사정을 고려해 체포영장을 발부받을 시간적 여유가 없는 경우에 한해 인권의 침해가 없도록 신중히 활용해야 함은 당연하다.

특히 우리나라에서 긴급체포는 사후통제장치 없이 너무 남용되고 있다는 것이 중론이므로, 사회통념에 비추어 체포영장을 청구할 시간적 여유가 있어 영장에 의한 체포절차를 밟거나 미체포 구속영장청구로 충분함에도 불구하고 굳이 긴급체포를 하는 그릇된 태도는 시정되어야 한다.

배임죄와 경영판단

배임죄에 대한 엄격한 기준 설정이 필요하다.

형법 제355조 제2항은 '임무에 위배하는 행위'를 배임행위라고 규정하고 있는데, 형사범죄 중 가장 애매모호한 구성요건이 아닐 수 없다. 특히 회사 임직원의 경우에 업무수행행위가 어떠한 정도와 수준의 임무위배이면 배임죄로 처벌될 것인지 과연 구체적이고 명확한 기준이 있는지 의문스럽다.

경영판단의 원칙과 관련하여 대법원 2011. 10. 27. 선고 2009도14464 판결은 당연히 해야 할 것으로 기대되는 행위를 하지 않거나 하지 않아야 할 것으로 기대되는 행위를 하면 배임죄가 성립한다고 판시하고 있으나, 너무 포괄적이고 추상적이어서 행위규범 내지 재판규범으로서는 명확한 기준이라고 볼 수 없다.

배임죄의 재판이 어렵고 무죄율이 다른 범죄에 비해 높은 이유도 여기에 있다.

재판 실무에서, 사후적으로 손해가 발생했다는 것만을 이유로 결과론적 접근방법hindsight을 취하여 배임죄의 죄책을 너무 쉽게 묻는 것은 아닌지 경계해야 한다.

2009년 7월 1일 이후 기소 사건에 적용되는 배임죄 양형기준은 이득액에 따라 상당히 높은 형벌을 가하도록 정해져 있다. 특별감경인자가 없는 기본구간의 경우 이득액이 50억 원 이상 300억 원 미만은 4년 내지 7년, 300억 원 이상이면 5년 내지 8년이 권고형량이다.

근자에 기업인들이 회사경영상의 행위에 대해 배임죄로 기소되고 양형기준에 따라 엄한 형벌을 선고받는 경우가 빈발하고 있다. 최근 국회에서는 경제민주화 흐름에 편승하여 배임죄의 이득액이 300억 원 이상인 경우 징역 15년 이상을 선고하도록 하는 강경한 입법론까지 등장했다.

그러나 경영판단의 원칙을 고려한 배임행위의 개념에 대한 엄격한 기준 설정 없이, 다시 말하면 배임행위에 대한 해석기준을 종전처럼 관대하게 해석하여 실무운영을 하는 상태에서 이득액만을 기준으로 설정된 양형기준을 추종하는 것은 문제가 있다. 구체적 타당성이 보장되지 않을 수 있고, 경제주체의 경영활동을 부당하게 제약할 수 있다.

따라서 배임행위에 대한 엄격한 해석론과 기준을 먼저 설정하고 유무죄 판단을 엄정히 한다는 전제가 충족된 후에 엄정한 양형기준을 적용하는 것이 순리이다.

배임행위에 대한 판단기준은 종전처럼 운용하면서 여론에 밀려 무조건 엄벌하는 쪽으로만 형사사법을 운용해서는 안 된다.

이제 경영판단의 원칙과 배임죄의 관계에 관한 선진법치국가들의 입법례와 실무사례를 면밀히 검토하여 배임죄에 대한 엄격한 기준을 재설정해야 한다.

경제주체들에게 합리적인 가이드라인을 제시하고 경제활동의 예측가능성을 확보해주는 데 사법의 본령이 있기 때문이다.

필요하면 입법적 보완도 해야 한다.

불구속재판 원칙과 몇 가지 과제

검찰의 구속영장 청구건수가 2006년의 6만 2,150건에서 2011년의 3만 7,948명으로 거의 절반가량 줄었다. '이용훈 사법부'에서 일구어낸 중요한 형사사법개혁의 성과로 평가된다.

형사소송법 제201조의2(구속영장청구와 피의자신문)가 시행되기 바로 전인 1996년에 14만 3,068명이 구속되었던 것을 상기해보면 격세지감이 아닐 수 없다. 1996년에 비하면 약 10만 명 이상이 수사절차에서 구속을 면했다.

1996년에는 기소된 피고인 중 63.6%가 구속피고인이었으나 요즘은 구속 구공판 피고인 비율이 전체 기소자 중 약 10% 정도에 불과하다.

불구속재판 후 법정구속이 확대되고 실형을 선고받는 피고인의 수에는 변동이 거의 없으며 범죄 대응능력이 약화되었다는 징후가 없는 이상, 불구속재판 원칙의 실무 정착은 환영할 만한 일이다.

그러나 일각에서는 영장청구건수의 감소에도 불구하고 다소 과도한 영장기각률이 유지되고 있는 것은 문제라는 지적도 있고, 불구속재판 확대로 인해 수사상 애로가 발생하고 있다는 등의 불만이 제기되고 있으며, 영장 발부기준에 대한 견해 차이로 인한 갈등 양상이 지속되고 있는 것도 사실이다.

일각에서는 영장전담법관의 실무 운용이 아직도 다소 자의적이라는 비판을 하면서 영장재판에 대한 상급심에의 불복제도의 도입을 강력히 주장하고 있다.

반대로, 구속영장 발부와 기각이라는 극단적인 선택을 지양하여 완화된 구속대체수단인 영장보석제도를 도입해야 한다는 주장도 있다.

제도 개선도 중요하지만 실무적으로 몇 가지 개선할 점이 있다.

첫째, 불구속재판 원칙을 정착시키기 위해 무엇보다 중요한 것은, 구속영장 발부기준의 일관성 및 예측가능성을 유지하는 것이다.

이른바 '로또영장'이라는 비판이 나오지 않도록 구속사유에 대한 실무관행의 객관화와 구속 법리의 발전에 노력해야 한다.

구속사유에 대한 법리에 통일을 기할 수 있도록 상급법원이 많이 관여해야 할 필요도 있다.

둘째, 불구속재판 후의 엄정한 양형과 법정구속의 실무관행도 통일성 있게 재정립해야 한다.

1심이나 항소심에서 실형을 선고하는 경우 법정구속을 하는지 여부가 어떤 기준에 의한 것인지 국민들은 혼란스러워하고 있다.

셋째, 국선변호는 현재 구속자 중심으로 이루어지고 있는데, 불구속재판의 확대로 인해 늘어나는 불구속 피고인들도 국선변호인의 조력을 받을 수 있도록 국선전담변호사를 대폭 확충해야 할 것이다.

제4장

국민을 위한 재판

위헌제청신청과 헌법소원

특허소송체계의 정비

조정률 30%면 됐다

행정처분 효력정지

휴일과 야간에도 잠들지 않는 법정

심리불속행제도, 무엇이 문제인가

국선대리제도

법원조정센터

무역위원회의 판정에 대한 사법심사

신종분쟁 해결절차

공정거래소송의 관할

변호사보수와 소송비용

전문심리위원

유사법조직역의 소송대리권

법조인의 언행

재판의 전문화

사법질서 침해에 대해 특단의 대책 세워야

위헌제청신청과 헌법소원

헌법재판소는 창설 20여 년 만에 법률의 위헌심사에 적극 나선 결과 국제적으로 주목받는 헌법재판기관으로 인정받고 있다. 헌법재판소는 그동안 헌법이 살아 숨 쉬는 규범으로 자리 잡도록 하는 데 기여했다는 평가를 받고 있다.

이에 따라 재판과정에서도 법률이 헌법에 위반되는 여부가 재판의 전제가 되어 위헌 여부의 심판을 제청해 달라는 신청이 늘어나고 있다.

헌법재판소법 제68조 제2항에 의하면 위헌법률심판제청신청을 한 경우 법원에 의해 기각결정이 된 후에야 헌법소원심판 청구를 할 수 있다고 규정하고 있다.

그런데 위헌법률심판제청신청을 받은 수소법원이 언제까지 그 제청 여부의 결정을 해야 하는지에 관하여는, 법률은 물론이고 대법원 재판예규 제976조 '위헌법률심판제청사건의 처리에 관한 예규'(재일 88-3)에도 아무런 규정이 없다.

그러다 보니 위헌법률심판제청신청을 받은 법원은 이에 대한 결정을 특별한 사정도 없이 지체하고 심지어는 신청 후 본안 판결시까지 몇 년이 지나도록 제청 여부에 대한 결정을 미루는 바람에 위헌제청신청인(소송당사자)의 신속하게 헌법재판을 받을 권리가 침해되는 사례가 있다.

위헌제청신청사건에 대한 처리기간을 설정하는 방안이 검토될 수 있으나, 그러한 재판기간은 대개 훈시규정으로 치부되어 실효성이 없다.

따라서 위헌제청신청 후 일정한 기간이 지나도록 법원이 아무런 결정을 하지 않는 경우에는 기각결정이 된 것으로 간주하여 바로 헌법소원심판 청구를 할 수 있도록 하는 방안이 강구되어야 할 것이다.

즉 헌법재판소법 제68조 제3항에, "제2항의 규정에 의한 헌법소원심판의 청구에 관하여는 제41조 제1항의 규정에 의한 법률의 위헌여부심판의 제청신청을 받은 법원이 그 신청을 받은 날부터 3월까지 결정을 하지 아니한 때에는 그 3월이 경과한 날에 그 신청이 기각된 것으로 본다"는 규정을 신설하면 문제가 해결된다.

재정신청에 관한 공직선거법 제273조 제4항이 이미 이와 유사한 규정을 두고 있다.

위와 같은 규정을 신설하면, 수소법원이 위헌제청신청에 대해 무작정 결정을 미루는 경우에 소송당사자는 위헌제청신청 후 3개월이 지나면 헌법재판소에 바로 헌법소원심판을 청구할 수 있게 되어, 재판당사자의 헌법재판 청구권 보장에 기여할 수 있을 것이다.

특허소송체계의 정비

2011년 7월 20일 법률 제10629호로 시행된 지식재산기본법 제20조는, "정부는 지식재산 관련 분쟁이 신속하고 공정하게 해결되어 권리 구제가 충실히 이루어질 수 있도록 소송절차를 간소화하는 등 제도 개선에 노력하여야 한다(제1항). 정부는 지식재산 관련 분쟁 해결의 전문성을 확보하기 위하여 소송체계를 정비하고 관련 인력의 전문성을 강화하여야 한다"고 규정하고 있다.

이에 따라 앞으로 특허소송체계의 정비 및 소송절차의 간소화 문제가 본격적으로 논의될 것으로 예상된다.

국가지식재산위원회는 이미 2012년 5월 30일 국립중앙도서관 국제회의장에서 '지식재산권 분쟁 해결제도 선진화 방안 토론회'를 개최하여, 특허소송제도 개혁을 공론화하고 있다.

이러한 논의를 피할 수 없다면 법조계가 수동적으로 끌려 다녀서는 안 된다. 유사 직역들의 소송대리권 부여 공세를 방어하는 데 급급할 것이 아니라, 차제에 법조계가 적극 나서서 특허소송제도 개혁 논의를 주도적·선제적으로 추진해야 한다. 대법원이 주축이 되어 사법제도개혁 차원에서 근본적이고도 포괄적인 특허소송체계 정비 방안을 마련하여 시행해야 한다.

현재 논란 중인 변리사의 특허침해소송 공동대리제 도입 문제는 단순히 변호사와 변리사 사이의 직역 싸움이 아니라 변호사대리의 원칙에 대한 예외를 인정해 달라는 것으로 소송절차의 근간에 관한 사항이므로 대법원이 문제 해결에 나서야 한다.

변리사의 소송대리권 문제는 이제 포괄적인 특허소송체계 정비 논의의 틀 안에서 다루어져야 할 것이다.

제도개혁은 1998년 특허법원 개원 이후의 공과를 분석하는 일에서부터 시작해야 한다. 현재의 틀 안에서 세부적인 절차의 개선에만 그칠 것이 아니라 국민의 시각에서 특허소송의 틀을 근본적으로 정비하는 개혁이 되어야 한다.

예컨대, 특허재판의 전문화 내지 기술판사제도의 도입 방안, 간단한 특허재판의 단독화 방안, 특허법원의 관할을 확대하거나 특허침해소송의 관할을 집중하는 방안, 특허법원을 '지식재산법원'으로 확대 개편하는 방안, 특허법원소송에 대한 변리사의 소송대리권을 삭제하거나 변호사와 공동대리하도록 개정하는 방안, 특허소송에서의 변호사강제주의 도입 방안, 변리사가 기술설명인·특허보좌인·소송보조인으로서 소송절차에 관여하도록 하는 방안 등을 본격적으로 논의해야 한다.

제18대 국회에서 특허침해소송에 대한 변리사의 공동소송대리권을 규정한 변리사법 개정안이 국회 지식경제위원회까지 통과한 적이 있다. 당시 변리사단체가 과학기술계와 특정 언론을 등에 업고 개정안 통과에 사활을 걸었다. 그렇게 변리사단체가 법 개정을 서둘렀던 것은 2012년부터 로스쿨 출신 법조인이 대거 쏟아져 나온 후에는 법 개정의 동력이 상실될 것으로 우려했기 때문이라고 분석된다.

법학전문대학원학생협의회는 2011년 8월 8일 변리사에게 특허침해소송의 공동소송대리권을 부여하는 것은 다양한 전문분야 전공자에게 변호사자격을 부여하고자 하는 로스쿨 도입취지에 맞지 않다고 주장하면서, 소송대리를 하려면 정정당당하게 로스쿨에 들어가 변호사자격을 취득하라고 반박했다.

대한변호사협회도 이미 반대성명을 발표하고, 2011년 8월 1일 〈대한변협신문〉 사설을 통해 특허소송체계와 절차개혁의 차원에서 대법원이 문제 해결에 나서야 한다고 주장하고 나섰다.

변리사, 법무사, 공인노무사 등 유사법조직역의 소송대리권 문제는 단순한 직역 싸움의 문제가 아니다. 이는 민사소송법상의 변호사대리원칙에 대해 별도의 예외를 인정해 달라는 것으로서, 근본적으로 변호사제도를 향후 어떻게 가져갈 것인가 하는 문제이기도 하다.

변호사제도와 소송대리제도의 근간을 바꾸는 중요한 문제로서, 적어도 민사소송법의 개정이 병행되지 않고는 불가능한 일이다. 변리사법의 소관인 국회 지식경제위에서 통과했으니 법사위에서도 그대로 통과시켜야 한다는 주장은, 민사소송법이 법사위 소관의 고유 업무인 점 및 법사위가 자구 심사만이 아니라 법체계 심사 권한을 갖고 있다는 점을 도외시한 무리한 발상이다. 그리고 법사위가 이 문제를 다룸에 있어서는 민사소송법과 변호사법의 주무부서인 법무부의 의견과 소송절차를 직접 담당해야 하는 법원의 입장을 존중할 필요가 있음은 당연하다.

나아가, 2011년 7월 20일 법률 제10629호 지식재산기본법 시행 이후의 상황변화에 발맞추어, 대법원이 주축이 되어 사법제도개혁 차원에서 '근본적이며 포괄적인 특허소송체계 및 절차 정비 방안'을 마련하고, 그 틀 내에서 변리사의 소송대리권 문제를 합리적으로 해결해야 할 것이다.

조정률 30%면 됐다

경제규모가 확대되고 사회가 복잡화·전문화되면서 법원이 처리하는 사건의 양과 질이 예전과 같지 않다.

법원은 근본적인 분쟁 해결책으로 조정·화해의 확대를 꾸준히 추진해왔고, 이제 상당한 성과가 있었다고 평가된다.

내 기억이 정확하다면 1998년경 대법원이 '조정의 활성화'를 중점 과제로 추진하기 시작할 때 조정·화해율은 약 5% 선이었고, 장래의 정책목표를 선진국 수준인 30% 선을 달성하자는 데 두었다고 기억된다. 통계를 보면, 민사소송 1심 재판의 실질 조정률은 2002년의 경우 10% 정도에 그쳤으나, 2009년에는 37.03%로 급증했다. 선진국에서 대개 약 30% 정도의 조정·화해율을 보이고 있는데, 당초 대법원이 조정 확대 방침을 가지고 목표로 했던 선진국 수준에 이미 도달한 것이다.

그런데 그와 같은 놀라운 성과가 사법행정당국의 조정률 독려와 수소법원의 무리한 조정 시도로 인한 것은 아닌지 냉정하게 점검해볼 필요가 있다. 서울지방변호사회는 2010년에 소속 회원들 7,000여 명을 상대로 재판과정에서 법원이 무리하게 조정을 강요한 사례의 수집에 나선 적이 있는데, 이는 실제로 그와 같은 재야의 불만이 상당하다는 반증이다.

조정은 상호 양보와 이해를 통해 분쟁을 신속하고 경제적으로 해결함으로써 비용과 낭비를 줄이고 상소율을 낮추자는 데 그 취지가 있는데, 그 도입취지와 다르게 수소법원이 일정한 선입견이나 심증을 가지고 적극 개입하는 경우가 빈발한다는 데 문제가 있다. 조정전담판사나 조정위원회 회부율은 2002년 10%에서 2009년 3%로 감소했는데, 수소법원 조정비율은 2002년 89.9%에서 2009년 96.2.%로 증가했다는 통계수치가 이 점을 여실히 보여준다.

앞으로 변호사회가 사례를 널리 수집하여 법원에 개선방안을 적극 제시할 필요도 있지만, 먼저 법원이 직접 나서서 실태를 정확하게 점검해볼 필요가 있다. 부당한 조정 강요 사례가 있다는 것이야말로 오판 이상으로 국민이나 소송관계자의 사법부에 대한 신뢰에 큰 영향을 미치기 때문이다.

조정에 불응하면 불리한 판결을 선고할 것이라는 암시를 주어 마음 약한 당사자가 결국 굴복하도록 하는 사례, 당해 사건의 성질상 조정·화해와 친하지 않은 사건에서 사실관계나 법리판단이 어렵다는 이유로 조정에 회부하여 무조건 5 대 5로 조정하라고 하는 원님재판 식 조정 사례, 선례가 없는 사건에서 당사자가 분명히 사법적 정의를 판결로써 실현해 달라고 주장하고 있고 대법원의 최종적인 법리판단까지 받기를 원하는 사건에서 수소법원이 무리하게 조정을 강요하는 사례, 수소법원의 화해권고결정이나 강제조정결정에 이의하는 당사자에게 판결에서 노골적으로 불이익을 주기까지 하는 사례, 심지어 원고 청구기각판결이면 피고가 원고에게서 변호사비용 등 소송비용으로 상당한 금액을 받을 수 있는 사건에서 "원고의 청구를 포기한다. 소송비용은 각자 부담한다"라고 조정을 하여, 피고가 소송비용상환청구권을 행사하지 못하는 사례, 대법원에서 파기될 확률은 낮고 항소심판결이 그대로 통과되는 경향이 갈수록 높아지고 항소심법원에 상당한 판단 재량이 있자 이 점을 거론하며 조정·화해에 응하도록 강요하는 사례는 없는지 철저히 점검해야 한다.

행정처분 효력정지

행정처분 집행부정지 원칙의 예외에 속하는 집행정지제도(행정소송법 제23조)는 행정소송의 원고가 나중에 본안에서 승소하더라도 이미 집행이 종료되어 회복할 수 없는 손해를 입게 되는 부당한 결과가 생길 수 있는 경우에 직권 또는 당사자의 신청에 의하여 법원이 내리는 중요한 가假구제제도이다.

그런데 집행정지신청을 인용할 때 그 기간은 법원이 자유롭게 정할 수 있기 때문에, 실무상 그 종기終期에 대해, 본안 1심 판결 선고시까지, 1심 판결 선고일로부터 2개월까지, 본안판결 확정시까지 등으로 정하여 집행정지결정을 한다.

그런데 실무상 가장 많이 이용되는 본안소송 1심 판결 선고시까지 집행정지결정을 한 경우에, 본안승소판결이 선고되더라도 그 선고와 동시에 행정처분의 집행력이 회복되므로, 법원으로서는 당사자의 신청이 없더라도 직권으로 승소판결의 선고와 함께 다시 항소심 선고시까지(또는 1심 선고일로부터 2개월 정도) 집행정지결정을 해주는 것이 옳다. 항소심법원도 마찬가지이다.

만약 법원이 직권결정을 간과하고, 당사자도 이를 간과하면, 경우에 따라서는 상소심에 갔을 때는 처분의 집행이 종료되어버리거나 소정의 기간이 도과함으로써 상소심에서는 소의 이익이 없어지는 등의 부당한 결과를 초래할 수 있다.

이 문제를 해결하는 방안으로는, 집행정지신청 사건에서 판결 확정시까지 집행정지해주고, 1심 패소시에는 직권으로 집행정지결정을 취소하는 방안(법원실무제요 행정 편), 집행정지신청 사건 주문에서 1심 판결 선고시까지 집행정지하되, "다만 1심 본안승소판결 선고시에는 항소심판결 선고시까지"라는 단서를 달아주는 방안, 1심 판결 선고시로부터 2개월이 되는 날까지 정지해주는 방안, 1심 판결 선고시까지 정지하되 1심 판결문에서 항소심판결시까지 집행정지한다는 주문을 직권으로 추가하여 내주는 방안, 변론종결에 즈음하여 당사자로 하여금 별도의 집행정지신청을 하도록 유도하는 방안 등을 고려할 수 있을 것이다.

앞에서 본 부당한 경우를 예방할 수만 있다면 어느 방안을 취할 것인가는 개별 재판부에 일임할 수 있겠지만, 이는 소송절차의 영역에 속하므로 전국적인 규모에서 통일적인 실무 운용이 이루어지는 것이 바람직하다.

따라서 재판예규 등을 통해 실무 운용의 통일성을 기하고 소송관계자의 예측가능성을 제고할 수 있도록 해야 한다.

휴일과 야간에도 잠들지 않는 법정

우리나라 재판제도 중 가장 획기적이고 성공적인 제도를 꼽으라면 소액사건심판제도가 아닐까 한다.

1973년 9월 1일부터 시행된 소액사건심판법은 90% 이상의 민사소송 사건을 간이한 절차에 의하여 처리함으로써 신속한 분쟁 해결에 괄목할 만한 성과를 거두었다. 특히 판결문에 판결이유를 적지 않고 상고를 제한함으로써 전체 민사 사건의 대부분을 차지하는 소액사건을 신속하고도 효율적으로 처리함으로써 사법부의 인적·물적인 한계를 극복할 수 있었다. 만약 30년 전에 이와 같은 제도가 도입되지 않았다면 법원의 사건 적체는 도저히 해소될 수 없었을 것이다.

소액사건심판제도가 우리나라에서 성공적으로 정착되자 2000년도에 들어와 이웃 일본에서도 민사소송법에 소액사건심판특례를 도입할 정도로 우리 법제는 모범적인 입법례라고 할 수 있다. 이 제도의 도입을 결단한 당시 사법행정 담당자의 혜안에 거듭 경의를 표하는 바이다.

그런데 1990년 1월 13일 개정시 도입된 휴일·야간 개정제도가 20년이 지나도록 아직 본격적으로 시행되지 않고 있는 것은 유감스런 일이다. 소액사건심판법 제7조의2는 '판사는 필요한 경우 근무시간 외 또는 공휴일에도 개정할 수 있다'고 규정하고 있는데, 제도 도입 후 20년이 지나도록 실무에서 이 제도가 제대로 활용되지 않고 있다는 것은 사법도 대국민서비스라는 인식이 부족한 탓이라고밖에 볼 수 없다.

주 5일 근무제가 본격 시행된 현 시점에서는 이제 야간·휴일 개정제도를 실무에 도입할 필요가 있다. 생업을 만사 제쳐두고 주중에 그것도 근무시간 중에 법정에 출석해야 하는 서민들의 입장을 생각하면 휴일·야간 개정제도는 진작 시행했어야 한다.

퇴근시간 후에 또는 토요일에 느긋하게 법정에 출석한 소송당사자들은 조정이나 화해도 더 쉽게 할 것이다.

비근한 예로, 안산시청은 24시간 민원서류를 발급해주는 획기적인 서비스를 시행하여 전국적인 주목을 받았고, 다른 지방자치단체에서 대거 벤치마킹하고 있다.

'잠들지 않는 도시the City That Never Sleeps' 뉴욕의 형사간이법원에서는 1년 365일 24시간 밤낮으로 피의자심문과 보석심사를 하는데Night OR Court, 그 모토가 바로 '잠들지 않는 도시에서 정의의 수레바퀴는 계속 돌아간다'는 것이다.

우리나라에서도 이제 '휴일과 야간에도 잠들지 않는 법정'을 보고 싶은 것이다. 사법도 대국민서비스라는 인식 하에서, 잠자고 있는 소액심판절차법 제7조의2를 깨워냄으로써 국민들에게 감동을 주는 법원으로 거듭 태어났으면 한다.

물론 소액사건 야간·휴일 개정의 시행은 법관이나 법원공무원에게는 상당한 부담이 될 수 있겠지만, 국민들에게 그 혜택이 돌아간다는 것을 생각하면 능히 감내해야 할 공복公僕의 희생과 봉사일 뿐이다.

* 수원지방법원 안산지원은 2010년부터 소액재판 야간 개정을 시범실시하고 있다.

심리불속행제도, 무엇이 문제인가

대법원이 법률심으로서의 기능을 효율적으로 수행하게 하고 법률관계를 신속하게 확정함을 목적으로 제정된 「상고심절차에 관한 특례법」에 따라 남상고 여과장치로 도입된 심리불속행제도가 1994년 9월 1일 시행된 지 20년이 다 되어간다. 어떤 제도든지 그 시행에 따른 빛과 그림자가 있겠지만, 총론적으로만 보면 그동안 심리불속행제도가 남상고나 무익한 상고를 적절히 여과하여 대법원이 법률심 기능을 효율적으로 수행하도록 하는 데 어느 정도 기여한 것은 사실이다.

대법관 1인당 사건 수가 1995년의 922건에서 2007년에는 2,115건으로 급증하자, 2011년 말까지만 해도 대법원은 상고 사건 적체를 해소하기 위해 심리불속행 처리 비율을 매년 높여가며 운용했다. 그래서 실질적인 상고심 재판청구권 보장 면에서 미흡한 것이 아니냐 하는 소송관계자들의 불만이 점차 고조되었다.

심리불속행 상고기각 판결은 실질적인 이유 기재도 없으려니와 선고기일도 따로 없으니, 언제 심리불속행 기각을 당할지 알 수 없어, 상고기록 접수 후 4개월이 도과되기까지는 마음을 졸이며 기다릴 수밖에 없다.

몇 가지 제도적·실무적으로 개선해야 할 것이 있다.

「상고심절차에 관한 특례법」 제3조 제1항 각 호의 심리불속행 사유, 특히 '중대한 법령 위반'(제5호)이라는 것 자체가 너무 추상적이고, 대법원에서도 판결로 이에 관한 일관된 기준을 제시한 적이 없기 때문에, 심리불속행 여부가 주심대법관 개개인의 재량에 너무 의존하여 편차가 심하다. 과연 '중대한 법령 위반'이 무엇인지 구체적인 기준을 대법원규칙으로라도 정하여 예측가능성을 높일 필요가 있다. 접수 후 4개월을 경과했는지 여부에 따라 판결이유를 기재하느냐가 좌우되는 것은 형평에 맞지 않는다.

둘째, 위 특례법을 개정하여 '소송목적의 값이 대법원규칙으로 정하는 금액(예컨대, 5억 원 또는 10억 원)을 초과하는 경우로서 제1심과 항소심의 결론이 상반된 때'를 심리속행사유로 추가하는 것이 필요하다.

대법원이 법률심이기는 하지만, 일정 규모 이상의 사건으로서 이해관계가 첨예하여 1, 2심 합의부에서조차 결론이 상이한 경우에 대법원이 상세한 이유를 기재하여 최종 판단을 내려주지 않으면, 3심제 하에서 헌법상 재판청구권의 본질적 내용을 침해하는 것으로 볼 수 있다.

1981년에 도입된 상고허가제도가 10년을 못 채우고 1990년에 폐지된 것을 반면교사로 삼아, 심리불속행에 대한 일관된 운용기준을 정립하고, 몇 가지 문제점을 조속히 해결함으로써 심리불속행제도가 지속가능한 제도로 정착되기를 바란다.

심리불속행으로 상고기각되는 사건비율은 2005년에는 56% 정도였으나 2008년에는 65%에 달했고, 2009년의 경우 무려 70%에 육박했다.

대법원은 상고 사건 적체 때문에 그런 식으로 운영했지만, 심리불속행사유가 법률상 바뀐 것도 아닌데 매년 비율을 조절하는 방식으로 상고 사건을 처리한다는 것은, 사실심 특히 항소심 재판의 질적 개선이 선행되지 않고 있는 상황에서라면 구체적인 권리구제에 중대한 공백을 초래할 수 있다는 지적을 받았다.

이러한 문제의식 하에서 서울지방변호사회도 2009년 6월 9일 현행 심리불속행제도의 불합리한 운영의 문제점을 개선하기 위해 회원들의 사례 및 건의사항을 접수하고 의견을 수렴하는 등 자구책 차원에서 적극적인 대책 마련에 나섰다.

법률상 심리불속행사유에 해당하지 않음에도 심리불속행 판결을 한 경우에 대한 구제수단이 없다는 점도 큰 문제이다. 이와 같은 경우에 과연 판단누락(민사소송법 제451조 제1항 제9호)으로서 재심사유가 되는지, 예외적으로 헌법재판소에 헌법소원을 할 수 있는지도 검토해보아야 할 것이다.

심리불속행 기각판결을 한 경우에는 국가가 제공한 역무와의 균형을 고려하여 소취하나 조정·화해의 경우와 마찬가지로 인지액의 1/2 환급청구권을 인정할 필요가 있다는 지적이 있자, 「민사소송 등 인지법」 제14조가 개정되어 심리불속행 기각시 인지 절반을 환급해주고 있다. 즉 2012년 1월 17일 법률 제11156호로 「민사소송 등 인지법」 제14조 제1항 제6호(「상고심절차에 관한 특례법」 제4조에 해당하여 기각된 경우)가 신설되어 심리불속행 상고기각의 경우에는 첩부한 인지액의 1/2을 환급하도록 개선되었다.

대법원은 2011년 말경 '심리불속행 개선방안'을 마련하여, 제1심과 제2심의 결론이 상이한 사건, 상고심 소송목적의 값(소가)이 3억 원 이상인 사건, 사회적 관심이 지대한 사건은 원칙적으로 심불제외 사건으로 분류하여 판결이유를 기재한 판결로 상고기각을 하고 있다.

그런데, 심리불속행사유가 법률상 바뀐 것도 아닌데 대법원의 필요에 따라 개선방안을 마련하고 비율을 조절하는 방식으로 상고 사건을 처리한다면 이는 문제가 아닐 수 없다.

그동안 가장 큰 문제점으로 지적되어온 것은 누구나 수긍할 수 있는 객관적인 심리불속행기준이 없다는 점이었다. 이 점에서 이번 개선방안에서 어느 정도 심불배제사유를 구체화한 것은 진일보한 것으로 볼 수 있다.

그러나 대법원의 개선방안과 심불기준이 대법원판례로 나올 수 없는 상황에서, 그 기준이 외부에는 전혀 공표된 바 없다는 점에서는 여전히 문제가 있다. 근본적으로는 「상고심절차에 관한 특례법」 제3조 제1항 각 호의 심리불속행사유 중 '중대한 법령 위반'(제5호)의 해석에 관한 일관된 기준을 대법원규칙화하여 외부에 공표할 필요가 있다.

인지 일부를 환급받느냐 마느냐 하는 것은 소송당사자의 권리에 직결되는 문제이기 때문에 법령에서 정해야 한다. 그 환급 여부는 소송당사자가 결정할 수도 없고 예측할 수도 없다. 오로지 대법원의 일방적인 판단에 좌우된다. 국민의 권리의무에 영향을 미치는 사유는 법령으로 정해야 한다는 법치주의 원칙에 반한다.

심리불속행 비율을 낮추기 위해, 종래 심리불속행 기각을 했던 사건들에 대해, 한두 줄짜리의 아주 간단한 형식적인 판결이유만 기재하여 상고기각을 하는 것도 재고해야 한다.

단순히 사실인정을 다투는 상고이유에 대해 판결이유에서 '원심이 논리와 경험의 법칙을 위반하고 자유심증주의의 한계를 벗어나 사실을 인정하였다고 볼 수 없다'고만 기재를 하고 상고를 기각한다면, 그런 정도의 상고기각 판결이라면 국가가 제공한 역무와의 균형을 고려하거나 소송당사자의 의사에 비추어볼 때 인지 일부를 환급을 받은 심불기각판결이 오히려 더 나을 수 있기 때문이다.

국선대리제도

국선대리인제도는 변호사강제주의를 택하고 있는 헌법소원심판 청구사건에서 변호사를 대리인으로 선임할 자력이 없는 청구인에게 변호사를 국선대리인으로 선정해줌으로써 국민의 기본권보장에 충실을 기하기 위한 제도이다(헌법재판소법 제70조).

2007년에는 404건에 대해 160명의 국선대리인이 선정되었고, 2008년에는 149건에 대해 69명의 국선대리인이 선정되었다.

2009년에 들어와 헌법재판소는, 대한변호사협회에서 추천한 변호사 중에서 특히 사명감과 전문성을 갖춘 분을 선별하여 '국선대리인단'을 구성함으로써 국선대리인의 역량을 강화했고, 2009년부터는 국선대리인의 기본보수를 2004년부터 변동이 없던 28만 원에서 50만 원으로 인상하고, 나아가 청구인 면담, 공개변론 출석, 사건의 난이도, 서면의 충실도 등을 감안하여 보수를 차등 지급함으로써 보수상한액을 200만 원으로 인상했으며, 또한 2008년 말에는 모범적인 국선대리인에게 표창까지 하는 등 국선대리인제도의 내실화를 위해 많은 노력을 해왔고, 상당한 성과를 거두고 있다고 평가된다.

앞으로도 국선대리인제도를 더욱 내실화하기 위해서는 몇 가지 개선할 점도 있다. 무엇보다, 국선대리 보수의 현실화이다. 현재 평균 60만 원 선에 불과한데, 헌법적인 이슈에 대한 정교한 서면을 작성하기에는 턱 없이 부족하다.

그리고 헌법재판소법 제70조 제2항에 따라 공익상 필요에 의한 국선대리인 직권선정제도를 적극 활용할 필요가 있다.

국선대리신청에 대한 인용률도 높여나갈 필요가 있다고 본다. 2008년의 경우 537명이 신청했으나 149명만 선정하여 인용률이 27%에 불과하다.

그리고 재판 실무를 하는 변호사들이 헌법에 대한 전문성을 갖추고 국선대리인으로서 공익에 봉사할 수 있도록 헌법재판 실무에 대한 연수 기회가 보다 확대되어야 할 것이다.

이 점에서 헌법재판소가 2009년 6월 1일에 국선대리인 초청 연수를 최초로 시행한 것은 시의적절했다.

그리고 무엇보다 중요한 것은, 변호사들이 '법률제도의 개선'에 노력해야 한다는 변호사의 문화적 사명(변호사법 제1조 제2항)을 다하겠다는 자세와 공익에 대한 봉사정신을 다시 가다듬는 일일 것이다.

2008년에 5급 공채시험에서 32세 연령제한을 둔 국가공무원법 관련 규정에 대해 헌법불합치결정을 이끌어낸 심봉섭 변호사와 2009년 교통사고처리특례법 관련 헌법소원 사건에서 위헌결정을 받아낸 문한식 변호사는 모두 국선대리인이었다.

법원조정센터

2009년 민사조정법 개정 이전에는 조정 사건은 조정담당판사가 처리하고 조정장은 반드시 법관이 담당하도록 되어 있었으나, 2009년 개정 민사조정법에 의하면 조정담당판사는 스스로 조정을 하거나 상임조정위원 또는 조정위원회로 하여금 조정을 하게 할 수 있고(제7조 제2항) 상임조정위원도 조정위원회의 조정장이 될 수 있다(제9조 제1호).

상임조정위원은, 각급 법원의 조정위원과 달리, 법원행정처장이 일정한 법조경력을 가진 변호사 자격자 중에서 위촉하도록 하고 있다(제10조 제1항 단서). 법관이 담당하던 조정장을 비법관 상임조정위원이 맡을 수 있게 되어 법원의 효율적인 인력 운영이나 민사조정의 실질화 측면에서도 상당한 장점이 발휘될 수 있게 되었다.

법관 위주의 조정은 판결절차와의 밀접성으로 인해 조정이 사실상 강요되는 경우도 있다는 지적도 없지 않았는데, 상임조정위원이 조정절차를 주재하면 판결절차와 분리된 상태에서 당사자들이 편하게 조정에 임할 수 있을 것이다.

특히 15년 이상의 풍부한 법조경력과 전문성을 갖춘 변호사 중에서 선별하여 법원행정처장이 위촉하는 상임조정위원들이 법조인으로서의 명예를 걸고 국민에게 봉사하는 자세로 조정업무에 임함으로써 민사조정제도 자체가 전보다 더욱 신뢰받는 모습으로 업그레이드되었고, 조정에 의한 사건 처리율도 대폭 증가했다.

법원·검찰의 고위직을 역임한 분들이 퇴직 직후에 공익활동 차원에서 상임조정위원으로 위촉되어 국민들과 함께 호흡하면서 조정 활성화에 이바지한다면 이른바 전관예우 문제도 해결할 수 있고, 국민으로부터 존경받는 법조인상을 정립할 수 있는 좋은 기회도 될 것이다.

그러자면 상임조정위원에게 그 지위와 하는 일의 중요성에 걸맞은 상당한 수준의 예우를 제공함으로써 역량 있는 중진법조인들이 많이 지원하도록 유도할 필요도 있다. 무조건적인 봉사와 희생만을 강요할 수는 없는 노릇이기 때문이다.

그리고 향후 상임조정위원제도가 정착되고 법원조정센터가 전국적으로 어느 정도 궤도에 오르면, 범죄피해자보호법상 형사조정제도의 활성화와 연계시킬 필요가 있다.

민사성 분쟁의 조정은 민사조정이든 형사조정이든 상당한 경륜이 있는 상임조정위원이 상주하는 법원조정센터에서 통합적으로 운영하는 것이 바람직하다.

요즘 각광을 받고 있는 형사조정이라는 것은 자칫하면 수사기관이 형사처벌을 무기로 피의자를 압박하여 사실상 조정을 유도하는 방향으로 흐르기 쉽고, 이로써 민사분쟁의 형사화 및 고소·고발의 남발이라는 한국적 현상을 더욱 악화시킬 우려가 있기 때문이다.

2009년에 초대 상임조정위원 11명이 위촉되었고, 2009년에 최초 개소한 서울법원조정센터와 부산법원조정센터에서 상임으로 근무하면서 조정을 담당하거나 조정위원회의 조정장이 되어 조정 사건을 처리하고 있다.

이로써 민사조정 사건의 처리는 질적인 변화를 맞게 되었다. 초대 센터장인 박준서 전 대법관과 조무제 전 대법관은 물론 전직 법원장, 고법부장판사, 특별검사 등을 비롯한 법조경력 15년 이상의 기라성 같은 법조인들이 상임조정위원에 위촉되었는데, 이 분들의 활약상은 대단하다. 얽히고설킨 분쟁을 조정으로 처리함에 있어 법조경력을 통해 쌓은 경륜과 지혜를 잘 발휘하고, 그리하여 국민들로부터 신뢰를 얻는 데 성공하여, 후배들에게 모범적인 법조인상의 선례를 보여주고 있다.

상임조정위원에게는 '대법원규칙'이 정하는 바에 따라 수당을 지급하고 필요한 경우에는 일당 등을 지급할 수 있을 뿐인바(제12조), 제도의 성공적인 정착을 위해서는 그 경력과 능력에 걸맞은 대우를 해주어야 한다.

그리고 조정조항의 작성이나 법리검토 등에 있어서는 실무적인 지원이 필수적이므로, 상황에 따라 필요한 실무 보좌인력을 충분히 배치하여야 한다. 그렇게 함으로써 앞으로 전국적인 규모에서 보다 역량 있는 중진법조인들이 상임조정위원으로 봉사할 수 있게 될 것이다.

우리나라의 경우 분쟁 해결의 요구가 법원에 집중되는 경향이 특히 강하여 소송 사건 수가 갈수록 증가하고 있다. 이 문제를 판사의 증원으로 해결하기에는 이제 한계가 있고, 결국에는 다른 선진국에 비해 아직은 열위에 있는 소송 외의 분쟁 해결수단(ADR)을 활성화함으로써 해결할 수밖에 없다.

신뢰할 만한 조정중재센터가 존재한다면 3심의 재판을 굳이 거치지 않을 것이다. 법원조정센터가 성공적으로 운영되면 향후 법원조정센터와 유사하게 민간 영역에서도 사적인 분쟁조정중재센터가 많이 생겨나는 기폭제가 될 수 있다.

무역위원회의 판정에 대한 사법심사

「불공정무역행위조사 및 산업피해구제에 관한 법률」에 의하면, 누구든지 불공정무역행위의 사실이 있다고 인정하는 때에는 이를 조사하여 줄 것을 무역위원회에 서면으로 신청할 수 있다(제5조 제1항).

무역위원회의 조치는 피해자의 조사신청에 따라, 조사개시결정 및 불공정무역행위 판정과 시정조치의 과정을 거쳐 이루어진다.

그런데 무역위원회가 조사개시결정 후 불공정무역행위가 아니라고 하여 기각판정을 한 경우 신청인은 기각판정으로 인해 법적 이익을 침해받게 된다.

그러나 위 법률은 기각판정에 대해 행정소송으로 불복할 수 있다는 명문규정을 두고 있지 않고, 이에 관한 판례도 없어 논란이 되어왔다.

나는 무역위원회에 불공정무역행위를 신고했다가 기각판정을 받은 모회사의 소송대리인으로서, 지식경제부(당시 산업자원부) 산하 무역위원회를 상대로 행정소송을 제기한 바 있다.

당시 서울행정법원으로터 2007년 8월 14일 무역위원회의 불공정무역행위 '기각판정'에 대해 행정소송으로 불복할 수 있다는 사법사상 첫 판결을 선고받았다.

서울행정법원 제5부 2007구합825, 832 판결은 불공정무역행위 신청에 대한 무역위원회의 '기각판정'에 대해 행정처분성을 인정함으로써 무역위원회의 기각판정에 대해 사법심사의 길을 열어준 획기적인 판결이다. 이는 사법부가 최근 행정처분의 범위를 보다 폭넓게 해석하는 경향에도 부합한다. 국민의 권리구제를 확대하고 나아가 법치행정 구현에 기여할 것이기에 이 판결은 큰 의미가 있다.

서울행정법원은 "무역위원회의 불공정무역행위 기각판정은 광범위한 재량이 부여되는 정책적이고 전문적인 판정이라는 점에서 그에 대한 사법심사에 있어 특수성을 인정해줄 필요가 있지만, 이를 완전히 사법심사의 대상에서 제외하는 것은 행정처분에 대한 법원의 적법성, 합목적성 보장의무를 방치하는 것인 만큼 기각판정은 항고소송의 대상이 되는 행정처분"이라고 판단했다.

세계무역기구WTO는 반덤핑협정을 비롯하여 11개 협정에서 각 회원국에게 사법심사judicial review제도를 실시할 것을 요구하고 있고, 미국 관세법(제516A조)은 피해 부정 예비판정은 물론이고 조사개시거부결정까지 사법심사의 대상으로 규정하고 있다. 그리고 유럽연합EU, 중국 등 대부분의 국가들이 침해 여부에 관한 판정에 대해 사법심사제도를 입법화하고 있다.

차제에 「불공정무역행위조사 및 산업피해구제에 관한 법률」에 불공정무역행위 기각판정에 대해서도 행정소송을 제기할 수 있다는 명문규정을 신설하는 것이 논란을 근원적으로 해결하는 길이라고 본다.

신종분쟁 해결절차

그동안 사법부가 전문법원의 확대, 전문·전담재판부의 확충, 전문심리위원제의 도입 등을 비롯하여 전문적인 사건처리시스템을 갖추어 고품질 재판을 하려고 노력해온 것은 긍정적으로 평가할 만하다. 특히 서울중앙지방법원의 경우, 국제거래, 기업법, 지적재산권, 노동, 부동산·건설, 환경, 의료, 언론, 집행 등의 전문재판부가 가동됨으로써 전문 사건의 신속·적정한 처리에 상당한 성과를 거두고 있다고 평가된다.

그런데 과학기술의 발전 속도가 하루가 다르게 빨라지고 있고 거기서 생겨나는 법적 분쟁 역시 예전과는 비교할 수 없을 정도로 전문화·복잡화하고 있다. 세계 최고 수준의 인터넷 강국이라는 빛의 뒤에는 개인정보 대량유출이라는 과거에는 상상할 수 없었던 그림자가 드리워지고 있다.

이에 따라 개인정보 관리기업의 정보유출에 대한 책임, 해킹이나 명의도용에 따른 분쟁, 사이버세계에서의 각종 재산권이나 인격권 침해 문제, 인터넷 기반의 롤 플래잉 게임계정의 영구압류조치에 대한 분쟁 등 과거에는 소송거리가 되지 않았던 신종분쟁이 집단소송의 형태로 법원에 몰려들고 있다.

최근에는 인터넷 카페를 통하여 다수의 원고단을 용이하게 결집하여 집단소송을 제기할 수 있는 토대가 마련되었다. 변호사들이 경쟁적으로 원고단 모집에 나서는 상황에서는 동일 쟁점사건이 전국 각지의 법원에 다수 제기될 수밖에 없다. 그러나 이들 집단소송 사건은 쟁점과 피고는 같지만 형식상 원고가 달라 별개의 사건으로 취급되어 전국 법원의 판단이 다르게 나올 수 있다.

이 경우 특정 수소법원으로 재량이송(민사소송법 제35조)을 하는 방안을 생각해볼 수 있으나, 일부 원고의 관할선택권이 침해되므로 그러한 이송신청이 받아들여질 가능성은 낮다. 가장 현실적으로는 어느 사건의 소송결과가 나올 때까지 나머지 사건의 진행을 보류하는 것도 가능하겠지만, 그것도 재판부 재량사항이다. 가장 전문화가 잘된 서울중앙지법의 경우도 아직 정보통신 내지 IT 사건 전담재판부가 없어 각 부에 흩어져 사건이 진행됨으로써 재판의 통일을 도모하기 어려운 실정이다.

따라서 개인정보 분쟁과 같은 집단적 소송에 대하여는 특단의 입법조치가 필요하지만, 보완입법이 이루어지기 전이라도, 법원은 우선 IT 사건 전문·전담재판부의 신설 및 관련 재판예규의 정비 등을 통하여 전국 각지의 법원에 동시다발적으로 접수되는 IT 관련 신종분쟁 사건을 어떻게 효율적으로 적정하게 처리할 것인지 고민해야 할 것이다. 이러한 사법환경의 변화에 직면하여 사법시스템도 추세에 걸맞은 모습을 갖추어야 함은 다언을 요하지 않을 것이다.

최근 대규모의 개인정보 유출 사건이 잇달아 발생하면서 개인정보 관련 분쟁에 대한 관심이 어느 때보다 높아지고 있다. 그러나 관련 법제도는 미비하여 개인정보 관련 분쟁 해결과정에서 적지 않은 문제점이 노정되고 있다. 개인정보 관련 집단분쟁은 소송절차 외에도 개인정보분쟁조정위원회와 소비자분쟁조정위원회의 조정절차를 통해 해결되고 있다.

그러나 동일한 사안에 대해 각 기관이 경쟁적으로 절차를 진행할 경우 분쟁 해결의 효율성이 떨어지고 결론마저 달라서 혼란이 생길 수밖에 없다. 피해자별로 각지의 법원에 소송을 제기하는 경우도 마찬가지다. 이러한 문제점을 해결하기 위해 개인정보 관련 분쟁 해결절차에 관한 몇 가지 특례가 마련되어야 한다. 특히 집단소송제도의 도입, 소송관할의 집중, 소송대리인 선정, 소송비용의 담보, 조정의 절차 및 효력, 유출 사고 후 신속 조치에 대한 책임 감면 등에 관한 특별규정이 필요하다.

개인정보 유출에 관한 기업의 책임이 인정될 경우 과연 위자료 액수를 어떻게 산정할 것인지도 문제가 된다. 최근의 개인정보 유출 사건과 같이 수백만의 피해자가 발생하는 사건에 있어서는 1인당 불과 몇 만 원의 위자료만 인정하더라도 기업의 존립 자체가 위태로워지는 결과가 초래될 가능성이 큰데, 이 경우 피해자는 손해배상을 받지 못하고 기업은 사소한 과실로 인해 문을 닫게 되므로, 이러한 결과는 피해자나 당해 기업은 물론이고 국가적으로 결코 바람직하지 못한 결과이다.

따라서 손해배상책임이 인정되는 경우에도 위자료 지급의무의 요건, 즉 과연 그로 인해 금전으로 배상할 만한 정신적 고통이 발생했는지에 관한 심도 있는 논의가 필요하다. 미국, 독일, 영국 등에서는 '실질적 손해'가 발생해야만 손해배상책임을 인정하고 있다. 손해배상 총액의 상한을 일정 금액으로 법정하는 나라도 있는데, 온라인 회원가입이 어느 나라보다 활발한 우리나라의 경우에도 위와 같은 입법례의 도입을 검토할 필요가 있다.

기업과 피해자를 위한 책임보험·공제제도도 도입되어야 한다. 현행 제도와 법률의 미비점을 보완하고, 개인정보 관련 분쟁 해결절차를 정비함으로써 피해자 및 기업 모두에게 예측가능성을 줄 수 있는 방향으로 제도를 다듬어야 할 것이다.

공정거래소송의 관할

「독점규제 및 공정거래에 관한 법률」 제55조는, "제54조의 규정에 의한 불복의 소는 공정거래위원회의 소재지를 관할하는 서울고등법원을 전속관할로 한다"고 규정하여, 공정위의 시정조치, 과징금부과 등에 대한 행정소송은 1심을 생략한 2심제를 채택하고 있다.

1998년 3월 전문법원인 행정법원이 최초 개원되면서 행정소송은 과거의 2심제에서 3심제로 전환되었는데, 어찌된 영문인지 공정위는 그때도 예외로 인정받아 그동안 2심제로 운영되어왔다. 당시 행정소송제도 개혁을 추진하던 사법부가 '일본에서도 동경고등재판소 전속관할로 되어 있다'는 공정위의 반대논리를 수용한 것으로 보인다. 행정부의 반대를 무릅쓰고 조세소송 등 각종 행정소송의 관할을 1심 행정법원으로 내리면서 전선을 가급적 축소했을 가능성이 있다.

행정소송을 3심제로 전환한 지 15년이 다 되어가는 현 시점에서 행정법원의 3심화는 국민의 권리구제 및 법치주의의 관점에서 볼 때 괄목할 만한 성과를 거두었다고 평가된다. 1심인 행정법원의 충실한 사실심리에 근거한 항소심 및 상고심의 사후심적 운영이 사법자원의 효율적 배분과 국민의 권리구제 및 법치행정의 확립에 보다 적합하다는 사실이 밝혀졌다.

이제 행정법원 운영의 놀라운 성과를 바탕으로 공정거래소송의 관할 예외를 계속 존치할지 검토할 시점이 되었다. 공정위는 그동안 기업에 대해 이른바 경제검찰로 불리면서 막강한 권한을 행사해왔던 데 비해, 그 처분에 대한 사법적 권리구제는 다소 미흡하였다는 것이 중론이다.

1심의 상세한 사실심리가 생략된 채, 1심의 사실인정과 법률판단을 전제로 하여 항소심을 다루는 서울고등법원 행정부에서 사실심리부터 해야 하므로, 고등법원의 심판 부담이 가중되어, 공정위의 주장이 그대로 사실관계로 받아들여질 가능성이 높아지는 문제점이 있다는 지적도 있다. 이러한 사실심리의 불충분은 곧바로 대법원의 부담으로 연결된다.

공정위의 처분에 대한 사법통제장치가 엄정하게 작동되지 않으면 기업이나 국민들에게는 심각한 문제가 아닐 수 없고, 이는 공정위가 '아니면 말고' 식의 무리한 처분을 하게 되는 토양이 되었다는 비판도 있다. 현실적으로 보더라도 공정위에 대해 다른 행정기관과 달리 특례를 둘 합리적인 이유는 없다.

공정위의 이의신청(행정심판)절차는 사실상 유명무실화되었고 공정위 위원 분포나 위원장의 지위에 비추어볼 때 공정위는 어디까지나 행정기관일지언정 사법부의 1심 기능을 대체할 만한 사법기관의 요소를 갖추었다고 보기는 어렵다.

공정거래 재판의 전문화 차원에서도 전문법원인 행정법원에 의한 재판이 필요하다.

서울고등법원 행정부는 대개 1년 단위로 담당법관이 바뀌지만, 행정법원은 2~3년 동안 인사이동이 없어 전문성 면에서 행정법원에서 공정거래소송을 다루는 것이 전문법관 양성 내지 사법전문화에도 득책이 될 것이다.

공정거래소송을 3심제로 전환할 경우, 현행법 제55조를 폐지하여 대전지법이나 서울행정법원의 관할로 하는 방안도 가능하나, 재판전문화 차원에서 전문법원인 서울행정법원의 전속관할로 개정하는 방안이 옳다고 본다.

공정거래위원회의 논리는 공정거래 사건의 전문성 내지 특수성 등을 이유로 서울고등법원 전속관할제가 유지되어야 한다는 것인데, 과연 그런지 의문이다.

공정거래 사건이라고 해서 조세 등 기타 행정 사건보다 더 전문성이 강하다고 볼 수는 없다.

나아가 행정법원의 신설 자체가 재판의 전문화를 지향하는 것으로서 전문분야일수록 전문법원인 행정법원으로 하여금 사법심사를 하게 해야 한다.

실제 행정소송의 3심화 이후 행정법원은 법리의 발전이나 국민의 기본권보장 측면에서 매우 긍정적인 역할을 해온 것으로 평가되고 있고, 전문성의 부족이 문제된 적은 없다.

불공정행위의 신속한 시정이 필요하기 때문에 1심이 면제되어야 한다는 논리도 잘못이다. 공정거래법이라고 해서 특별히 신속한 시정이 필요하지는 않다. 과징금의 경우는 신속성이 문제될 여지가 없고, 시정명령의 경우에도 현행법상 소제기에 따른 자동 효력정지가 인정되지 않기 때문에 2심제든 3심제든 처분의 집행 면에서 달라질 것은 없다.

오히려 1심부터 충분한 사실조사와 법리검토가 이루어진다면 고등법원과 대법원의 심리기간이 대폭 단축될 것이어서 신속한 판결 확정이 가능해질 것이다.

현행 2심제의 가장 큰 문제점은, 공정위가 소추기관과 심판기관을 겸하고 있기 때문에 구조적으로 법원과 같은 정도로 대심적인 구조를 갖추고 피심인의 방어권을 보장할 수는 없다는 점이다.

공정위는 행정기관이기 때문에 그 속성상 언론과 국회 내지 이해관계인들에 대해 독립성을 유지하기 어렵다.

그렇기 때문에 공정위의 처분을 1심 법원의 판결에 준하는 것으로 보아 1심을 면제해주는 것은 헌법상 국민의 재판청구권에 대한 침해로 볼 여지도 있다.

최근 공정위는 과거와 달리 수백·수천억 원에 이르는 과징금을 부과하거나 해당 사업자의 비즈니스 모델을 변경하도록 하는 결정을 하는 등 개별 기업이나 소비자 및 시장에 엄청난 영향을 미치는 결정을 하는 경우가 많아졌다.

이처럼 공정위 결정의 중요성이 높아질수록 더더욱 1심부터 법원에 의한 사법심사를 받도록 하는 것이야말로 법치국가 원칙에도 부합하고 법정책적으로도 바람직하다.

결론적으로, 현 시점에서 공정거래 사건을 다른 행정 사건과 달리 특별 취급할 합리적인 이유가 없다. 이러한 이유에서 이웃 일본에서도 3심제를 골자로 한 법 개정안이 2011년 1월 24일 중의원 경제산업위원회에 회부되어 심의 중이다.

이제 우리나라도 공정거래 사건을 3심제로 전환하고, 사건의 전문성을 감안하여 서울행정법원 전속관할로 개정할 때가 되었다.

변호사보수와 소송비용

민사소송법 제109조 제1항은 '소송을 대리한 변호사에게 당사자가 지급하였거나 지급할 보수는 대법원규칙이 정하는 금액의 범위 안에서 소송비용으로 인정한다'고 규정하고, 이에 따라 제정된 '변호사보수의 소송비용 산입에 관한 규칙' 제3조는 각 심급단위로 소송목적의 값에 따라 정한 별표상의 일정액만을 소송비용으로 인정해주고 있다.

기본적으로는, 실제로 지급되고 있는 변호사보수액에 근접하게 소송비용으로 인정해주는 것이 원칙이 되어야 한다. 패소자가 상대방의 변호사보수를 물어주는 것이야말로 일반국민의 정의관념에도 부합하고, 이러한 원칙이 견지되어야 남소를 방지할 수 있을 것이다. 너무나 터무니없는 소송이 빈발하고 있는 현실을 그대로 방치해서는 안 될 것이다.

변호사에 대하여도 부가가치세법이 적용되면서 세금계산서가 발행되고 있어 실제로 지급한 변호사보수액의 정확성도 이제는 담보되고 있으므로, 실제 지급한 보수를 소송비용으로 인정하는 방향으로 제도 변화를 꾀할 수 있는 여건도 충분하다고 본다. 이는 장차 변호사강제주의로 나아가기 위한 초석이 될 수도 있을 것이다.

물론 지나치게 과다한 보수는 법원이 재량감액규정을 활용하여 감액하면 된다. 실제 보수를 전부 소송비용에 산입하는 것이 어렵다면, 시장조사를 통해 현실에 맞는 보수액을 기준으로 하여 그 한도를 재조정해야 한다.

현재 대한변호사협회의 변호사보수기준이 폐지된 이후 마땅히 참고할 만한 보수기준이 없는데, 대법원규칙을 현실에 맞게 개정하면, 의뢰인과 변호사 사이의 보수에 관한 분쟁을 사전에 차단할 수 있을 것이다. 이 규칙이 변호사보수기준으로서의 기능을 제대로 수행할 수 있도록 하여야 한다.

나아가, 국민들에게 자기가 내야 하는 변호사보수가 얼마 정도이고 얼마만큼 패소상대방으로부터 상환받을 수 있는지에 관한 예측가능성을 줄 수 있을 것이다.

전문심리위원

2007년 8월 14일 시행된 개정 민사소송법에 따라 민사, 가사, 행정 및 특허소송 실무에서 전문심리위원제도를 활용할 수 있게 되었다.

경제사회의 전문화 추세에 따라 분쟁도 날로 복잡화·전문화되는 현실에서, 각 분야의 전문지식이 재판에 투영될 필요가 있는 경우에, 건축, 토목, 의료, 지적재산권, 과학기술, 환경, 경제·기업, 부동산 등의 전문가를 전문심리위원으로 지정하여 소송절차에서 설명하거나 의견을 제출하도록 함으로써 법관의 전문성을 보강하자는 데 입법취지가 있다.

이 제도는, 재판의 전문성 제고, 심리의 충실화, 분쟁의 화해적 해결 등에 이바지하고 있고, 결국에는 재판서비스에 대한 국민의 신뢰 증진에 기여하고 있는 것으로 평가된다.

다만, 이 제도 시행에 있어 몇 가지 문제점을 지적하고자 한다.

전문심리위원의 공정성·중립성·전문성을 확보하는 것이 무엇보다도 중요하다. 특히 전문심리위원이 재판부에 개진한 의견이 공개된 후에, 이에 대한 소송당사자의 반박 기회가 충분히 보장되어야 한다.

전문심리위원의 설명이나 의견 내용이 기재된 조서나 의견서에 대해 당사자가 의견을 개진할 기회를 주지 않으면 전문가의견이 재판결과에 과도한 영향을 줄 우려가 있다.

법관이 비공식적으로 의견을 듣거나 그 의견을 조서나 의견서 형태로 기록에 남기지 않는 방식으로 전문심리위원을 활용해서는 재판의 투명성 및 신뢰성에 문제가 생길 수 있다. 따라서 공개법정에서 전문심리위원을 상대로 쌍방이 신문(심문)할 수 있도록 할 필요도 있다.

또한 전문심리위원제도가 있다고 하여, 감정, 사실조회, 전문가증인 등 기존의 증거방법의 신청에 대한 채부가 종전과 달라진다면 본말전도임을 특히 유념해야 할 것이다.

그리고 아무리 전문적인 분야라 하더라도 재판은 어디까지나 법관이 법률과 양심에 따라 규범적 판단을 내리는 것이고, 전문심리위원은 법관의 조언자에 불과하므로, 전문가의 의견이 과도하게 재판에 영향을 미치는 것은 경계하여야 할 것이다.

이해관계가 첨예하게 대립하는 사건에서는 서로 다른 의견을 가진 복수의 전문심리위원을 지정할 필요도 있을 것이다.

마지막으로, 최첨단 전문분야를 망라할 수 있도록 법원행정처가 작성한 후보자명단은 적시에 확충되어야 한다.

유사법조직역의 소송대리권

제18대 국회에서 민사소송인 특허침해소송에 '변호사·변리사 공동대리제'를 도입하는 것을 골자로 한 변리사법 개정안이 국회 지식경제위원회를 통과하여 법제사법위원회에까지 회부된 적이 있다.

현재까지도 공동소송대리제에 찬성하는 변리사단체나 과학기술계의 입장과, 반대하는 변호사단체의 입장이 첨예하게 대립하고 있어, 앞으로의 입법 추이가 주목된다.

민사소송법 제87조 소정의 변호사대리의 원칙 하에서 일반민사소송에 속하는 특허침해소송에서는 변호사만이 소송대리인이 될 수 있고, 변리사는 변리사법 제8조에 의하여 특허법원에서 관할하는 '협의의 특허소송'에 대해서만 소송대리권을 인정받아왔다.

일각에서는, 변리사법 제8조가 '변리사는 특허, 실용신안, 디자인 또는 상표에 관한 사항에 관하여 소송대리인이 될 수 있다'고 규정하고 있으니, 변리사에게도 당연히 특허침해소송에 관한 소송대리권이 인정된다고 주장하나, 그동안의 재판 실무례에 비추어 무리한 해석으로 받아들여져왔다.

입법 연혁으로 보거나 변리사법 제8조의 문리해석에 의하더라도 일반민사소송인 특허침해소송은 '특허에 관한 사항'이라고 볼 수 없다는 견해가 우세하다. 헌법재판소 2012년 8월 23일 결정도 같은 입장이다.

그런데 무엇보다도 먼저 지적할 것은, 변리사법 제8조의 개정을 통해 민사소송절차 전반에 커다란 영향을 미치는 소송대리권 문제를 해결하려는 시도는 바람직하지 않다는 점이다.

소송대리권에 관한 사항은 법사위의 고유 소관업무이므로, 법사위에서 전체 법체계와의 정합성을 심도 있게 논의하여 결정할 일이다.

변리사의 소송대리권을 인정할 경우 향후 공인노무사·세무사·법무사 등 유사법조직역의 소송대리권 문제는 어떠한 방향으로 가져갈지 등 소송대리제도에 관한 전체적인 그림이 먼저 그려진 후에야 합리적인 해결책이 도출될 수 있을 것이다.

사실 문제의 핵심은 특허침해소송과 같은 전문적인 영역에서 변호사의 전문성에 대해 의문을 제기하는 데 있다.

특허기술에 관한 변호사의 전문성 부족이 문제라면, 변호사의 전문성을 강화하는 것이 상책上策이고, 법체계를 뒤흔들면서 변리사에게 소송대리권을 새로이 인정하는 것은 하책下策이다.

오히려 현실에 맞게 변호사가 변리사의 조력을 충분히 받을 수 있는 길을 터주는 방안이 중책中策이 될 것이다.

1998년에 도입된 특허법원의 특허심리관의 예에서와 같이, 변리사가 변호사의 '특허보좌인'으로 출석하여 재판장의 허가를 얻어 법정에서 특허에 관해 진술할 수 있도록 하는 대안도 검토해볼 만하다.

법조인의 언행

인터넷 댓글의 예에서 보듯이 익명성이 보장되는 장면에서는 언어가 도발적, 폭력적, 모욕적, 명예훼손적 특징을 띠게 마련이다. 또한 첨예하게 정쟁을 벌이는 장면에서 정치권의 막말 공방은 뜻있는 국민들의 빈축을 사기도 한다.

그런데 그러한 현상이 요즘 법조계에서도 가끔 벌어져 법조계 전체가 외부로부터 지탄의 대상이 되는 일이 비일비재하다. 2010년 9월 법조인의 직무상 발언이 모욕적이고 지나치다고 하여 국가인권위원회에 신고되어 시정권고까지 받은 사례가 보도된 적도 있다.

법조인으로서의 품격을 떨어뜨리는 그런 일 때문에 법조인들이 국민의 신뢰를 잃게 되는 일은 없어야 한다. 법조3륜 각자의 역할과 권한을 상호 존중하지 않고 서로에게 씻을 수 없는 상처를 주는 험한 말을 쏟아내는 것은 그 경위야 어찌되었든 간에 스스로 법조인의 품격을 떨어뜨리는 일이 아닐 수 없다.

대다수 국민들은 아직도 법조인을 사회지도층이자 최고 엘리트로 보고 있는데, 국민들에게 모범을 보이고 존경을 받아야 할 법조인들이 자기가 하는 일 자체가 아니라 언행 때문에 손가락질을 받는다는 것은 사실 수치스러운 일이다. 다시 한번 각자의 언행을 신중히 하고 삼가는 자세를 가다듬을 필요가 있다.

판사·검사·변호사를 막론하고 법조인들이 직업적으로 하는 일의 대부분은 어떻게 보면 '쓰고 말하기', 다시 말하면 언어생활로 이루어져 있다. 예로부터 인재를 평가할 때 사용하는 신언서판身言書判이라는 말에서 보듯이 언어생활은 한 개인에게 매우 중요한 부분임에 틀림없다. 법조인들이 그 직무를 수행함에 있어 언어생활을 어떻게 하면 품위 있게, 설득력 있게 잘하느냐 하는 것은 각자가 늘 고민하는 문제이기도 하다.

이는 물론 법조인만의 문제가 아니지만, 법조인의 경우는 직업의 특수성으로 인해 상대방을 심하게 꾸짖거나 상대방과 치열하게 다투어야 하고, 때로는 하급심판결의 위법사유를 구체적으로 밝혀내야 하기 때문에 어쩔 수 없이 사용하는 언어가 과격해지기 쉽다.

언제 상대방 대리인을 다시 보겠냐는 심산에다가, 당사자 본인에게 잘 싸운다는 점을 보여준다는 과욕 탓인지, 도저히 법조인이라면 써서는 안 되는 말을 아무 여과 없이 원색적으로 표현한 소송서면이 이전보다 훨씬 늘어났다. 변호사 간 경쟁이 치열해지면서 너무 당사자 본인에게 경도된 탓이라고 보인다.

최근 들어와 준비서면, 항소이유서, 상고이유서 등을 보면, 상대방과 원심법원에 대한 근거 없는 비방이나 과도한 비난, 명예훼손성 내지 인신공격성 언어가 난무하고 있다는 것이 중론이다. 법정이나 조사실 안팎에서의 언행은 물론이요 소송서류의 표현에 이르기까지 역지사지 하는 마음으로 한 번 더 생각해본 다음 말하고 행동하고 쓰는 지혜가 필요하다.

주장은 날카롭더라도 그 표현은 부드러운, 다시 말하여 법조인다운 금도襟度를 지켜나가고 품격을 유지하는 일이 요즘처럼 절실한 때가 없다. 최근 법조인의 수가 급격히 증가했으나 수임건수는 상대적으로 줄어들면서 개개 사건을 처리하는 데 있어서 대리인들의 신경이 날카로워지고 여유가 줄어든 탓에 사용하는 언어가 험악해지는 경우도 있겠지만, 법조인들이 각종 서면에서 사용하는 언어의 표현 수준에 대한 공감대가 아직 없기 때문에 이러한 현상이 생겨난 것으로도 볼 수 있다. 더욱 문제인 것은, 최근 변호사 수가 급격하게 증가하면서, 어느 정도 익명성이 생겨서인지, 소송대리인들이 주고받는 답변서나 준비서면에서의 표현이 절제되어 있지 않고 상식선이나 정도를 벗어난 경우가 많아졌다는 사실이다. 공격적인 변론활동을 통해 의뢰인을 만족시키려는 유혹 때문에 과도한 표현을 사용하게 되고 그것이 상대방과 사이에 상호 상승작용을 일으키는 경우도 있다.

차제에 법조 전체의 언어생활에 대해 점검해보고, 문제가 있다면 개선방안을 마련하고 대대적인 자정운동이라도 해야 할 시점이다. 개개 소송관계인의 자세와 인식의 전환이 물론 중요하겠지만, 최종적으로 각종 서면을 보고 판단을 하는 법원에서 이 문제를 심각하게 생각하고 해결책을 강구해주었으면 한다. 법원에 제출하는 서면에서 사용된 과도한 언어에 대해서는 재판장이 법정에서 적절히 지적하여 시정을 구하는 것도 좋은 방법이다. 특히 경험이 일천한 변호사가 당사자에게 너무 경도되어 과격한 언사를 구사하는 경우에, 법조의 선배로서 품격 있는 언행을 할 것을 지적하고 지도하는 것은 권장될 일이다.

그동안 법원에 제출된 서면에서 문제될 만한 사례를 수집해 법조3륜이 긴밀히 협의하여 법조인의 언어생활에서 가이드라인을 마련해보는 것도 좋을 것이다.

재판의 전문화

사법환경의 급속한 변화에 직면하여 사법시스템도 이에 걸맞은 모습을 갖추어야 함은 다언을 요하지 않을 것이다. 사회전반의 전문화 추세와 분쟁의 복잡다기화에 제대로 대응하기 위해 재판의 전문화는 필수불가결한 시대적 요청이다.

그동안 사법부가 전문법원을 신설하고 전문재판부를 확충하는 등으로 고품질 재판을 하려고 노력해온 것은 긍정적으로 평가할 만하다. 특히 1998년 특허법원과 행정법원 신설 이후 각각의 특장을 살린 효율적인 사건처리와 적극적인 권리구제 노력은 양과 질 모두에서 괄목할 만한 성과를 거두었다.

그런데 재판의 전문화라는 기본 방향에는 찬성하지만, 몇 가지 보완할 점이 있다.

전문법관은 전문지식만을 재판에 투영하기 쉬워 법체계 전체의 시야에서 넓게 판단하지 못할 우려가 있다는 이유로, 영미법계에서는 법관 전문화보다는 전문가의 지식을 재판에 반영하는 방안에 중점을 두는 의미를 한번 음미해볼 만하다.

그들은 전문법관은 가치 판단의 유연성과 역동성이 저하되어 전문분야에 경직될 위험성이 있다는 것을 우려한다.

재판에서도 크로스 체크cross check 기능이 제대로 작동되어야 하며, 판단에 있어 상호 견제와 균형을 유지할 수 있어야 한다. 따라서 특정

유형의 재판을 1개 재판부에 몰아서 처리하는 방식은 재고해야 한다.

전문법관의 조기 퇴직은 바람직하다고 할 수 없을 터인데, 그러한 문제를 의식하여 인사관리 차원에서 전문법관의 보직을 전문재판부에 배려하고 있다.

그런데 예컨대 특허법원, 지적재산권부, 지재 전담 공동연구관으로 연속 근무함에 따라 생기는 문제점도 간과할 수 없다. 동일 쟁점사건을 처리하면서 가진 고정관념이 다른 자리에서 관련 사건을 처리할 때 영향을 미칠 수 있다는 지적이다.

동일 쟁점사건을 재판한 후 다른 자리에 가서 관련 사건을 배당받아 처리한다는 것은 언뜻 보면 매우 효율적으로 보일 수도 있지만, 예단을 가지고 재판에 임한다는 점에서 보면 적절한 것은 아니다. 오히려 전에 동일 쟁점사건을 다룬 법관은 관련 사건을 맡게 되는 경우 재배당을 하거나 스스로 회피할 수 있는 시스템을 도입할 필요가 있다.

지금까지 대법원의 전문성은 공동재판연구관의 전문화로 대처해왔다. 그러나 궁극적으로는 대법관의 전문성 문제가 해결되어야 한다. 지금처럼 소수정예 대법관을 두는 구조에서는, 예컨대 특허 사건에 대한 전문성 있는 대법관이 부족하면, 전문법관으로 구성된 연구관의 영향력이 커질 소지를 배제할 수 없는 것이다.

이러한 사건처리 행태가 고착된다면 크로스 체크 기능의 흠결로 이어질 것이다. 이제 만시지탄의 감이 있지만 문제점을 직시하여 대법관 스스로가 전문재판에 대한 관여도를 제고하는 방안을 적극 모색할 때가 되었다.

사법질서 침해에 대해 특단의 대책 세워야

2012년 10월 15일 광주광역시에서 사건처리에 불만을 품은 40대 의뢰인이 변호사와 사무장을 흉기로 찌른 테러사건이 발생해 법조인들은 물론 국민들에게 충격을 주고 있다.

법원이나 검찰청에서 사건관계자를 만나는 법관이나 검사의 경우에는 청사 방호와 검문검색을 대폭 강화하는 조치를 취하면 이와 같은 사고를 어느 정도 예방할 수 있을 것이지만, 일반인이 자유로이 출입하는 변호사 사무실은 무방비 상태나 마찬가지여서 문제가 심각하다.

더구나 귀가길이나 자택 부근에서 보복테러를 하는 경우에는 모든 법조관계자가 표적이 될 수 있다.

이러한 행태들이 재발·반복된다면 법조인들은 위축될 수밖에 없기에, 이는 심각한 사법질서 침해가 아닐 수 없다. 결국 사법제도를 뿌리째 흔들 수 있는 중대한 사안이다.

변호사와 의뢰인 사이의 신뢰를 훼손하고 헌법상 변호인의 조력을 받을 권리마저 침해될 수도 있다.

사법당국은 이번 사건을 단순한 살인미수나 상해사건이 아니라 사법질서 침해사범으로 보고 엄정하게 처벌할 것을 촉구한다.

사법테러에 대해서는 관계당국이 나서서 단호한 조치를 취할 수 있는 제도적 정비도 해야 한다.

이번 기회에 사법테러에 대한 강력한 대처를 위해 사법질서보호법을 제정하거나 보복범죄를 가중처벌하듯이(「특정범죄 가중처벌 등에 관한 법률」 제5조의9) 사법질서 침해와 사법테러에 대해 가중처벌하는 규정을 신설하는 방안이 적극 검토되어야 한다.

사법테러만이 아니라 법정 내외에서의 변론권 침해 및 사법관계자에 대한 위협도 심각한 지경에 이르렀다.

법정에서 재판부를 모욕하거나 위협하는 경우, 공개법정에 집단으로 몰려와 상대방 변호사를 향해 욕설이나 야유를 하거나 위협적인 언사를 하는 경우도 빈발하고 있다.

특정 사건을 수임하였다는 이유로 변호사 사무소에 몰려가 시위를 하거나 재판을 마치고 나오는 변호사를 위협하는 사례도 빈발하고 있다.

일차적으로는 재판장이 법정경찰권을 발동하는 등으로 적극 대응해야 한다.

법정질서가 침해되고 있는데도 재판장이 휴정을 선언하고 피해버리는 자세로는 정의를 실현하기 어려운 것이다.

사법질서 침해의 가능성이 있는 사건의 변론에 앞서 법원은 법정은 물론 법정 밖의 복도와 법원 청사 주변에 방호인력을 충분히 배치하여 재판권과 변론권이 침해되지 않도록 조치해야 한다.

변호사단체와 사법당국은 재판권과 변론권 침해 사례를 모아 분석하고 대응책을 공동으로 모색해야 할 때가 되었다.

제5장

한국 법조의 선진화

법률서비스산업을 국가전략산업으로 육성하자

법률시장 개방과 정부의 역할

법률서비스산업육성법

한국 법조의 국제경쟁력 제고

행정절차와 변호사

사내변호사

변협 협회장 직선제

변호사보수 상한제

변호사의 노블레스 오블리주

법원과 로펌

판 · 검사의 로펌 취업

대한변호사협회 창립 60주년에 바란다

법률서비스산업을 국가전략산업으로 육성하자

2011년 7월에 한·EU 자유무역협정FTA이 발효되었고, 우여곡절 끝에 한·미 FTA도 비준되어 2012년 발효되었다.

세상만사에는 빛과 그림자가 있듯이, FTA로 인해 산업별로 명암이 갈릴 수밖에 없는데, 그 중 법률시장은 아무래도 우리에게는 취약분야에 속한다.

그러기에 법률시장의 단계별 개방과 영·미 공룡 로펌의 국내 진출로 인한 시장 잠식 우려에도 일리는 있다고 본다.

그러나 개방의 역사를 되돌아보면 개방으로 인한 위기를 슬기롭게 극복하고 전략을 가지고 잘 대응한다면 법률서비스산업의 수준을 선진화하는 기회로 삼을 수 있다는 긍정적 전망도 가능하다.

전문가들은 FTA 시대의 경쟁에서 살아남아 선진일류국가로 한 단계 도약할 것인가를 결정하는 분야는 제조업이 아니라 우리가 아직도 취약한 분야인 서비스산업이라고 한다.

만시지탄의 감은 있지만, FTA를 계기로 하여 취약분야인 법률서비스산업을 어떻게 육성·진흥할 것인가에 대한 장단기 전략을 수립하여야 할 시점이 되었다.

이제 범정부적으로 새내기 법조인재들이 글로벌 국내 기업의 동반자가 되고 장차 세계법률시장의 주역으로 활약할 수 있도록 미래 30년을 내다보고 법률서비스산업 선진화 전략을 마련해야 할 때가 되었다.

이는, 2012년 로스쿨 출신 법조인의 배출을 시작으로, 향후 10년간 총 1만 6,000여 명의 법조인이 늘어나는데, 그들에게 어떻게 제대로 된 일자리를 제공할 것인가 하는 문제에 대한 대답이기도 하다.

결론부터 말하자면, 법률서비스산업육성법을 제정하여, 현재의 법률 시장규모 자체를 대폭 확대할 수 있는 방안을 마련하고, 해외 진출이 일정한 궤도에 오를 때까지 법률산업을 국가발전전략의 일환으로 육성하고 지원하자는 것이다.

국민들에게는 이것이 법조계의 특권을 확대하는 방안이 아니라 법률 산업을 성장동력으로 삼아 국민경제의 발전에 도움이 되는 방안임을 설득해야 한다.

먼저, 국내적으로는 법조인의 국제경쟁력 확보 및 분야별 전문가 확충을 위해 정부가 전문인력 양성에 보다 과감한 투자를 해야 한다. 민간에만 맡길 수 없는 분야의 전문가는 공공 영역에서 나서서 양성할 수 밖에 없다.

국제분쟁의 급증과 국제중재 및 투자중재의 확대에 따라 관련분야 전문가의 수요는 폭발적으로 증가할 것이다.

미래를 위해 투자한다는 생각으로 장래가 촉망되는 로스쿨 졸업생·사법연수원 수료생 중에서 핵심 인력을 선발하여 그들이 한 살이라도 젊을 때 유학을 보내는 등으로 국제경쟁력 있는 전문가를 조기에 키워내야 한다.

또한, 우리나라에 세계적인 수준의 국제중재센터를 구축하는 일도 정부가 나서서 전폭적으로 지원해야 한다. 지정학적 위치를 잘 활용하면 우리나라는 국제분쟁 해결의 메카로 성장할 수 있다.

나아가, 우리 로펌의 성공적인 해외 진출을 최대한 도와주는 효율적인 지원체제도 확립해야 한다.

그동안 해외시장의 개척은 상품수출이나 자본투자의 형태로 이루어졌고, 서비스분야의 해외 진출은 경제규모에 비하면 현저히 미미한 수준에 불과했다. 특히 법률서비스산업의 경우 국내의 좁은 시장에 안주했다.

법조인의 대량 배출과 법률시장 개방으로 인한 격변의 시대에 우리 법조의 활로는 바로 해외 진출의 성공일 수밖에 없다.

해외에 나간 한국기업의 법률수요를 충족시켜주는 데서 더 나아가 외국에 한국의 법률문화와 법률서비스를 수출해야 한다.

이렇게 중요한 일을 민간에만 일임할 것은 아니다. 과거 정부 지원 하에서 무역입국에 성공했던 경험을 살려, 역동적인 한국인의 기상을 세계에 떨치고 새로운 형태의 한류(법조한류 K-Law)로 자리 잡을 수 있도록, 이제 정부가 나서서 국내 로펌의 해외 진출을 다각적으로 지원하는 정책을 펼쳐야 한다.

우리에게 그래도 희망이 있다면 앞으로 배출되는 법조인들의 잠재력과 가능성 및 그 우수성 때문이 아닐까. 국가가 이들에 대한 지원책을 제대로 마련해준다면, 해외법률시장 진출도 결국 성공적으로 이룰 수 있다고 본다.

〈법률신문 2011년 12월 1일〉

법률시장 개방과 정부의 역할

법률시장 개방과 영미계 로펌의 국내 진출로 인한 재야법조계의 위기감은 이제 서서히 현실화되고 있다.

대한변협과 대형 로펌을 중심으로 생존전략적 차원의 대응책을 나름대로 마련하고는 있지만, 결과가 어디로 튈지 가늠하기 어려운 형국이다.

골리앗과 다윗의 싸움이라고도 할 수 있는 한국 법률시장 쟁탈전을 눈앞에 둔 변호사업계의 불안감은 상상을 초월한다.

이러한 상황은 과연 외국 로펌에 합병·잠식당하지 않고 살아남을 수 있을 것인가 하는 근본적인 문제의식에서 출발하는 것이다.

그러나 이러한 위기를 기회로 반전시킬 수 있다는 낙관적 전망과, 이 어려운 국면을 잘 관리하고 제대로 대응한다면 국내 로펌과 변호사들의 체질을 개선하여 우리나라 법률서비스산업의 국제화와 선진화를 달성할 수 있는 절호의 기회가 될 수 있다는 보다 적극적·전향적인 자세를 가지고, 정부와 민간이 협력하여 총력 대응하는 체제를 구축할 필요가 있다.

그런 의미에서 정부가 그동안 노력을 하고는 있지만 다소 미온적·방관자적 태도를 견지하고 있는 듯한 인상을 준 것은 이제 시정되어야 한다.

정부가 이제는 법률서비스산업에 대한 인식을 전환해야 한다.

우리가 두려워하는 영국계 로펌이 세계시장을 석권하고 있는데, 이는 영국 정부의 적극적인 정책이 뒷받침되었기에 가능했다는 점을 눈여겨볼 필요가 있다.

우리 정부도 법률서비스산업을 진흥하고 변호사들의 해외 진출을 위한 구체적 지원책을 마련해야 할 때가 되었다.

개개 변호사의 외국어 능력 등 국제화 역량의 강화를 위한 과감한 연수지원책, 변호사의 국제회의 참여 기회의 확대, 국제중재 허브의 구축, 해외시장 진출을 적극 지원하는 체제의 수립, 국내 기업의 해외프로젝트에 대한 토종 로펌의 우대, 타 직역과의 동업 제한 등의 규제 완화, 외국 로펌 소속 변호사들에 대한 효율적 관리, 외국 로펌의 탈법적 영업 행태에 대한 적극적인 단속 등 이 시점에서 정부가 시급히 해야 할 일은 산적해 있다.

필요하다면 국제적인 감각을 가진 변호사를 정부의 정책책임자로 특채하여 법률서비스산업 선진화 정책을 장기적으로 추진하도록 하는 방안도 강구되어야 한다.

나아가 민간의 노하우와 지혜를 빌리기 위해 민관 합동의 범정부 대책기구로 '법률서비스산업 선진화 추진 위원회'를 발족시킬 필요가 있다.

닥치면 어떻게 되겠지 하는 안이한 자세로 머뭇거릴 시간이 없다.

법률서비스산업육성법

영미계 초대형 로펌의 국내 진출에 대한 재야법조계의 위기감은 상상을 초월한다.

현재 외국 로펌과의 규모 및 전문화 수준상의 격차로 인한 국내시장 잠식 우려에 대한 부정적·비관적인 예상이 지배적인 반면에, 이러한 위기를 법률서비스시장의 확대 및 국내 로펌의 발전과 도약의 기회로 삼을 수 있다는 긍정적·낙관적인 기대도 섞여 있다.

모든 것이 녹록지 않고 불확실한 상황이지만, 어떠한 시각을 가지고 있든 간에 다가오는 위기를 슬기롭게, 그리고 전략을 가지고 잘 대처한다면 법률서비스 수준을 선진화할 수 있는 호기로 삼거나 국내 법률시장의 매출규모를 현재의 연 2조 원 수준에서 우리나라 경제규모에 걸맞은 수준으로 몇 배 늘릴 수 있는 가능성도 열어갈 수 있다.

외국계 로펌의 진출은 필연적으로 전문인력의 스카우트와 전직 및 신규채용으로 이어져 시장질서에 빅뱅을 가져오고 2012년 법조 신규 진입자가 2,500명이나 되는 신 법조 시대에서는 새로운 일자리를 창출해줄 수도 있는 것이다.

그동안 토종 로펌들은 나름대로 위기의식을 가지고 전문인력 확충과 서비스의 선진화 및 전문화를 위해 거의 생존전략적 차원에서 대응방안을 준비해왔다.

그런데 이 시점에서 보다 중요한 것은, 로펌들의 이런 노력에만 맡겨

두지 않고 우리 법조인의 잠재력과 가능성 및 우수성을 제대로 활용할 수 있는 법률서비스산업의 선진화 전략을 범국가적·범정부적 차원에서 세우는 일이다.

법조계는 물론이고 정부와 정치권 및 기업들이 머리를 맞대고 어떻게 하면 행정과 경제활동을 좀 더 법치주의 관점에 맞게 선진화하고 법률수요를 창출함으로써 신규 법조인력들이 장차 세계법률시장의 주역이 되고 외국에 진출한 글로벌 국내 기업의 동반자가 될 수 있도록 할 것인지, 미래지향적인 법률서비스 선진화 전략에 대한 청사진을 마련하기 위해 나서야 할 때다.

만시지탄의 감은 있지만, 가칭 법률서비스산업육성법 제정에 나섰으면 한다. 그 틀 속에서 이미 대한변협이 제안한 '법률선진화추진기구'를 구성하자는 제안을 현실화할 수 있을 것이다.

현재의 법률시장 매출규모를 10조 원 이상으로 확대할 수 있는 선진화 전략을 수립하고 일정 궤도에 오를 때까지 법률서비스산업을 국가가 나서서 국가발전 전략의 일환으로 육성·진흥해야 한다.

우리나라는 2030년경에는 세계 5위의 1인당 GDP를 가진 나라가 될 것으로 예상된다고 하는데, 그때 가서 20년 전에 세웠던 법률서비스 선진화 전략이 성공했다고 말할 수 있게끔, 매년 5,000명 이상의 신규 법률가가 배출되어도 그들이 고용을 걱정하지 않고 세계법률시장의 주역으로 활약할 수 있도록, 지금 미리 계획을 제대로 세워야 한다.

한국 법조의 국제경쟁력 제고

사법연수원 2년차 변호사 실무를 외국에서 받으려는 연수생이 대폭 늘었다고 한다. 2007년에는 사법연수생들이 외국 유명 로펌과 OECD 대표부, 유엔고등판무관실UNHCR, 사법통일국제협회UNDROIT 등의 국제기구에서 해외연수를 받았다.

대부분 개개 연수생들이 진취적인 사고를 가지고 스스로 개척한 것이어서 의미심장하다고 하겠다. 게다가 그동안 사법연수원 측이 각종 외국법학회 및 외국어 강의나 강연을 통해 연수생들에게 글로벌 마인드를 심어주는 등 적극적인 지원을 해온 것이 결실을 거두기 시작한 것으로 평가된다.

사실 그동안 한국 법조는 대한민국의 국력이나 경제력에 걸맞은 국제적인 위상을 차지하는 데 실패했고, 법조인들은 세계를 무대로 뛰는 기업인들에 비해 전반적으로 외국어 구사능력이 뒤쳐진다는 지적을 받아왔다.

국제인권법 분야나 세계적인 규모의 법률서비스시장에서 경쟁력을 기르지 않고 국내에 안주해온 결과라고 할 것이다.

그러나 이제는 법률시장 개방에 대비한다는 차원에서는 물론이고, 국가발전을 위해서는 세계시장을 무대로 경제행위를 할 수밖에 없는 우리나라의 경제여건 하에서 한국 법조의 세계화 내지 국제화는 용기 있는 개개인의 도전 차원에만 맡겨둘 일이 아니다.

이제 국가경쟁력을 제고한다는 차원에서 국가적 어젠다로 내세워 정교한 지원정책을 수립하고 시행해야 할 시점이다.

우리 기업이 필사적인 노력을 하며 세계로 진출해 초일류기업으로 성공했듯이, 한국 법조도 우물 안에서 벗어나 세계무대로 진출해서 국내기업을 지원하는 것은 물론, 법률서비스를 외국에 수출할 수 있도록, 국가가 나서서 인적 및 물적 지원책을 펴나가야 할 것이다.

법조인이 된 우수한 젊은 인재들이 더 나이 들기 전에 탁월한 외국어 구사능력까지 갖추도록 국가가 적극 지원하여 세계인으로 키워낸다면, 언젠가는 10대 경제대국의 위상에 버금가는 한국 법조가 될 수 있을 것이고, 그에 따라 법조인에 대한 신뢰도 회복될 것으로 본다.

이제는 생각을 바꾸어, 단순히 법률시장 개방에 대비한다는 방어적인 측면이 아니라, 오히려 국제화된 젊은 법조인을 대거 양성하여 해외에 진출시키고 법률서비스를 수출산업으로 육성한다는 전략적인 관점에서 한국 법조의 세계화 방안이 마련되어야 한다.

우리의 우수한 인적 자원을 효율적으로 활용하면 충분히 실현 가능할 것이다.

그리고 무엇보다 중요한 것은, 국제기준에 부합하는 적법절차와 공정한 재판제도를 갖춤으로써 세계무대에서 자랑할 수 있는 선진사법先進司法을 구축하는 일이 아닐까 한다.

또한 사법제도를 정비하는 것 못지않게 사법제도의 운영에 대한 사법종사자들의 확고한 사법철학이 무엇보다 중요하다는 점을 강조하고자 한다.

작금의 일부 언론보도의 행태를 보면, 외국 기업과 국내 기업 간의 법적 분쟁을 그야말로 법적인 것으로 파악하지 않고, 외국 기업이 눈부시게 성장하는 국내 산업을 견제하려고 소송을 낸 것이라는 등 국가 간 경제전쟁으로 침소봉대하는 경향이 있다.

글로벌Global 시대에 이러한 국수주의적 분위기에 법관들이 다소라도 영향을 받거나 심정적으로 동조하는 것은 소탐대실小貪大失의 우를 범하는 것일 수 있다.

사법의 본질은 뭐니 뭐니 해도 국적을 불문하고 우리나라에서 경제행위를 영위하는 경제주체들에게 확실한 사법적 예측가능성을 부여하고 정확한 가이드라인Guideline을 제시해주는 데 있다.

그래야만 장기적으로 외국인의 국내 투자가 활성화되고 종국에는 국부 증대와 고용 창출이 이루어질 수 있는 것이다.

국내 기업이든 외국 기업이든 차별 없이 정당한 권리를 구제받을 수 있도록 하는 선진사법제도의 구축이야말로 국가경쟁력 확보 면에서 반드시 갖추어야 할 선진법치국가의 징표가 아닐 수 없다.

행정절차와 변호사

은행·증권회사·보험회사의 업무 및 재산상황에 대한 검사와 제재 등 막강한 권한을 가진 금융감독원은 관련자료의 제출, 관계자의 출석과 진술을 요구할 수 있다.

이러한 검사절차에서 관계자가 변호사의 조력을 어느 정도 받을 수 있는지에 대해 논란이 있다.

사실은 종래 변호사의 활동영역이 주로 재판과 수사절차 등 사법절차에 그치고, 금융감독원의 검사절차에까지 눈을 돌리지 못한 사이에 그동안 당사자의 권리는 제대로 보호되지 못하고 방치되어 있었던 것이 현실이다.

2011년에 금융감독원이 검사매뉴얼을 개정하여 '감사과정에서 문답 또는 확인서를 요구할 때에는 해당 임직원에게 위법·부당행위 혐의에 대해 충분히 소명할 수 있도록 하고, 준법감시인 또는 변호사의 조력을 받을 수 있는 기회를 제공하여야 한다'고 명문화한 것은, 변호사의 직역 확대와 관련해 좋은 시사점을 주고 있다.

변호사는 원래 모든 '일반법률사무'를 직무범위로 하고 있는 점(변호사법 제3조), 변호사가 아니면 '조사기관에서 취급 중인 조사사건'에 대해 당사자를 유상으로 대리하는 것을 형사처벌하고 있는 점(변호사법 제109조 제1호 라목) 등에 비추어보면, 일반적으로 행정기관이 조사·검사·감사 절차에서 당사자의 진술을 듣거나 문답을 행할 경우에, 관련 법률에 명문규정이 없더라도 변호사가 당사자와 함께 참석하여 부당한 절차 진행에 이의를 제기하고 당사자가 유리한 진술을 할 수 있도록 조력하는 것은, 정당한 사유가 없는 한, 거부되어서는 안 된다.

다만, 국세기본법 제81조의5는 세무조사시 변호사의 참여권을 명문으로 인정하고 있듯이, 검사·감사절차에서 변호사의 절차참여권에 대한 논란을 없애기 위해서는 「금융위원회의 설치 등에 관한 법률」 및 감사원법 등 관련 법률에 명문규정을 두어야 한다.

법치주의의 내실화 단계에 접어든 현 시점에서는 행정부의 준사법절차는 물론이고 행정절차의 모든 과정과 영역에서 변호사가 당사자를 대리하거나 당사자에게 조력을 해줄 수 있어야 한다.

행정심판위원회, 소청심사위원회, 각종 분쟁조정위원회, 방송통신위원회, 증권선물위원회, 공정거래위원회, 과세적부심사위원회는 물론이고, 각종 검사·조사·감사기관의 검사·조사·감사절차(관계인에 대한 문답이나 자료제출절차)에 변호사가 적극 참여해야 한다.

변호사의 절차참여는 조사기관의 부당한 조사를 방지하는 데도 기여하겠지만, 나아가 올바른 실무관행이 축적되면 당사자의 절차 만족도가 향상됨으로써, 궁극에는 변호사의 직역을 확대하고 새로운 활동 영역을 개척하는 중요한 기회가 될 수 있을 것이다.

사내변호사

경제발전을 견인해온 기업의 성장과 함께 사내변호사In-house Counsel를 채용하는 기업이 늘고 있다. 앞으로 변호사 수가 증가함에 따라 더욱 늘어날 것으로 예상된다.

윤리경영, 준법경영이 갈수록 강조되는 현실에서 사내변호사는 기업경영에서 이제는 필수불가결한 요소이다. 사내변호사는 경영상의 법률위험을 사전에 관리함으로써 기업경영의 중요한 파트너로서의 역할을 수행한다.

"1%의 비용으로 10%를 절약한다"는 잭 웰치의 말처럼, 기업경영에서 사내변호사의 역할이 긍정적이라는 인식도 확산되고 있다.

그러나 아직 선진외국에 비하면 사내변호사 진출은 턱없이 부족한 것이 현실이다.

현재 사내변호사의 역할이나 위상도 그 양이나 질 면에서 보다 발전시켜야 할 여지가 많이 있다.

앞으로 법률시장 개방과 로스쿨이 가져올 법조환경의 변화에 능동적으로 대처하는 방안으로 사내변호사 진출 확대는 법조의 사활이 걸린 문제이다.

정부에서 나서서 대량 배출되는 변호사를 사회 요소요소에 어떻게 진출시켜 국가발전에 기여하게 할 것인가 하는 점을 고민해야 한다.

그리고 사내변호사의 증가에 따라 사내변호사에 관한 각종 규정을 정비해야 한다.

몇 년 전에 전직 사내변호사의 비자금 조성 의혹 등의 폭로와 관련하여, 변호사의 비밀유지의무 위반 여부가 쟁점으로 떠올라, 대한변호사협회가 이 문제를 검토하여 징계 여부를 심의한 적이 있다.

과연 사내변호사의 경우 의뢰인과 변호사 관계인지, 고용주와 피고용인 관계인지 불명확한 부분이 있다.

사내변호사 중에는 소속 회사의 임직원이면서도 변호사등록을 하고 회사의 소송대리인으로 활동하는 경우도 있다.

차제에 변호사윤리장전을 개정하여 사내변호사가 어떤 경우에 고용주나 대주주의 범죄행위를 수사기관에 고발할 수 있는지 등에 관하여도 세부적인 규정을 마련할 필요가 있다.

변협 협회장 직선제

대한변호사협회가 2009년 9월 15일 이사회에서 협회장 직선제 추진안을 39 대 14로 통과시키고 설문조사 및 토론회 개최를 거쳐 변호사법 개정을 본격 추진하자, 전국 변호사의 70%가 소속된 서울지방변호사회의 집행부가 강력 반발했다.

당시 변호사법상 협회장은 지방변호사회장 14명을 포함하여 회원수 비례로 선출한 이사 총 318명으로 구성된 총회에서 선출하는 간선제를 택하고 있었고, 서울회가 추천한 후보가 대개 선출되어왔다.

직선제를 둘러싼 논란은 이사회에도 그랬거니와 급기야 서울회와 다른 지방회 사이의 갈등으로 비화되었다.

모든 제도가 그러하듯이, 직능단체의 장을 직선제와 간선제 중 어느 방식으로 선출할 것인가 하는 것은 양 제도가 각각 장·단점을 가지고 있는 것이 때문에, 이는 시비곡직을 가릴 사안이 아니라 제반 사정을 감안하여 어느 하나를 선택하는 문제일 뿐이다.

공인중개사협회나 법무사협회처럼 직선제를 도입한 경우도 있고, 농협중앙회처럼 직선제를 간선제로 변경한 경우도 있다.

비교법적으로 보더라도 일본처럼 직선제를 취한 나라도 있고, 미국·영국처럼 간선제를 취한 나라도 있다.

대한변호사협회는 2011년 12월 12일 임시총회에서 협회장 직선제 회칙 개정안을 표결로 통과시켜 2013년부터는 협회장을 전국 변호사의 직선으로 선출한다.

협회장이 직선제로 선출되면, 변호사 수의 급격한 증가, 수임상황의 악화, 유사직역과의 갈등, 법률시장 개방 등의 중차대한 과제들을 슬기롭게 해결하는 데 있어 변협 협회장이 강력한 리더십을 발휘할 수 있을 것으로 기대된다.

회칙 개정과정에서 직선제에 반대한 서울지방변호사회와의 갈등도 이제는 어제의 일이 되었으므로, 앞으로 어떻게 하면 직선제의 부작용을 최소화하고 직선제를 성공적으로 안착시킬 것인가 하는 데 모두의 지혜를 모으고 서로 협력하는 자세가 요구된다.

앞으로 가장 심혈을 기울여 준비할 것은, 무엇보다 평온하고 공정한 선거를 실시하고 선거부정을 방지할 수 있도록 엄정한 선거규칙을 마련하는 일이다.

과거 일부 지방회의 회장 및 협회장추천 후보자 선거운동과정에서 노정된 과열선거가 재연될 가능성이 농후하기 때문이다.

흑색선전, 상호비방, 인신공격, 중상모략, 광고를 빙자한 선거운동, 투표장 인근에서의 선거운동 등 혼탁선거나 부정선거 양상이 벌어질 것으로 충분히 예상된다.

따라서 선거운동 기간 및 방법의 합리적인 제한, 과도한 선거비용의 지출을 막기 위한 상한제 도입 방안, 간편한 투표방법의 도입 방안, 규칙을 위반한 경우에 대한 제재 방안 등이 마련되어야 한다.

나아가 선거규칙 위반에 대해 주의조치나 경고만으로 끝나서는 안 될 것이고, 경우에 따라서는 선거관리위원회가 후보자의 자격을 박탈하거나 당선을 무효로 돌릴 수 있도록 강력한 제제규정도 마련되어야 한다.

엄정한 선거규칙의 마련도 중요하지만, 더 중요한 것은 우리 사회의 지도층이자 엘리트인 변호사들이 후보자로서든 선거인으로서든 직선제 시행과정에서 공정하고 질서 있는 선거의 전범典範을 국민들에게 보여주겠다는 의지를 다져야 한다는 점이다.

협회장 선거과정에서 극심한 세대갈등, 학연과 지역 연고주의, 지역대결, 심지어 폭력 사태 등과 같은 구태가 나타나지 않도록 회원들 스스로가 자세를 가다듬고 직선제 선거에 임해야만 다른 어느 직역단체보다 자랑스러운 직선제 회장을 가질 수 있게 될 것이다.

변호사보수 상한제

2010년 제18대 국회는 당시 한나라당이 주도해 변호사보수를 제한하는 내용으로 변호사법 개정을 시도한 적이 있다.

그 개정안 제27조는 변호사수임료 상한을 법무부장관이 대한변호사협회의 의견을 들어 고시로 정하도록 하고 이 상한을 위반하면 징계를 하도록 한다는 것이었다.

이에 대해 대한변호사협회가 강력히 반발하였음은 물론이다. 비교법적으로 보더라도 선진법치국가에서 그와 같은 입법례를 찾아보기 어려울 뿐만 아니라, 구 변호사법 제19조에 따라 제정된 대한변협의 구 변호사보수규정은 부당한 공동행위라는 이유로 지난 2000년 1월 1일에 폐지되었던 취지에도 역행한다는 점에서, 개정안은 무엇보다 위헌의 의심을 받을 수 있는 조항이다.

변호사보수의 상한을 법으로 규제해야 할 특별한 필요성이 새로이 생겨났다고 볼 수도 없다.

그동안 급속한 경제발전에 따라 우리나라에서 사건이나 분쟁의 규모 내지 법률서비스의 내용은 예전과 같지 않게 갈수록 복잡화·전문화되고 있다.

이러한 상황에서 변호사보수의 상한을 일률적으로 둔다면 대규모 사건이나 대형 프로젝트에서 경제주체는 변호사의 실질적인 조력을 받을 수 없게 되는 문제가 발생할 수 있다.

게다가 국내에 진출할 영미계 로펌의 경우 일반적으로 시간제 보수 time charge 방식으로 변호사보수를 책정하고 있고, 국내 법률시장에서도 법무법인들이 대형화·전문화되면서 대규모 사건의 경우 이미 시간제 보수 방식이 채택되는 경향이 있는데, 이러한 사건에서 상한제를 두면, 국가가 보수규정을 통해 법률서비스의 양과 질을 실질적으로 제한하는 부당한 결과를 초래한다.

시간당 보수액의 상한을 둔다고 한다면 이 또한 유사한 다른 전문자격사나 컨설턴트 등의 경우와 형평에 맞지 않는다.

보수 상한을 두더라도, 어떤 사건에서 여러 명의 변호사가 함께 협동작업을 하는 경우에 그 각자에 대해 보수 상한을 적용할 것인지, 여러 명을 합쳐서 상한을 적용할 것인지도 문제가 될 수 있다.

개정안은 법률시장에서 현재 일어나고 있고 미래에 일어날 법률서비스의 수준과 규모에 대한 상황 인식이 부족한 상태에서, 기존의 전형적이고 간단한 소송 사건을 염두에 두고 그러한 제한을 통하여 이른바 전관예우와 과다수임료를 방지할 수 있다는 단순한 생각에서 만들어진 미봉책이다.

변호사의 과다보수 문제는 민사상 분쟁이 생기면 이미 법원이 신의칙을 통해 적절히 통제하고 있고, 전관예우라는 것도 보수 상한을 둔다 하여 해결될 일도 아니다.

변호사보수 상한제 입법 시도에는 반대한다.

변호사의 노블레스 오블리주

전국의 14개 지방변호사회가 소년·소녀가장과 불우이웃 보호시설 등에 지원사업을 꾸준히 펼치고 있어 우리 사회에 잔잔한 감동을 주고 있다.

서울지방변호사회가 2009년 2월부터 서울시교육청 및 동아일보와 손잡고 벌이고 있는 '저소득층자녀 장학지원을 위한 1:1 결연 후원사업'에 대해 언론은 '노블레스 오블리주의 가장 성공적인 사례'로 보도했다.

이 운동을 통한 나눔 바이러스가 법조계 밖까지 널리 번지고 있으며, 변호사의 기부운동은 뜻 깊은 '사랑과 나눔의 실천운동'의 대표적인 모범사례로 크게 부각되고 있다고 보도되었다.

2009년만 해도 변호사 1,083명이 매달 일정 금액을 기탁해 저소득층 자녀 1,353명에게 후원금 5억 3,830여 만 원이 전달됐다.

특히 김앤장 167명, 태평양 112명, 세종 85명 등 대형 로펌 변호사들의 집단적인 참여가 두드러져, 보는 이들을 흐뭇하게 하고 있다.

흔히 변호사를 탈세하는 대표적인 자영업자 속에 포함시켜 유리알 봉투의 월급쟁이들과 늘 비교해버리는 서글픈 현실에서, 위와 같은 운동은 국민들에게 법조에 대한 좋은 인식을 심어주기에 족한, 청아한 풍경소리와도 같은 사례다.

다사다난했던 한해를 마무리하는 연말연시를 맞아 이러한 훈훈한

미담은 각박한 우리 사회에 더욱 따뜻하게 널리 퍼져 봉사와 사랑을 실천하는 변호사상을 알리는 데 크게 기여할 것으로 기대된다.

변호사단체를 통한 구호활동이 전국적으로 퍼져 변호사의 노블레스 오블리주를 실천하는 운동으로 자리 잡아야 할 것이다.

나아가 기본적 인권을 옹호하고 사회정의를 실현하는 것을 사명으로 한 변호사의 기본책무를, 다른 변호사들 수천 명을 대신해 실천한 모든 국선변호인 및 국선대리인들의 노고에 대해서도 치하를 아끼지 않는다.

앞으로도 변호사회가 더욱 앞장서서 국선변호인 및 국선대리인제도의 발전을 위해 가일층 노력해야 할 것이다.

법원과 로펌

2009년 3월에 전역한 사법연수원 35기 군법무관 94명 중 대다수인 45명이 법원을, 36명이 로펌을 선택한 것으로 조사됐다.

특히 10등 이내 성적 상위자 중 8명이 대형 로펌 행으로 진로를 잡은 것으로 나타나, 종래 법원·검찰 위주의 진로선택 경향에 변화의 조짐이 나타나고 있다는 보도가 있었다.

이러한 조사결과에 대해 일각에서는 법률시장 개방을 눈앞에 둔 로펌들이 공격적으로 인재 확보에 나선 탓이라는 곱지 않은 시선도 있었으나 이는 사실일 리가 없다고 믿는다.

진로선택은 어디까지나 개인적인 심사숙고의 결과라고 보는 것이 정확한 진단이므로 위와 같은 추세를 우려할 만한 사태라고만 볼 것은 아니다.

우수한 인재의 로펌 행은 사실 이미 20여 년 전부터 있어온 일이지, 어제오늘의 일도 아니다.

그동안의 경제발전에 따른 민간부문의 영향력 증대, 개인주의적인 성향의 강화 및 공직에 대한 사회의 인식 변화 등 시대의 흐름과도 관련이 있는 것이다.

그러한 추세로 인해 법원의 재판역량에 무슨 문제가 발생한 것도 아니다.

특히 70년대, 80년대의 고도성장기에 태어나 이미 세계화의 세례를 받으며 성장한 전역예정자들은 외국어 능력을 비롯하여 국제교류에도 능하고 선진외국의 사정에도 밝아 장래에 글로벌한 안목을 갖춘 법률가로 성장하려는 욕구가 강한 세대이다.

진취적이고 도전적인 사고방식을 가진 이들 젊은 세대들이 재야법조인으로서 경제전쟁의 첨병인 기업을 도와 외국 법률가들과 국제무대에서 어깨를 나란히 하고 경쟁하면서 활약하는 것도 우리나라 전체의 입장에서 봤을 때는 중요한 일이라는 개방적인 생각을 가져야 한다.

법원으로서는 임관 성적 본위의 인사제도를 고친다면서 서열파괴식의 사무분담을 함으로써 가져온 반작용이 아닌가도 검토해보아야 한다.

그리고 법관으로서의 명예심과 자긍심을 가지고 업무에 전념할 수 있도록 인적·물적 지원이 충분히 되고 있는지 재점검하여 법관의 적성을 가진 우수한 인재들이 법원을 지원하도록 하는 것, 나아가 좋은 경험을 쌓은 유능한 변호사들을 법관으로 임명하여 국가에 봉사하도록 하는 것은, 법조일원화의 확대와 내실화에 더욱 힘써야 할 사법당국의 몫이다.

판·검사의 로펌 취업

공직자윤리법 제17조는 고위공무원의 경우 퇴직일로부터 2년간 퇴직 전 3년 이내에 소속했던 부서의 업무와 밀접한 관련이 있는 일정 규모 이상(자본금 50억 원 이상이며 연간 외형거래액 150억 원 이상)의 사기업체 등에 취업할 수 없도록 제한하고, 다만 관할 공직자윤리위원회의 승인이 있을 때에만 취업할 수 있도록 하고 있어, 판·검사가 퇴직 후에 로펌 내지 법무법인에 취업하는 것은 제한하고 있지 않다.

2008년 영리사기업체에 법무법인 내지 로펌도 포함시키고 고위공직자에서 판·검사도 예외를 두지 않는 공직자윤리법 개정안이 국회 및 행정안전부에서 논의된 적이 있었다.

당시 개정안에 따르면 판·검사들이 퇴직 후 로펌에 취업하려고 하는 경우 관할 공직자윤리위원회에 취업승인신청을 하고 각 공직자윤리위원회에서 밀접한 업무관련성 여부를 심사하게 되는데, 법원과 검찰 업무의 속성에 비추어보면, 업무관련성 심사를 통과할 수 없는 경우가 대부분이어서, 개정안이 통과되면 판·검사는 사실상 로펌 취업의 길이 원천적으로 봉쇄된다.

무엇보다도, 퇴직 판·검사의 로펌 취업이 우리나라에서 구체적으로 어떤 폐해를 가져왔기에 그러한 제한이 필요하다는 것인지 도저히 납득할 수 없다.

판·검사의 경우 아무리 고위직 출신이라 하더라도 퇴직하면 무슨 국영기업체 취업이 보장되는 것도 아니어서 대다수가 변호사로 활동할 수밖에 없고, 과반수 이상의 변호사들이 법무법인에 소속되어 있는 우리나라 현실에서는, 개정안은 판·검사들의 직업선택의 자유를 본질적으로 침해할 뿐만 아니라 로펌의 경쟁력 및 전문성 강화 정책에도 역행하는 처사가 아닐 수 없다.

근본적으로는, 판·검사 출신들이 법무법인이나 로펌에 취업해 변호사로서 활동하고 있는 것을 가지고, 마치 법이 아닌 전관으로서의 로비력을 통해 사건을 해결하는 것이 아니냐 하는 발상이 근저에 깔려 있는데, 이는 법률에 따라 정당하게 일하는 변호사들 및 판·검사들에게는 일종의 모욕이다.

영리사기업체와는 달리 어느 정도 공공적인 성격을 가진 변호사제도에 대한 오해와 편견에서 나온 발상이라고 본다.

판·검사의 로펌 취업 제한 방안에 여러 가지 헌법적 문제가 제기되자 일각에서는 대법관과 같은 고위법관 등에 한하여 로펌 취업 제한을 하자는 견해도 있으나, 고위법관과 그렇지 않은 법관을 차별할 합리적인 이유가 없으므로 이 또한 평등 원칙에 반하는 발상이 아닐 수 없다.

대한변호사협회 창립 60주년에 바란다

대한변호사협회('변협')가 1952년 8월에 공식 출범한 지 어언 60년의 세월이 흘렀다.

창립 당시만 해도 우리나라는 6·25전쟁 중에 있던 최빈국이었고 변호사 수도 3자리에 그쳤으나, 그 사이에 우리나라는 세계 10대 강국의 반열에 올랐고 변협 회원도 거의 1만 5,000명에 육박하는 규모로 비약적인 성장을 이뤘다.

그러나 환갑을 맞이하면서 변협은 변호사 수의 급격한 증가와 수임 여건의 악화, 법률시장 개방과 외국 로펌과의 경쟁 격화, 국민의 불신 심화 등 내·외부 법조환경의 급격한 변화와 도전에 직면하고 있다.

이러한 위기상황에서 변협 신영무 협회장은 변협 창립 60주년 기념사를 통해 변협이 나아갈 새로운 길로, 공익인권 분야에 헌신하는 길, 법치주의를 확산시키고 직역을 확대하는 길, 국제화·세계화를 통해 국제 법조사회에서 주도적인 지위를 확보하는 길의 세 가지를 제시했는데, 시의적절하다고 본다.

이제 변협은 법조의 중요한 축으로서, 관련 당국과 힘을 합하여, 현재의 위기를 미래의 기회로 삼아 몇 가지 시대적 과제를 해결함으로써 국민들에게 변협 내지 변호사의 존재가치를 증명하지 않으면 안 된다.

변협 출범 60주년을 맞이하여 향후 60년을 내다보고 국민의 신뢰와 존경을 받으면서 너끈히 생존할 수 있는 길을 모색하고 실천해야 한다.

무엇보다 돈벌이에만 집착하는 직업군의 대명사처럼 인식되는 변호사상像을 바꿔야 한다.

이제는 단순한 사회봉사 차원을 넘어 '기업의 사회적 책임과 공헌활동CSR: Corporate Social Responsibility'이 기업의 필수적 생존전략이 되는 시대이다.

법률가단체도 법률가가 아니면 할 수 없는 일을 찾아 나서 '공동체 공헌' 내지 '사회공헌' 활동을 통해 공적 사명을 다하여야 한다.

자자체 세금낭비 조사특위 구성, 각종 재단 설립, 공익법무법인 도입 등에 거는 기대가 크다.

법과 제도를 개선하고 만드는 입법과정에서 전문가로서 기여하는 방안도 적극 찾아야 한다.

변협은 공급과잉라고 할 수 있는 많은 수의 변호사들을 어떻게 활용할 것인가 하는 국가정책적 과제 해결에 앞장서야 한다.

국가기관, 지방자치단체, 기업체, 사회단체 등 법률가가 필요한 분야에 변호사를 대거 진출시키는 것이야말로 '법의 지배' 이념을 확산·삼투滲透시키는 지름길이다.

통일 이후에 폭발적으로 증가할 법률가 수요에 대비한 연수와 준비도 강화해야 한다.

나아가 변협은 해외시장 개척과 법조인력의 해외 진출을 반드시 성공시켜야 한다.

한국 법조의 세계화야말로 한국 법조의 마지막 승부처이자 생존전략이다.

제6장

사이프러스의 기도

1988년과 2018년

1988년 서울올림픽 당시, 나는 만삭의 아내와 함께 잠실벌에 있었다. 인기 스포츠 표를 구하기 위해 이리저리 뛰어다녔던 기억이 난다.

당시 뱃속에 있던 아이는 이제 군복무를 마치고 복학을 기다리는 대학생이 되었다.

세월이 빠르다는 말은 자라나는 아이를 보면서 더욱 실감한다. 아이는 태어나자마자 쑥쑥 자라기 시작했다. 마치 오이나 대나무가 자라듯이 말이다.

키가 자라고 살이 붙더니 어느새 어깨가 쩍 벌어진 씩씩한 청년이 되었다. 상전벽해桑田碧海가 따로 없다.

2018년 평창올림픽의 낭보가 전해졌을 때, 나는 나보다 10센티미터나 큰 아들과 함께 호프집에 있었다. "아빠" 하고 부르며 따라다니던 녀석이 굵고 듬직한 목소리로 "아버지, 맥주 한잔 하시죠" 하면 내 오금이 저린다.

"축하한다. 아빠에게 88서울올림픽이 있었어. 너에게는 2018평창올림픽이 있겠구나."

나의 1988년과 아들의 2018년 사이. 만 30년, 한 세대 차이다.

88올림픽을 앞두고 올림픽대로가 뚫렸다. 1987년 6·10민주항쟁과 6·29선언에 이어 대통령직선제를 골자로 한 현행 '1987년 헌법'이 탄생했다. 올림픽을 위해서라도 대한민국의 민주화는 필연적 과정이었다.

88올림픽 후 필자 개인적으로는 본격적인 사회생활이 시작되었고, 우리나라 경제는 탄력을 받았다.

1997년의 IMF금융위기를 넘어서고 2002년 월드컵 성공 신화로 이어졌다.

이제 선진국의 전유물이었던 겨울올림픽까지 유치했다.

우리나라는 결코 실기失機하지 않고 역사적 이벤트를 적기適期에 개최하면서 계단을 성큼성큼 올라서듯이 발전해왔다.

곡선 그래프로 완만하게 성장하기에는 시간이 없었기 때문이다.

마치 로켓이 단계별로 엔진을 점화함으로써 새로운 추동력을 얻어 거듭 상승하듯이, 대나무가 마디를 단단하게 지으며 하늘로 뻗어가듯이 말이다.

이렇게 '단절적 비약'으로 이루어진 국운 상승의 역사가 대한민국 현대사이다.

그런데 2011년의 현실은 녹록지 않다.

2018년 평창올림픽 때, 나의 아들은 결혼을 하고 제대로 된 일자리를 얻어 사회생활을 시작할 수 있게 될까?

우리나라는 2028년이나 2032년의 여름올림픽을 다시 개최할 수 있게 될까?

아직은 우리 세대가 해야 할 일이 너무 많이 남아 있다.

〈매일경제 2011년 7월 13일〉

기록은 힘이 세다

산골 동네에 느닷없이 양수발전소가 들어섰다. 졸지에 실향민이 된 부모님은 고향을 뒤로 하고 서울로 이사했다.

아버지는 고향집을 지키면서 문중 일을 보는 것이 삶의 보람이었다. 조상의 일이라면 늘 발 벗고 나섰다.

나도 어릴 적부터 너희 13대 할아버지는 중종 때 무슨 무슨 벼슬을 했고 너는 그 혈손이라는 얘기를 귀가 따갑도록 들었다. 명절 때마다 그 할아버지의 위패가 모셔진 불천위不遷位 사당에 데리고 갔다.

선비는 모름지기 공부하여 공직의 길로 나가야 한다는 말을 하기 위함이었다.

그러나 사실 그 할아버지에 대해 실감은 나지 않았다. 늘 이야기뿐이었으니 말이다.

그러다가 몇 해 전에 서울대 규장각에서 《재영남일기在嶺南日記》*가 발견되었다.

그 할아버지가 1518년 30대 초반에 경상도 도사都事가 되어 경상감사를 수행하여 경상도 각지를 순력巡歷하면서 쓴 일기다.

감영監營에 관한 일을 기록한 가장 오래된 기록이라고 한다.

경상북도의 지원을 받아 경북대 영남문화연구원에서 탈초·번역되

* 《재영남일기》의 저자는 황사우(黃士祐, 1486~1536)이다.

었다.

조상의 일인지라 우리 형제도 일부 비용을 부담했다.

세상 일이 뜻대로 잘 안 될 때면, 나는 그 일기를 펴본다.

500년 전으로 돌아가 그 당시 경상도의 자연 풍광과 선비의 삶을 느낄 수 있어서 좋다.

이제 그 할아버지는 위패 속의 먼 조상이 아니라 나에게 친근한 인간으로 되살아났다.

일기를 통해 삶의 숨소리를 느낀다.

최근에 유명한 인권변호사인 홍성우 선생이《인권변론 한 시대》를 펴냈다. 국가의 재판기록이 이미 폐기된 상황에서 그가 보관하고 있었던 귀중한 변론자료들이 없었다면 유신시대의 시국재판은 '역사의 법정'에서 다시 조명받을 수 없었을 것이다.

《난중일기》가 없었다면 이순신 제독은 지금처럼 역사의 영웅으로 추앙받지 못했을지도 모른다.

사마천이 죽음보다 더한 궁형宮刑의 치욕을 당하고도 살아남아《사기》를 유장하게 썼던 이유도 결국은 철저한 기록정신 때문이다.

요즘 들어와 회고록이나 자서전이 많이 출간되어 다행이다.

지도자나 사회지도층이 소중한 자료와 기록을 남기고 '역사에 대한 증언'인 회고록을 쓰는 것은 후세를 위한 책무이자 '문화적 사명'에 속한다.

그 속에 담긴 지혜와 경험의 핵심을 배워 미래를 열어가는 것은 다시 후대의 몫이지만 말이다.

〈매일경제 2011년 7월 25일〉

최고행복책임자

CEO, CFO, CTO는 이제 일상화된 용어가 되었는데, 아직 CHO '최고행복책임자Chief Happiness Officer'라는 말은 어색하다.

아이스크림 회사 벤앤제리스Ben&Jerry's의 CEO 월트 프리즈Walt Freese는 스스로를 '최고행복책임자Chief Euphoria Officer'라고 부른다고 한다.

구성원과 고객의 행복을 내가 책임지겠다는 것이니, 이 얼마나 감동적인 자부심인가? 이 말이 단순한 형용수사가 아니라면 말이다.

행복이란 참 주관적이며 상대적이어서 모호하다. 사랑이란 말처럼 거대한 추상성의 덩어리다. 실로 행복은 지극히 주관적인 체험과 잣대 위에 놓여 있다.

그럼에도 불구하고 모든 사람들이 추구하고 동의하는 행복감euphoria은 분명한 느낌으로 존재하는 것만은 사실이다.

회사 안에 탁아소를 대폭 확충하는 회사, 육아휴가를 넉넉히 주는 회사, 퇴직한 임직원에게까지도 그 비싼 대학등록금을 지원해주는 회사, 또는 중소기업의 영역을 넘보지 않고 오히려 상생에 앞장서는 대기업을 이끄는 CEO는 분명 '최고행복책임자'일 것이다.

최고의 품질로 최고의 명품서비스를 제공함으로써 '클라이언트Client'의 행복을 책임지겠다는 변호사도 마찬가지다.

이제 우리는 집단적 이념의 시대를 통과했다. 기호嗜好와 취향의 시대가 되었다.

기업이든 정부든 어느 조직이나 최고책임자가 구성원의 창의력과 자율을 무시하고 무거운 짐만 지워서는 행복을 책임질 수 없을 것이다.

행복을 책임지기 위해서는 배려와 존중과 품격의 리더십을 갖추어야 한다.

성장과 발전, 활력과 역동성도 좋지만, 이제는 거기에 행복의 가치를 버무릴 때가 되었다.

행복은 영원히 오지 않을 미래에 대한 환영幻影일지도 모른다. 희망이란 마약처럼 말이다.

그래서 행복이란 명제가 허위의 지배논리가 되기도 한다는 비판을 받는 일이 있더라도, 이 땅에 최고행복책임자를 표방하는 분들이 더욱 많아졌으면 한다.

이 시대에는 국정 최고책임자도 교육, 일자리, 주택, 건강, 노령화 문제에 대해 국민들에게 최고행복을 가져다주기 위해 노심초사하는 최고행복책임자여야 한다.

이제 누구에게나 행복한 세상, 행복한 나라, 서민행복, 행복국가, 이런 것을 놓고 치열하게 고민하는 것이야말로 시대정신이 되었다.

〈매일경제 2011년 7월 7일〉

누정樓亭이 있는 풍경

1970년대 강남개발의 상징인 압구정동 아파트의 재건축 청사진이 최근 발표되었다.

수양대군의 책사 한명회가 지었던 정자인 '압구정'은 지금은 사라지고 아파트단지 안에 터만 남아 있다.

강남구의 건의에 따라 서울시가 아파트 재건축을 할 때 한강변에 예전의 압구정을 복원할 계획이라고 한다.

옛 압구정의 모습은 겸재 정선(1676-1759)의 그림으로 남아 있어 원형에 가깝게 복원하는 데 아무런 문제가 없다고 한다.

압구정만이 아니라, 울산의 태화루, 광주의 희경루, 양산의 쌍벽루, 김해의 연자루도 지방자치단체가 나서서 복원을 추진한다는 소식이다. 반가운 소식이 아닐 수 없다.

우리나라는 예부터 누정 문화가 유달리 발달했다.

누정은 소통과 사색의 공간이다.

서울 경회루, 진주 촉석루, 밀양 영남루, 남원 광한루, 청송 찬경루, 안동 영호루, 함양 광풍루는 그 지역의 상징이다.

나는 10여 년 전 지방 근무 당시 촉석루에서 바라보던 남강의 물빛을 지금도 잊을 수 없다.

안타깝게도 전국 곳곳에 우뚝 솟아 있던 많은 누정들이 전란으로 불타 역사 속으로 사라졌다.

여주 청심루, 거창 탁영정, 대구 금학루, 산청 환아정, 상주함창 광원루, 선산 월파정, 성주 안언정, 언양 쌍수정, 영월 광원정, 영천 명원루, 영해 해안루, 흥해 망진루는 역사 속에만 존재한다.

사라진 누정이 있었던 곳의 아름다운 풍광과 아름다운 이름을 오늘을 사는 우리가 이제 되살려야 한다.

각 지역마다 '누정 복원 프로젝트'를 대대적으로 추진하면 좋겠다.

삭막한 빌딩과 아파트 숲 속에 누정을 하나씩 복원하거나 새로 짓는다면 그곳의 품격이 달라질 것이다.

과거와 현재가 공존하는 누정이 있는 풍경을 상상해보라.

누정은 가장 한국적인 아름다움의 상징이 될 수 있다.

그러기에 2011년 대구 세계육상선수권대회 선수촌아파트 중앙에도 정자를 지었다.

반형도고班荊道故, 옛날에 길에서 친구를 만나면 싸리나무를 꺾어 펴고 앉아 옛정을 나누었다고 하여 생긴 말이다.

동네 어귀마다 경치 좋은 곳에 정자를 하나씩 지어놓고, 거기에 둘러앉아 가족, 친구, 이웃과 옛이야기를 나누는 여유를 가질 수는 없을까?

다행히 내가 사는 아파트 단지에는 아담한 정자가 하나 있어, 가끔 올라앉아 시원한 바람을 쐬기도 한다.

〈매일경제 2011년 8월 12일〉

클라이언트

변호사들은 의뢰인을 '클라이언트client'라고 부른다.

클라이언트는 광고업계에서 광고주를 말하고, 사회복지, 심리요법 분야에서는 상담이나 치료를 의뢰하는 사람을 가리킨다.

최근 정보통신 분야에서는 정보를 공급하는 서버의 반대개념으로 클라이언트라는 말이 사용되고 있다.

클라이언트의 어원은 고대 로마시대의 '클리엔테스'다. 로마의 유력한 귀족들인 '파트로네스'는 평민 세력인 클리엔테스를 보호하고 후원했다. 파트로네스로부터 보호와 후원을 받고 그를 지지하는 세력이 바로 클리엔테스다.

이들 사이에서 가장 중요한 것은 '신뢰'다. 클리엔테스가 파트로네스를 전폭적으로 믿고 자신을 의탁하면 파트로네스는 클리엔테스를 보호하고 옹호하고 도와주어야 한다.

변호사와 의뢰인 사이의 위임계약서에는 의뢰인이 '갑'이고 변호사는 '을'이다. 의뢰인이 변호사를 믿고 일을 맡기기 때문에 의뢰인이 갑이다. 예전에는 갑과 을이 바뀌어 있었던 적도 있다.

밤이건 휴일이건 휴가 중이건 갑의 요구가 있으면 이에 응하여 성심성의껏 일을 처리해야 하는 것이 을의 숙명이다.

오늘날 신뢰재信賴財는 사회적 자본이라고 일컫는다. 개인과 개인, 조직과 개인, 조직과 조직 사이에서도 신뢰가 중요하겠지만, 신뢰가 가장 요구되는 곳은 역시 위임 관계인 클라이언트와 수임인受任人 사이에서다.

정치인이나 공복公僕에게 클라이언트는 바로 국민이다. 입법·사법·행정의 모든 권력은 클라이언트이자 '갑'인 국민이 수임인을 신뢰하고 잠시 맡긴 것에 불과하다. 그럼에도 마치 공직자 자신이 '갑'인 것처럼 착각하고 권한을 행사하는 경우를 종종 본다.

대기업에는 중소기업과 소비자가 바로 클라이언트이자 '갑'이다. 클라이언트의 신뢰를 받으며 더불어 살아가야 비로소 대기업도 지속 가능하다.

'을'은 클라이언트를 바라보고, 클라이언트의 신뢰를 잃지 않고, 클라이언트의 이익을 위해 헌신하고 최선을 다해야 한다.

최고 역량을 발휘하고 정성을 다해 클라이언트를 대변하고 옹호하는 것, 이것이야말로 오늘날의 '파트로네스'들이 반드시 지켜야 할 클라이언트 지향의 생존방식이 아닐까.

우리 모두 '클라이언트는 신이 주신 선물'이라는 명언을 되새겨야 할 때다.

〈매일경제 2011년 8월 24일〉

스마트폰과 우리말

우리는 일상에서 명함을 주고받는다. 명함을 받으면 스마트폰의 앱을 이용해 바로 읽어 들여 그 내용을 저장하고 활용하는 편리한 세상이 되었다.

그런데 참 이상한 것이 명함의 휴대전화란을 보면 각양각색이다. '휴대전화', '휴대폰', '핸드폰', 'Mobile'이 있는가 하면 핸드폰을 줄여서 'H.P.'라고 적은 명함도 있다. 그 중에서 '휴대폰'이란 말이 '휴대전화'보다 부르기 쉬워서인지 가장 많이 쓰인다. 내 명함에도 '휴대폰'이라고 돼 있다.

영어를 우리가 잘못 사용하는 경우도 많지만, 최근 과학기술이 빛의 속도로 발전하면서 새로 생겨난 최첨단 기기나 물건에 대해 '우리말 이름 붙이기'를 제대로 하지 못하고 있어 생긴 혼란이 아닐까.

에어컨 대신 선풍기를 사용하는 사람이 많아졌는데, 만약 선풍기가 요즘 등장했다면 그냥 '팬'이라고 불렀을 것이고 선풍기라는 좋은 이름을 얻지 못했을 수도 있다.

글로벌 시대에는 영어 용어를 그대로 한글로 표기하는 것이 오히려 편리할 수도 있다. 요즘 세대들은 국한문 혼용체가 아니라 국영문 혼용체를 사용하기도 하니 놀라운 생각도 아니다.

스마트폰을 편리하게 사용하면서 이걸 꼭 스마트폰이라고만 불러야 하는지 의문이 든다. 작년에 국립국어원은 '똑똑전화'로 정했다고 한다.

휴대전화를 휴대폰으로 부르는 관행에 맞춘다면 '똑똑전화'보다는 '똑폰'이 부르기 좋다. 지인들과 대화할 때 '똑폰' 번호라고 말하면 누구나 바로 알아듣는다.

영어로 된 용어를 그대로 한글로 적는 것은 마치 '이두吏讀'와 같다. 경우에 따라서는 노년층이나 저학력자들에게 정보접근성을 제한하여 정보격차를 심화할 수 있다.

아무리 글로벌 시대라 해도 전문용어가 아닌 일상용어는 우리말을 만들어 써야 한다.

영어에 익숙한 세대는 영어를 한글로 그대로 적어 써도 좋겠지만, 그렇지 않고 우리말을 쓰고 싶은 사람을 위해서라도 정부와 언론이 나서서 쓰기 쉬운 우리말 용어를 만들어주어야 한다.

'누리꾼'이라는 말도 자주 사용하면서 이제는 익숙해졌다. 처음에는 어색하더라도 좋은 우리말 용어를 만들어가는 일을 더 늦기 전에 해야 한다.

스마트폰이라는 말이 부르기 좋다고 하더라도 적어도 이 말과 함께 쓸 수 있는 우리말 이름을 스마트폰에 붙여주어야 한다.

〈매일경제 2011년 8월 18일〉

애완견과 위자료

며칠 전에 아내와 대형마트에 갔다. 알록달록한 옷이 매대 위에 있었다. 너무 작은 사이즈라 어린아이의 옷으로는 보이지 않았다. 쿠키와 쿠션과 액세서리까지 있는 애완견 코너였다.

애완견을 키우는 집이 많아졌다. 사람보다 더 친밀하니 이제는 '반려동물'이라는 말까지 등장했다. 애완견 새끼 낳는 비용이 산부인과의 아기 출산비보다 비싸다고 한다. 우리 집 아파트 엘리베이터를 탔을 때 어느 아주머니가 애완견을 안고 '애기야, 엄마야' 하고 말하는 것을 보고 기겁을 했다. 그러고 보니 품에 안겨 있는 애완견은 아기처럼 옹알이까지 하는 것 같았다.

개와 인간은 예로부터 가까운 관계였다. 그럼에도 대부분의 욕설에는 '개'가 들어간다. 아무리 가까워도 동물의 영역에서 인간의 영역으로 넘어오지 못하도록 하는 의지적인 경계 긋기가 아닐까. 한편 동물 편에서 보았을 때 '개'는 그야말로 '인간' 편에 서서 동물을 배신한 인간앞잡이이기 때문은 아닐까. 개에 대한 욕설과 친근감이 공존하는 것도 이런 연유에서인 듯하다.

애완견이 교통사고를 당해 심하게 다쳤다. 주인은 당연히 애완견을 새로 사는 값보다 더 들여 수술도 하고 정성껏 치료를 했다. 주인은 반려동물이 다쳐 정신적 충격을 받았다며 위자료도 청구했다. 자동차보험회사는 애완견은 어디까지나 '물건'에 불과하니 이른바 '개 값'만 물어주면 된다고 주장했다.

최근 법원은 애완견 주인이 가진 각별한 정신적 유대와 애착의 정으로 인한 정신적 고통을 인정해 위자료도 주어야 한다고 판결했다. 애완견에 대한 변화하는 사회통념이 반영된 것으로 평가된다. 이제는 운전을 할 때 사람만 보지 말고 애완견도 조심해야 하는 시대가 된 것이다.

그러나 바캉스 시즌만 되면 길에 개를 버리는 유럽을 생각하면 애완견의 시대가 예사롭지만은 않다. 유럽의 묘지나 바닷가나 관광지에는 버려진 개들이 득실댄다. 개들은 관광객을 따라다니며 먹을 것을 구한다. 그야말로 토사구팽이다.

애완견에 대해 위자료를 받으려는 입장이나 키우던 애완동물을 매몰차게 버리는 입장이나 내가 보기에는 모두 지극히 '인간중심주의적' 태도이다. 지금 막 새끼를 낳은 어미에게서 눈도 제대로 못 뜬 강아지를 떼어내 애완견으로 키우는 것도 마찬가지다.

〈매일경제 2011년 7월 30일〉

금연 이야기

10년 전만 해도 우리나라 성인남자 흡연율은 무려 66%였다. 나도 그 중 한 사람이었다. 최근 발표에 의하면 2011년 들어와 성인남자 흡연율이 39%로, 작년보다 0.6% 떨어졌다고 한다. 2011년 초부터 금연을 했으니, 나는 그 0.6% 속에 들어간다.

새해 벽두마다 '올해는 금연' 하고 결심했으나, 작심삼일이 되거나 여러 번 실패했다. 그래서 다시 피우게 될 때를 대비해 2011년 들어와 금연을 하고 있는 사실을 그동안 주변에 널리 알리지는 않았다.

그러나 이제는 여기서 금연을 공개 선언해버리기로 했다. 그만큼 자신이 생겼다는 얘기다. 이제 길거리나 술집에서 담배연기가 싫어졌다.

담배는 대학 들어가서 친구들과 어울리다가 덩달아 멋으로 배웠다. 군대 훈련받을 때 쉬는 시간에 피운 담배가 제일 맛있었던 것 같다.

아내는 연애 시절부터 담배연기를 무진 싫어했다. 한번은 대성리에서 가을 강바람에 신이 나 노를 저으면서 담배를 일발 장전했더니, 아내가 잽싸게 빼앗아 분질러버렸다. 그때부터 담배 때문에 티격태격 싸웠다. 결혼하여 함께 살면서도 숨바꼭질은 끝나지 않았다. 아파트 베란다에 나가서 피워도 귀신같이 냄새를 맡고 달려온다. "담배만 끊으면 다른 거 더 이상 요구하지 않겠다"고도 했다.

그러니 나도 그동안 몇 차례 끊으려고 갖은 애를 다 썼다. 금연패치도 붙여보고, 금연약도 먹어보고 별수를 다 써도 번번이 실패했다.

궁색하지만 결국 아내에게 이렇게 약속했다.

“내가 그래도 명색이 법률가인데, 법률로 대마초를 금지하듯이 법률로 담배도 못 피우게 하면, 나는 법을 지킨다.”

담배가 건강에 좋지 않다는 것을 알고 있는 나는 그런 법률이 제정되기를 학수고대했으나, 부지하세월이다. 그러다가 어느 순간에 친구들과 회동을 할 때 나만 담배를 피우는 모습을 발견하고 깜짝 놀랐다. ‘아차, 이거는 아니구나’ 하는 생각이 번쩍 들었다. 단순하게 생각하면 내가 뭔가 잘못하고 있다는 느낌이었다.

그래서 2011년 들어와 금연보조제 없이 그냥 나의 의지만으로 금연을 하기로 결심을 했다. 오늘까지 잘 실천하고 있다.

금연은 하나의 익숙한 것과 헤어지는 것이다. 어느 시인의 말을 빌리자면 그립지만 언젠가는 헤어져야 하는 연인처럼 말이다.

흡연율 제로가 되는 그날까지 이제 나는 금연전도사가 되려고 한다.

이성주 기자의 말이다.

“현재의 흡연과 과음은 건강을 가불하는 것이다.”

상무대우

법적인 판단이 일반인의 상식이나 기업의 관행과 괴리가 있는 경우가 가끔 있다.

K회사의 '상무대우'를 마지막으로 사직하고 고향에서 출마하여 국회의원에 당선된 분이 있다. 그는 정식으로는 '상무대우'였지만 회사 내에서나 거래처에서 사람들은 모두 그를 '상무'라고 불렀다. 회사에서 마련해준 명함과 명패에도 어엿이 '상무'로 되어 있었다.

퇴직 후 선거운동을 할 때도 그동안의 관행에 따라 홈페이지와 선거운동 명함의 경력 난에 '(전) K회사 상무'라고 기재했다. 어디 가서나 전에 K회사 상무로 근무했다고 말하고 다녔다. 인물과 비전이 출중하여 유권자의 선택을 받아 당선되었다.

그러나 당선의 기쁨도 잠시 뿐. 낙선한 상대후보는 그가 정식 '상무'가 아니라 '상무대우'였다는 것을 어떻게 알았는지 문제를 삼았다. 허위경력을 공표한 것이라고 선거법위반으로 고발했다.

검찰도 '상무대우'를 '상무'로 표시한 것은 공직선거법상 허위사실공표죄에 해당한다고 기소했다. 1심과 항소심은 물론, 대법원도 "상무보다 하위직급인 '상무대우'로 근무하였음에도 '상무'라고 경력을 표시한 것은 허위사실공표에 해당한다"고 판단했다. 그 분은 국회의원 직을 잃었다.

기업 현실에서는 상무, 상무보, 상무대우를 모두 '상무'라고 부르는 것이 관행이다. 대개의 회사에서는 상무대우나 상무보 직급자도 '상무'로 표시된 명함을 사용하고 있다. 명함만이 아니라 책상 위의 명패에도 상무라고 표시한다. 보통은 '상무님'이라고 호칭하지 '상무대우님', '상무보님'라고 부르는 경우는 없다.

'상무대우'가 아닌데도 '상무'라고 했다면 허위이겠지만, 임원인 상무대우였던 것이 사실인 이상, '상무'라고 표시했다 해도 기업의 일반관행에 따른 것이라면, 전체적으로 보아 허위가 아니라고 보는 것이 일반인의 상식에도 맞다.

법은 상식이라고들 한다. 법률은 그 시대의 보편적 가치나 다수의 이해관계를 반영하는 것이다. 그러기에 대개 법이론이나 판결은 일반인의 상식과 법감정과 크게 어긋나지 않는다. 배심재판을 신뢰하는 이유도 여기에 있다.

재판에 기업의 현실과 관행을 가급적 반영해 달라고 요청하는 역할은 변호사가 한다. 엄격한 법의 잣대를 들이대는 법원과, 현실과 관행을 내세우는 기업 사이에서 그러한 몫을 다하는 것이 얼마나 어려운지를 실감하고 있다.

법조 선배와 법조 후배

사법연수원 교수를 지낸 변호사실에는 스승의 날이면 어김없이 제자들이 인사를 오고 꽃을 보내오는 모습을 보면서 내심 부러워했다. 아내도 대학에서 학생들을 가르치는 선생인데, 스승의 날이 되면 늘 부러웠다.

청출어람靑出於藍의 제자가 있다는 것 그 자체만으로도 부럽고, 누군가에게 모종의 영향을 줄 수 있는 특권이 부러운 것이다. 사실 가르침이란 하얀 종이 위에 그림을 그리는 일과 같아서, 순수한 영혼에 엄청난 파문과 충격을 줄 수 있다. 스승은 그래서 존경받을 수밖에 없다.

2010년 5월 15일 스승의 날이었다. 그해 1월부터 두 달 동안 우리 법률사무소에서 변호사 실무수습을 한 연수원 40기 연수생들이 사무실로 꽃과 카드를 보내왔다. 선생 노릇을 해본 적이 없고 제자가 없는 나에게는 평생 처음 있는 일이었다. 내가 지도변호사로서 밥 사준 것 외에는 해준 것도 없는데 짧은 인연이나마 잊지 않고 챙겨주니 고마울 따름이다.

"변호사님. 추운 겨울에 처음 뵈었는데, 벌써 초여름이네요. 그때 해주신 좋은 말씀을 평생 기억하며 살겠습니다. 소중한 인연 감사드립니다. 항상 건강하세요."

작년 5~6월에 다녀간 사법연수생들은 그 중 한 명이 연말 수료를 앞두고 취업이 되었다고 하면서 한 턱 내겠다고 함께 찾아왔다. 어엿한 법조인이 되고 나서는 제주도 출장을 갔다가 '법조 선배'가 생각났다고 하면서 특산물을 택배로 부쳐온 '법조 후배'도 있다.

이번 달에도 법조 후배 50명이 우리 법률사무소에 변호사시보로 부임했다. 이들을 일곱 조로 나눠 변호사 3명이 각 조의 지도변호사가 되어 두 달 동안 지도를 담당한다. 후배들을 만나는 건 설레는 일이다. 전문분야별 강의, 간담회, 법정방청도 하고 함께 식사도 하면서 두 달 동안이지만 변호사의 세계를 주마간산 격으로나마 엿보고 돌아가도록 한다. 이번에 부임한 시보들은 푸릇푸릇한 사법연수원 41기다. 나의 26년 법조 후배들이다.

지도변호사로서 매년 20여 명의 연수생들을 만난다. 그들에게 무엇을 얘기하고 어떤 미래에 대한 희망을 보여줄 것인가. 그럴 때마다 지난 시절 나에게 가르침을 준 법조 선배들을 떠올린다. 그리고 지난 26년 동안 나 스스로 부족하거나 아쉬웠다고 느끼는 점을 후배들에게 말해주곤 한다. 내가 겪은 실수와 시행착오를 되풀이하지 않도록 말이다.

"첫째는, 목표와 꿈을 선명하게 가져야 한다. 법조인이 된 것으로 꿈을 이룬 것이 아니라 법조인으로서 새로운 큰 꿈을 설정하고 그것을 향해 부단히 노력하여야 한다.

둘째는, 적성에 맞는 분야를 잘 찾아서 공부를 계속하고 전공분야를 반드시 가져야 한다. 필요하면 학위도 취득하고 유학도 반드시 할 것을 권한다.

셋째는, 건강이 무엇보다 중요하므로 젊어서부터 등산과 같은 운동을 습관화하는 것이 좋다.

넷째는, 결국에는 봉사의 삶을 살아가야 한다. 법조인이 된 것 자체가 사회로부터 받은 엄청난 혜택이기에 그 빚을 갚고 되돌려주어야 한다. 언제든지 공직이 맡겨지면 국가에 봉사할 수 있도록 평소 자기관리를 할 것을 권한다. 누구에게나 행복한 세상의 꿈을 이루기 위한 소명을 깨닫고 봉사와 헌신의 길을 가고자 노력해야 한다.

중국고사에, '돈 10만관을 두르고, 학을 타고, 양주자사로 가고 싶다'는 말이 있다. 사람들이 원하는 것을 모두 다 가지고 싶어하는 것을 일컫는다. 법조인으로서 돈과 명예와 권력을 모두 가질 수는 없는 것임을 알아야 한다."

윤관 전 대법원장은 내 고등학교 친구의 아버님이기도 하고 법조 대선배이기도 한데, 고등학교 2학년 때 친구 집에 갔던 당시는 부장판사였다. 그 시절 나와 친구의 장래희망은 모두 법관이었다. 나는 난생처음 판사를 만났다. 여러 말씀을 듣고 용돈까지 받았다. 나도 커서 반드시 판사가 되겠다는 각오를 다졌다.

그로부터 10여 년 세월이 흘러 나는 1989년 법무관을 마치고 당시 서소문 덕수궁 돌담 옆에 있던 서울민사지방법원의 판사가 되었다. 당시에 친구 아버님은 대법관으로 있었다. 바로 부임인사를 갔어야 하는데 내가 워낙 숫기가 없는 데다 초임판사가 보기에 대법관은 너무나 높고 어려운 자리라서 차일피일 미루고 있다가 대법원 도서관에 자료를 찾으러 가던 중 대법원 청사 앞에서 대법관님을 조우하게 되었다.

"임관 축하해. 부장이 누구지?"

"제가 연수생 때 배운 이규홍 부장님입니다."

“나도 잘 아는데, 많이 배워. 차 한잔 하고 가.”

초임판사가 된 아들 친구에게 꼭 해줄 말이 있다며 대법관실로 나를 데리고 갔다. 지금도 생생히 기억하고 있고 뇌리에서 떠나지 않는다.

“첫째, 공직자로서 출퇴근 시간을 엄격히 지켜라. 둘째, 와이프가 절대 사치에 빠지지 않도록 경계해라.”

공직자로서 성실과 청렴, 이 두 가지를 지키기가 얼마나 어려운 일인가? 그때 나에게 구경시켜준 대법관실에 나는 이제 들어갈 수 없는 재야법조인이 되어 있지만, 법조 선배의 그 무서운 가르침만은 법조 후배들에게 늘 일화로 얘기해준다. 그것이 26년 선배와 26년 후배 사이, 그 중간쯤에 위치해 있는 나의 역할이 아닐까.

〈대한변협신문 2011년 5월 16일〉

상식 이하의 변론, 상식 밖의 변론

법은 상식이라고 한다. 하지만 변호사는 때로는 상식에 맞지 않은 변론을 해야 할 경우가 종종 생긴다. 사건의 성격에 따라서는 국민정서나 국민상식에 도저히 맞지 않은 변론도 물론 해야 한다.

변호사로서 '법 조항의 작은 허점을 창의적으로 파고들어야' 하는 경우가 있다. 죄형법정주의와 조세법률주의에 관한 주장을 강하게 할 때 주로 나타난다. 대개 그런 변론을 하는 경우 일반국민과 기자는 물론이고 정의감에 불타는 재판부로부터도 상식에 맞지 않는 변론을 한다고 핀잔을 듣기 십상이다.

작년의 일이다. 변호인으로서 열심히 변론한 형사 사건의 1심 판결이 선고된 후에는 언론의 반응을 알아보기 위해 인터넷에서 뉴스를 검색하게 마련이다. 한번은 고약한 기사를 발견하고 흥분한 일이 있다. 결심공판 때 방청한 기자가 기명으로 취재기를 크게 실은 것이다.

변호인으로서 몇 달에 걸쳐 힘들게 증인신문을 했다. 이 궁리 저 궁리를 해서 찾아낸 공소사실의 법리상 및 사실상 문제점을 나름대로 정리하여 결심공판에서 프레젠테이션 방식으로 최후변론을 한 사건이었다. 일반국민의 상식을 대변한다는 기자가 국민의 눈높이에서 보았을 때, 변론 내용이 상당히 못마땅했던 모양이다.

그 취재기자에 따르면, 졸지에 '상식 이하의 변론'이나 하는 엉터리 변호사가 되어버렸다. 도대체 말도 안 되는, 어떤 상식 밖의 변론을 했기에 그렇게 기자의 눈에 상식 이하의 변론으로 받아들여졌는지 궁금하겠지만, 그 사건이 아직 상급심 계속 중이어서 구체적인 변론 내용은 여기서 밝힐 수 없다. 다만, 형사법의 대원칙인 죄형법정주의에 관한 변론이라고만 말하겠다.

물론 전문가가 아니어서 죄형법정주의를 제대로 알 턱이 없는 초보 기자에게 내 변론이 먹혀들 리는 없었을 것이다.

특종경쟁을 하는 신문의 기사가 대개 그렇듯이 그 제목부터가 자극적이다. 시쳇말로 섹시한 제목이다. '법 틈새 교묘히 악용'

기사 내용은 더욱 신랄하다.

"결심공판이 있는 날이었다. 피고인 측은 상식을 깨는 변론으로 일관했다. … 법 조항의 작은 허점을 '창의'적으로 파고들었다. … 상식 이하의 변론에 이은 어처구니없는 판결… 피고인 측 변호인은 법의 작은 구멍을 파고들었다."

좀 심하다 싶어 그 신문사의 아는 기자에게 항의조로 하소연하자 1년차 기자가 쓴 것에 대해 너무 괘념하지 말라고 위로해준다.

그래도 화가 덜 풀려 집에 가 아내에게 자초지종을 말하며 기사를 보여주니, "당신이 상식 이하의 변론을 할 그런 변호사는 아닌 것 같고… 그렇다면 이 신문이 '상식 이하의 신문'이거나 이 기사가 '상식 이하의 기사'이니, 그냥 무시하고 신경 쓰지 말라"고 한다.

나의 일방적인 변론만 들은 아내의 명판결을 선고받고 나는 기분을 풀었다. 변호사인 이상, 앞으로도 더 많은 사건에서 상식 이하의 변론, 상식 밖의 변론을 할 수밖에 없는 것이 변호사의 운명이라고 생각하며 위안으로 삼았다.

비슷한 경우인데, 근자에 법조 출신 정치인들이 변호사 시절에 '국민적 지탄을 받는 사람'을 변호한 것 때문에 정치적인 공격을 받는 장면을 흔히 볼 수 있다. 결국 국민상식에 비추어서 하는 비판이다. 이것이 과연 변호사 직에 대해 할 수 있는 정당한 비난인지는 의문이다.

만약 누가 나에게 그런 식으로 시비를 걸어온다면, 나는 어떻게 나를 변호할 수 있을까?

"저는 단지 변호사이기 때문에 변론을 맡았습니다. 설령 사회적 지탄을 받는 악인일지라도 그를 위해 변론하는 것이야말로 헌법이 부여한 변호사의 역할입니다. 제가 변호사로서 누구나 변호사의 조력을 받아야 한다는 원칙을 선택했음에도 다른 잣대로 문제를 삼는다면 변호사인 저로서는 감수할 수밖에 없습니다. 변호사의 운명이라고 생각합니다."

이런 유類의 자기변호도 국민들 입장에서는 상식 이하의 변론이요 상식 밖의 변론일지 모른다.

우리 변호사의 운명이란 이런 것이다.

〈대한변협신문 2012년 9월 24일〉

변호사의 기량, 변호사의 도량

엄연히 민사소송인 특허침해소송에서 변리사들이 변호사와 공동소송대리를 하겠다고 줄기차게 주장하자 언론은 이것이 밥그릇싸움이라고 폄하해버린다.

그릇 기器자를 들여다보면 입 구口자 네 개 사이에 개 견犬자가 들어 있다. 그릇 기器자는 '많은 것을 빼앗기지 않으려고 개를 두고 지킨다'는 뜻이니, 밥그릇싸움이라는 말이 나온 배경을 알 만하다.

변호사가 소송에서 이기려면 필요한 게 바로 기량器量이다. 변호사로서의 기량이라면 법률전문지식과 순발력과 임기응변을 모두 포함하는 말일 것이다.

1심 판결에 불복한 검사는 1심에서 피고인에게 유리한 증언을 한 증인들을 모조리 불러다가 위증으로 입건하고 기소하였다. 그리고는 항소심에서 위증 수사기록과 공소장을 추가 증거로 제출하는 것이 아닌가.

재판장이 변호인에게 증거의견을 묻는다.

"공판기일에서 이미 증언을 마친 증인을 검사가 소환한 후 피고인에게 유리한 증언 내용을 추궁하여 이를 일방적으로 번복시키는 방식으로 작성한 조서이므로 부동의합니다."

그런 증거는 부동의하면 증거능력이 없으므로(대법원 2000. 6. 15. 선고 99도1108 전원합의체 판결 등) 그로써 법원에 제출하지 못하는 것으로 결론이 났어야 한다.

그런데 검사는 "그렇다면 진술의 증명력을 다투기 위한 탄핵증거로 제출하겠습니다. 증거능력이 없는 서류도 탄핵증거로 제출할 수 있습니다"라고 하는 것이 아닌가. 변호인 입장에서는 무슨 증거로서든, 참고자료로서든 법정에 현출되어서는 좋을 게 없는 서류들이다. 기습을 당한 것이다. 이럴 때 변호사는 냉정을 되찾아야 한다.

재판장이 다시 변호인의 증거의견을 묻는다.

"검찰에서 탄핵증거로 제출하겠답니다."

"그것도 안 됩니다. 탄핵증거는 법정 증언 이전 수사기관에서의 진술에 한정하여야 합니다. 증언 후에 증인을 수사기관에서 신문하여 작성한 조서를 제출하는 것은 공판중심주의와 공정한 재판의 이념에 반하고, 피고인의 소송주체성을 심각하게 악화시키는 것이 되므로, 탄핵증거로서도 허용되어서는 안 됩니다."

재판부는 합의를 위해 휴정을 하고 나서 변호인의 주장을 받아들여 검사의 탄핵증거 신청도 기각하였다.

법정에서는 이런 일도 벌어진다. 요리조리 빠져나가는 검찰 측 증인에 대해 꼬치꼬치 반대신문을 한참 하고 있는데, 검사가 갑자기 일어나서 이의를 제기한다.

"재판장님, 이의 있습니다. 변호인은 지금 유도신문을 하고 있습니다."

"재판장님, 반대신문에서는 필요하면 유도신문을 할 수 있습니다. 형사소송규칙 제76조 제2항입니다."

"변호인, 계속 신문하세요."

변호사에게는 기량만 있으면 될까?

그릇 기器자 이야기를 하는 마당에 논어 위정편에 나오는 군자불기君子不器에 대해 말하지 않을 수 없다. 군자는 모름지기 밥그릇과 달라야 한다는 말이다. 흔히 "그릇이 그것밖에 안 되나?"라는 말을 한다. 성균관대 신정근 교수에 따르면, 군자불기는 네모(ㅁ)를 벗어나지 못하는 스페셜리스트의 함정을 지적하는 말이라고 한다. 요즘 말로 말하자면, 군자불기는 제너럴리스트의 길을 뜻한다.

재판은 결국 사람의 일이고 마음의 문제이다. 법전만으로는 다양한 현실에서 해법을 찾아낼 수 없다. 법전을 해독하여 현실에 적용하려면 또 다른 추론 능력이 필요하다.

그렇게 본다면, 변호사로서의 기량도 절차탁마해야 하지만, 나이가 들어갈수록 변호사도 인문학적 상상력과 도량度量이 더 중요한 덕목이 아닌가 하는 생각이 든다.

나는 그렇게 못했지만 말은 할 수 있다.

"우리 법조 후배들이여, 모쪼록 기량과 도량을 두루 갖춘 군자로 성장하기를 바랍니다."

제7장

판사는 판결로만 말한다

《불멸》, 그리고 《칼의 노래》

눈물에 관하여

5권분립과 사법부

새 세기 새 천년, 새 사법부

가장 오래된 법률

아름다운 뒷모습

이윤박최전노김김…

판사가 법정에 들어갈 때

가운을 입고 일하는 직업

큰 大자 이야기

불체포특권 유감

새해 첫날에 창문을 열고

《불멸》, 그리고 《칼의 노래》

나는 2000년과 2001년 새해 첫날에 가족들과 현충사를 찾아갔다. 창원지법 진주지원에서 부장판사로 근무하던 2001년에는 이순신李舜臣(1545-1598)의 선견지명과 애국심을 화두로 삼아 퇴근 후 쓸쓸한 관사에서 혼자 시간을 보냈다. 2001년 가을호 〈예천문학〉지에 기고한 수필 '《불멸》, 그리고 《칼의 노래》'를 여기 싣는다.

현충사에서

나는 아직 철이 들려면 멀었나 보다.

돈의 많고 적음을 가지고 사람 대접을 달리 하는 시대에, 그 무슨 큰 벼슬이라고 신주단지 안고 있듯 놓치지 못하고 공직公職을 꿰차고 앉아 국록國祿만 축내고 있는 꼴이, 영락없이 이른바 '가난한 아빠'의 전형典型이 아니던가? 게다가 아직도 초등학생처럼 늘 이순신 타령을 하고 있으니 말이다.

우리를 둘러싼 모든 것이 불안하기만 한 채 맞이한 21세기의 첫해가 바로 2001년이다. 새해 첫날에 나는 그 전 해처럼 아내와 녀석들 둘을 대동하고 아산 현충사顯忠祠를 찾아가 거기서 나에게 풋풋한 한 해가 되기를 무진 빌었다.

이들이 내게 눈빛으로 갈망해 마지않는 것은 저 휘황찬란한 해외여

행이건만, 그것은 일단 나중—그것이 언제가 될지 나도 모른다—으로 무작정 연기해놓고 말이다.

제승당에서

2001년 1월 6일. 통영에서 가족과 함께 관광선을 타고 한산도 제승당制勝堂으로 떠났다.

한산섬 부두에 내려 제승당까지 가는 바닷가 진입로는 꾸불꾸불하되 너무나 정갈하여 다시 한번 걷고 싶은 마음이 앞선다.

한산대첩 후 삼도 수군통제사 이순신은 이곳에서 몇 년 동안 웅크린 채 머뭇거리고 있었다. 이순신은 수루戍樓 옆 나무에 걸린 달을 바라보며 백척간두 조국을 애타게 근심했다.

녀석 둘은 여기가 어딘 줄도 모르고 이순신이 '큰 칼 옆에 차고 깊은 시름하던' 그 수루에 먼저 올라가 북을 둥둥 두드린다.

그렇다. 조금 더 멀리 보고 싶으면 조금 더 높이 올라가 볼 필요가 있는 것이다(慾窮千里目 更上一層樓).

멀리 한려수도 바닷길이 쪽빛으로 갈라지며 비늘 같은 물결로 일렁인다.

"얘들아. 제승당 입구에 충무공 정신이 적혀 있더구나. 그걸 외워보거라."

"첫째, 멸사봉공의 정신, 둘째, 창의와 개척의 정신, 셋째, 유비무환의 정신."

금방 소리 높여 복창하는 모습이 마치 둥둥 북소리를 듣고 살아난 이순신 제독의 부하 군졸 둘을 보는 듯하다.

《불멸》

2001년 5월 4일. 평소 이순신과 선조宣祖(1552-1608) 임금과의 정치적 갈등이라는 측면에서 소설을 쓰거나 영화를 만들면 퍽 재미있을 것이라는 생각을 하고 있었는데, 며칠 전 신문에서 1998년에 김탁환의 《불멸》이라는 역사소설이 이순신을 그렇게 문제의 인간으로 다루었다는 기사를 보고 궁금하던 차에 《불멸》 전4권을 샀다.

내가 단신 부임하여 근무하는 진주로 내려와 홀로 관사에 틀어박혀 《불멸》을 정독하니 연초에 가본 제승당의 정경이 그렇게 그리울 수가 없다.

한산도 깊숙한 포구에는 전선 수백 척이 푯대를 휘날리며 정박해 있는 듯하다. 가족과 떨어져 홀로 한산도 외로운 골방에 앉아 책장을 넘기거나 일기를 쓰거나 장계를 초하던 이순신의 모습이 너무나 가엾다.

이순신의 부단한 자기계발 노력과 치열한 기록정신, 그것은 그가 사마천司馬遷(BC 145?-86?)을 동경한 것에서 출발한다. 이순신은 다시 태어나면 문관文官, 그것도 사관史官이 되고 싶다고 했다. 궁형宮刑을 당하고도 죽지 않고 살아남아 유장한 역사책 《사기史記》를 써 내려간 사마천과 같은 사가史家가 되고 싶다고 했다.

이순신은 불멸의 역사 그 자체이다.

《칼의 노래》

2001년 5월 20일. 김훈의 소설 《칼의 노래》 전2권을 읽었다.

소설의 주인공 '나'는 바로 이순신이다. 약하면서도 강한 실존적 인간 이순신의 처절한 독백이자 고백이다. 백의종군에서 전사까지를 너무나 감각적으로 유려하게 묘사하고 있다.

조선수군을 총동원하여 적의 퇴각로를 가로막고 백성의 원수를 반드시 갚고자 벌어진 마지막 해전, 노량해전에 임하는 이순신의 각오와 결의가 비장하면서도 아름다운 그림처럼 펼쳐진다.

이순신은 자신이 선택한 죽음에 앞서 독백한다.

"내 시체를 이 쓰레기의 바다에 던지라고 말하고 싶었다. 졸음이 입을 막아 입은 열리지 않았다. 나는 내 자연사에 안도했다…. 멀리서 임금의 해소 기침소리가 들리는 듯했다… 선창 너머로 싸움은 문득 고요해 보였다. 세상 끝이…이처럼…가볍고…또…고요할 수 있다는 것이…칼로 베어지지 않는 적들을…이 세상에 남겨놓고…내가 먼저…, 관음포의 노을이 적들 쪽으로…"

이광수李光洙(1892-1950)는 이순신을 "처음이요 마지막인 큰 사람"이라고 했다.

남해 노량리에서

2001년 7월 2일. 오후 3시에 남해군으로 현장검증을 떠났다. 현장검증 후 재판부 요원 다섯이서 이순신 전몰유허비와 이락사李落祠를 둘러보고 남해군 설천면 노량리에 있는 충렬사에 참배한 다음, 노량리 바닷가 방파제에 둘러앉아 밤 깊어가는 줄 모르고 이순신 이야기를 나누었다.

비스듬히 저물어오는 노량 앞바다에는 이순신의 몸에서 흘러내리는 듯 핏빛이 역력하다.

하늘에는 성근별이 스쳐 지나간다. 별은 항상 존재하면서도 인간이

도달할 수 없는 곳에 있기 때문에 우리 인간의 마음속에 늘 별에 대한 존경심을 불러일으킨다.

이순신은 저 불멸의 별이다.

다시 제승당에서

2001년 8월 19일. 내 고향은 '소나무에 달이 걸린 듯한' 마을이다(松月里). 게다가 그 달이 달기까지 하다(月甘).

그 고향 마을을 평생 지키고 계신 부모님께서 버스를 타고 진주까지 아들을 찾아오셨다.

통영으로 출발하여 충무마리나리조트에서 점심을 대접한 다음 유람선 선착장에서 한산도 행 페리를 타고 15분 후에 한산도 제승당에 도착했다.

아버님께서 사당에서 향 값 5천 원을 봉투에 넣고 묵념을 하신다. 나는 그 깊은 뜻이 무엇인지 알 듯 말 듯 하면서 그저 따라한다. 그 사이 어머님은 수루에 혼자 앉아 기다리신다. 한산도에서 내가 이순신을 죽 이야기해드리자 어머님께서는 "네가 참 많이도 안다"고 칭찬하시지만, 아버님께서는 "해군장교 출신이어서 그렇다"고 별로 대수롭지 않게 응수하신다.

이순신은 장군이 아니라 제독이다.

현충사와 제승당을 찾아간 나는 과연 이순신에게 무슨 역사의 빚을 지고 있는 것일까?

현충사에 있는 이순신의 큰 칼 중에 검명劍名이 '一揮掃蕩血梁山河(한 번 휘둘러 쓸어버리고, 피가 강산을 물들이도다)'인 칼이 있다. 그 칼은 이곳 제승당에서 만든 칼이다.

이렇게 지낸 2001년, 나의 화두는 이순신의 그 선견지명과 애국심이었다.

우리 인생이 이 땅에서는 모두 나그네이기도 하듯, 관직 또한 나그네가 잠시 머무는 곳이다. 거기서 하루를 묵더라도 주인을 감동시킬 수 있는, 진실한 나그네가 되어야 한다.

'하늘 아래 항상 올바른 위치에 서 있어야 하고 큰길을 가야 한다(立天下之正位 行天下之大道).'

'나 스스로 누리는 삶과 남을 위해 봉사하는 삶을 조화시킬 줄 아는 사람이어야 한다. 지나간 인생 역정에서 되돌아볼 때 나는 과연 국민의 복지와 국가의 이익을 중요하게 여겼는가, 아니면 나 개인의 행복과 이익을 중요하게 여겼는가.'

이런 생각들이 혼란스럽게 머릿속을 오고 가는데, 한산도를 빨리 떠나 육지로 가자고 재촉하는 관광선 뱃고동 소리만 요란하다.

〈예천문학 2001년 가을호〉

* 2003년 가을. KBS 한국방송은 2004년에 《불멸》과 《칼의 노래》를 원작으로 하여 대하드라마를 제작해 방영한다는 기쁜 소식이 전해졌다. 이순신의 강인함과 철저함만이 아니라, 너무나 나약한 보통 인간의 변모도 아울러 제대로 묘사해줄 것으로 기대된다.

나라 경제는 어렵고 서민들은 살아가기 고달프다는 요즈음, 무슨 묘안이 없을까?

경제전쟁시대에 기업하는 사람이 결국 승리할 수 있는 길은 없을까?

서강대 지용희 경영학 교수가 쓴 책 《경제전쟁시대 이순신을 만나다》(디자인하우스, 총 160여 쪽)는 쓸모 있는 여러 가지 해법을 제시하고 있다.

경영학자인 저자는 이순신에게서 걸출한 21세기형 CEO의 자질을 발견한다. 저자는 이순신과 관련된 전국의 사적지를 직접 답사하고 느낀 소회를 시원스런 현장 사진과 함께 보여준다.

그리고는 다시 400여 년 전으로 돌아가 한산대첩, 백의종군의 대장정, 명량대첩, 거북선, 난중일기, 노량해전 등의 역사를 소개한 다음, 거기서 배울 수 있는 경영학적 지혜를 뽑아냈다.

즉 기본으로 돌아가라, 신뢰재信賴財의 가치, 정신과 리더십이 기적을 만든다, 4차원의 경쟁력을 갖춰라, 기록이 경쟁력이다, 필요는 경쟁력의 어머니, 자만하면 안 된다 등등.

신뢰재의 가치를 말하는 대목에서, 저자는, 다음과 같은 이순신의 말을 인용한다.

"장부로서 세상에 태어나 나라에 쓰이면 죽기로서 최선을 다할 것이며, 쓰이지 않으면 들에서 농사짓는 것으로 충분하다. 권세에 아부해 한때의 영화를 누리는 것은 내가 가장 부끄럽게 여기는 바다."

그러고 나서, 저자 자신의 견해를 피력한다.

"주위 사람들의 신뢰를 받는 사람이 예기치 못한 사건으로 사업에 실패하는 경우 친지, 종업원, 거래 상대방뿐만 아니라 심지어는 채권자들까지 나서서 도움을 주어 재기하는 경우가 많다. 반면, 조그만 이익을 탐하다 신용을 잃으면 어려울 때 남의 도움을 받을 수 없음은 물론 잘나가다가도 일순간에 무너질 수 있다(58쪽)."

신뢰재의 가치, 그것이 어디 사업에서만이랴.

눈물에 관하여

경향교류京鄕交流 원칙에 따라 대전지방법원 서산지원 판사로 단신 부임한 것이 1993년 3월 1일. 만 3년 동안의 서산 근무를 마치고 1996년 3월 1일부터 가족이 있는 서울로 돌아왔다.

개인적으로 기쁘기 한량없지만, 서산을 막상 떠나게 되었을 때는 그동안 든 정 때문인지는 몰라도 눈물이 날 지경이었다.

먼저 이 지면을 빌려 그동안 눈물겹도록 따뜻하게 대해준 서산·태안·당진지역 여러 어른들께 다시 한번 고마움의 인사를 드린다.

그동안 민사재판, 형사재판, 가사재판, 소액재판, 즉결재판 등을 담당하면서 직·간접적으로 만난 주민들에게 최선의 봉사를 하려 했으나 재판제도의 속성상 본의 아니게 어느 누구에게 눈물을 흘리게 하지는 않았는지 두려운 마음이 앞선다.

인도의 초대 수상 네루Jawaharlal Nehru(1889-1964)는 '정치는 백성의 눈물을 닦아주는 것'이라고 했다.

어찌 정치뿐이랴. 정치인과 행정가는 물론이고 종교인, 교육자, 의료인, 사회운동가, 언론인, 기업인 할 것 없이 남의 눈물을 닦아주는 일이야말로 보람의 근원이요 그 본질적 소명이 아닌가.

사람들은 법에도 눈물이 있지 않느냐고 하소연하면서 진정서를 낸다. 재판도 눈물을 닦아주는 일에 다름 아니다. 무슨 죄를 저지른 일로 재판을 받는 피고인을 만나는 형사법정에서는, 피고인이 살아온 환경에서 결과적으로 빚어진 것으로 보이는 죄에 대한 뉘우침의 눈물이 있는가 하면, 그의 온 가족이 그 피고인의 구속으로 인하여 흘리는 보이지 않는 눈물이 있다. 또한 반면에는 그 범죄로 인하여 정말 피눈물을 흘리는 피해자의 눈물도 있다.

나는 오늘도 피고인과 피해자가 흘린 눈물의 양을 비교하여 피고인에게 형을 선고하기도 하고 용서하기도 한다.

뿐만 아니라 재산 문제로 분쟁 중에 있는 사람, 각종 피해를 입은 사람, 혼인관계가 파탄에 이른 사람들도 법정에서 수심에 가득 차 눈물 맺힌 눈으로 나를 응시하며 그 눈물을 닦아주기를 기다리고 있는 것이다.

일상생활에서 우리는 상대방의 눈에 맺힌 눈물과 가슴의 한과 아픔을 얼마나 잘 헤아리고 어루만져주었는가. 그렇지 못하다면 적어도 상대방의 눈에 눈물이 맺히게 하지는 않았는가.

우리 모두가 이런 잣대를 가지고 살아간다면 우리 사회는 정말 '살맛 나는 세상'이 되지 않을까. 남의 눈물을 닦아주려면 나도 함께 눈물을 흘릴 줄 알아야 한다. 그 첫걸음은 따뜻한 마음을 가지고 상대방을 배려하고 이해하는 것에서 출발해야 한다. 그렇게 될 때 그 상대방이 흘리는 눈물의 의미를 읽어내고 어루만져줄 수 있는 것 아닐까.

나는 남북통일의 당위성과 가능성도 여기서 찾는다. 왜 통일을 하여야 하는가. 그것은 북한 동포들이 흘리는 눈물을 닦아주고 그들의 고통을 해소해주는 것이 필요하기 때문이다. 통일을 해야만 한다면 통일은 가능한가. 우리 남쪽이 그 눈물을 닦아줄 수 있는 따뜻한 마음씨와 능력 및 자격을 갖추어야 비로소 통일은 가능하리라.

아무런 눈물도 없는 그런 사람이 어디 있으랴. 우리 주변에는 눈물 맺힌 눈으로 그 눈물을 닦아주기를 기다리며 우리를 응시하고 있는 숱한 사람들이 서성거리고 있다. 각자가 서 있는 그 자리에서 보이는 사람들의 눈물부터 닦아주자.

〈서산 새너울신문 제76호 1996년 3월〉

5권분립과 사법부

요즘 눈에 띄는 현상 하나. 그것은 바로 언론과 시민단체의 급부상急浮上이다. 여론을 등에 업고 '권부權府아닌 권력'으로 등장해 그 활약상이 눈부시다. 이제 우리의 권력구조는 분명 5권분립五權分立이다.

몽테스키외Charles De Montesquieu(1689-1755)가 300년만 늦게 태어났다면 5권분립론을 주창主唱했을 게 분명하다. 현실을 돌아보면 언론은 제4의 권부요, 시민운동단체는 제5의 권부라는 얘기가 실감 나게 들릴 것이다.

기실 여성상위女性上位에서의 우리네 부부들과도 같이 행정부상위行政府上位 시대에는 전통적인 3권도 이미 솥발처럼 온전히 서 있다고 할 수는 없다. 입법부는 통법부通法府와 방탄국회防彈國會의 일그러진 모습으로 비춰지고, 사법부司法府는 '司法部'로 희화화되기도 한다.

올해 사법부司法府 예산은 국가 전체 예산의 4%던가? 아니다. 0.40%일 게다. 1997년에 0.46%, 1998년에 0.41%였으니까. 하기는 원래 책상, 펜(요즘은 PC), 종이만 있으면 사법부는 굴러갈 수 있다.

원래 3부요인은 3부 수반首班인 대통령, 국회의장, 대법원장이다. 유신 때부터인가 대통령이 3부요인에서 슬그머니 빠져 민주군주民主君主, 제왕적 통령帝王的 統領으로 불리더니, 요즘에는 5부요인(국회의장, 대법원장, 헌재소장, 총리, 중앙선관위원장)이란 말이 언론에 등장했다. 이상도 하다. 5권분립 시대에 언론과 시민단체에서 한 명씩의 수장首長을 뽑아 그들을 5부요인에 포함시켜야 옳았다.

5권분립 아래서 언론과 시민단체는 기존 3권이 정립鼎立한 가마솥의 물을 끓이는 장작불 화염이요 솥 안에서 끓는 물이다. 올해 벽두에는 법조法曹를 상대로 수사관, 검찰관, 재판관을 모두 아우른, 송대宋代 무소불위의 판관判官과도 같은 용맹스런 활약상을 보여주었다. 후생後生이 가외可畏라, 이 참에서 모두들 두려워해야 할 일이다. 왜냐하면 여론이라는 호랑이 등에 타고 있기 때문이다.

올해 초, 언론과 시민단체의 기세를 볼작시면 재판권도 환수해갈 태세다. 양상군자梁上君子라면 몰라도 '도적놈'이라니. 법비法匪임을 자백하라고 주리를 틀면서 유죄추정有罪推定의 원칙이 지배하는 여론재판, 미국식으로는 'press trial'의 정글 속으로 몰아쳤다.

그저 머리나 조아리고 처분만 기다리는 신세가 되고 보니 그 심정이란 정말이지 참담함 그 자체였다. 우리 법관들이 평소에 억울하다고 호소하는 소송당사자들의 눈물을 건성으로 닦아주지는 않았는지 반성하는 좋은 기회가 됐다.

지난 어려웠던 시절, 어찌 곡절이 없었으랴. 그래도 누구보다 성실하게 국민을 위해 봉사하며 재판해왔다고 자부했다. 사법제도개혁에도 심혈을 기울였다. 그런데 도무지 정상 참작이 되질 않는다. 우리는 저 음부陰府로 나가 떨어져버렸다.

작년에는 바야흐로 소송 100만 건 돌파라는 전대미문의 사태를 맞았다. 시린 눈을 부릅뜨고 밤을 낮 삼아 재판기록과 레슬링을 하였건만 여론은 우리에게 계속 '빠떼루'만 주고 있으니 난감한 노릇이다. 100만 건의 사건을 빨리, 잘 처리해도 단 몇 개의 사단事端을 통해 공든 탑은 무너지는 법이다.

언필칭 민주화, 그것도 참여민주參與民主의 시대가 도래했으니 무어 이상할 게 하나도 없다. 수직에서 수평으로, 집권集權에서 분권分權으로 세상이 변했으니 시절 탓을 할 수도 없다. 이제 전통적인 국가권력은 쇠퇴 일로에 있다. 통제자에서 조정자로 역할이 축소됐다. 반면 언론과 시민사회, 그들의 자율성과 영향력은 상대적으로 증대되었다.

정당은 제 기능을 못하고 소화불량에 걸려 정쟁政爭에 골몰한다. 그러니 시민단체가 우후죽순 생겨나 백화점 식으로 정치적·사회적인 모든 쟁점을 선점先占해나가는 형국이 되었다. 이른바 529호실 사건에서도 시민단체가 심판을 맡았다. 무슨 이슈가 있으면 공복公僕들은 시민단체의 반응부터 살피는 게 다반사다.

언론도 국가권력으로부터 독자성을 더욱 확대시켜왔다. 반면 언론의 상업화가 공익성을 능가하는 사태로 발전했다. 추측·왜곡歪曲·분식粉飾·윤색潤色·과장·확대·유추 보도, 선정煽情 보도, 속보·특종 경쟁에의 달콤한 유혹을 떨칠 수 없다.

원래 '저널리즘은 빠져나올 수 있다는 보증만 있으면 무엇에든지 앞장서서 목을 들이민다'고 하지 않는가. 언론이 그 따위 유혹에 빠질 때 이는 결국 인권침해로 연결된다.

우리 국민들은 판사 말은 우수마발牛溲馬勃로 알지만 언론에 대해서는 무척 신뢰한다. 국민들 눈에 언론보도는 진실이요 논평은 정의正義다. 대언론 맹목성對言論 盲目性은 언론이 그 영향력을 극대화하고 인권을 쉽게 침해하는, 지극히 한국적인 토양임에 틀림없다.

원래 권력은 독毒이다. 독인 줄도 모르고 인간은 권력을 오·남용誤·

濫用한다. '권부 아닌 권력'도 권력인 이상 그런 맥락에서 위험하다. 몽테스키외는 권력 가진 인간을 신뢰할 수 없다고 단언했다. 그런 불신에서 출발해 권력 상호간의 철저한 견제와 균형을 제도화하자고 한 것이다.

이제 우리는 어떻게, 그리고 무엇을 할 것인가. 우리에게 더 이상 떨어질 나락도 없으니 이제는 상승과 비상飛翔이 있을 뿐이다. 다행히 이제 심기일전할 천년대적 계기千年代的 契機가 우리에게 다가오지 않는가.

단도직입적으로 말하면, 5권분립 시대니 여기에 적응하면 된다. 5권분립에서도 화두話頭는 여전히 견제와 균형이다. 사법부의 진면목을 보여주면 된다. 법의 지배와 인권보장의 이념에 충실하도록 앞장서 노력하면 된다.

사법부는, 언론의 자유가 그 아무리 지고지순至高至純해도 홈즈Oliver Wendell Holmes(1841-1935)의 말마따나 극장 안에서 "불이야"라고 외칠 권리가 아니라는 것을, 여론이라는 호랑이 등에 업혀 권력을 휘두르려 한다면 결국 호랑이 밥이 되고 만다는 것을 분명히 해주어야 한다.

칼도 지갑도 없는 사법부, 그 힘의 원천은 무엇인가. 국민들, 시민들의 지원과 신뢰뿐이다. 입법부, 행정부, 언론, 그리고 시민단체가 권력을 남용하고 있지 않는지, 법의 정신 안에서 적법절차에 맞게 행동하는지를 면밀히 음미하고 최종적으로 심판하는 것은 결국 우리 사법부의 몫이다.

5권분립 시대에 맞게 우리 몫을 제대로 찾을 때, 그리고 국민이 위임한 권한을 정말 제대로 행사할 때야말로 우리 곁을 떠난 여론은 다시 우리 곁으로 돌아와 우리 편이 되어줄 것이다. 우리를 우습게보지 않게 된다. 이것이 5권분립 아래서 사법부가 제 위상과 좌표를 가지고 너끈히 생존하는 방식이다.

사실 그 여론이라는 유령은 좋았다가 나빴다가 하는 것이니 조급해 할 것도 없다.

〈법원회보 1999년 3월 15일〉

새 세기 새 천년, 새 사법부

문명과 야만, 번영과 질곡이 함께했던 20세기였다. 그 빛과 그림자, 영광과 좌절의 기록들, 싫든 좋든 무수한 기억들을 남긴 채 이제 20세기는 역사의 뒤안길에서 석양을 받으며 강물처럼 흘러간다.

저 쓸쓸한 역사의 한 페이지가 덮이면, 불확실하나마 희망과 비전으로 가득 찬 새 세기, 새로운 천년대(뉴 밀레니엄)가 눈앞에 전개된다.

세계는 지금 '뉴 밀레니엄'을 준비하느라 분주하다. 바야흐로 과학기술의 발전과 기술혁신이 선도하고 국제경쟁이 격렬해질 새 시대, 지식과 정보가 지배하는 뇌본腦本사회에서 주도권을 쥐고 살아남기 위해 머리를 짜내고 있는 것이다.

'뉴 밀레니엄'을 맞아 미국은 '과거를 존중하며, 미래를 그리고' 있다 Honor the Past - Imagine the Future.

일본은 '21세기를 향한 새로운 경제사회 구축'에 열을 올리고 있다.

영국은 '멋진 영국Cool Britannia'을 건설하겠다고 한다.

프랑스는 '인류사회를 위한 새로운 길잡이 마련', 독일은 '미래지향의 21세기 건설', 말레이시아는 '비전 2020'을 모토로 새로운 세기에서의 일전一戰을 벼르고 있다.

우리나라의 모습은 어떤가.

무언가 허전하게 '뉴 밀레니엄'을 맞게 되었다. 정부에서는 '제2의 건국'을 가지고 응전應戰한다고 한다. 그런데 아직 전 국민적인 공감을 얻어내는 미래지향적인 비전이 제시되지는 못했다. 문화관광부에 새천년 준비위원회가 조직되어 있으나 주로 새해 첫날맞이 문화 행사나 이벤트 차원에서 접근하고 있다. 20세기 마지막 8·15 경축사도 사면권의 남용이라는 소용돌이에 휘말린 데다가 당장의 집권당 선거공약처럼 여겨져 빛이 바랬다.

필자가 백일잔치를 할 무렵인 1961년 5월 16일, 그때 이른바 혁명을 하거나 보궐선거에 당선되었던 분들이 선장을 맡은 채 우리 나라는 '뉴 밀레니엄'을 맞게 된다.

몇 푼 안 되는 공무원의 월급을 깎고 경조비를 금지하는 한편에서는 오리발이 난무하는 혼돈의 시대가 새 세기에도 이어질 것인가?

IMF 체제의 고갯마루를 헉헉대며 오르고 있는 대다수 국민들에게 '뉴 밀레니엄'의 첫날, 2000년 1월 1일의 햇살은 얼마나 따스하게 떠오를 것인가?

우리 사법부에도 새 세기는 예외 없이 다가온다. 다른 게 있다면 사법부는 수장이 바뀜과 동시에 새 세기를 맞이하게 되었다는 사실이다.

그러나 소송 사건 100만 건이라는 사건의 홍수에 휩쓸려 떠내려갈 지경인 우리들에게 새 세기는 과연 희망의 나날이 될 것인가?

배심제나 참심제, 양형기준제 등이 논의되는 외부의 도전에는 어떻게 직면할 것인가?

법정에서는 오로지 진실과 정의만이 살아 숨 쉴 수 있을 것인가?

그동안에도 무진 애를 썼듯이, 새 세기에도, 재판제도 전반에 걸친 개선방안을 적극 발굴하고, 보다 질 높은 사법서비스를 제공하는 선진일류법원으로 도약하여, 국민이 거두어 간 신뢰를 되돌려 받는 데 가일층 노력할 필요가 있을 것임은 두말할 나위가 없다.

그런 노력과 더불어 새 세기 새 천년, 새 사법부를 위해 '이미지 메이킹'을 한번 새롭게 해보면 어떨까?

때로는 사실보다 태도가 중요하기도 하다.

먼저, 대법원에 법원조직법 25조에 규정된 '사법정책자문위원회'를 발족시키는 것도 좋은 방안이 될 것이다. 대법원에 7인으로 구성되는 사법정책자문위원회를 두고 그 산하에 실무위원회를 설치하여 21세기 선진사법의 비전과 발전 전략을 적극 모색하면 어떨까 한다.

안 그래도 요즈음 온 나라가 무슨 무슨 위원회다 직속 위원회다 하여 위원회 투성이인데 사법부에도 또 위원회냐고 할 수도 있다. 그러나 우리들만의 사법부가 아닌, 국민들이 참여하는 새 사법부가 되기 위해서는 사법정책에 언론이나 시민단체의 의견, 즉 여론을 적극 수렴하는 상설 통로를 열어두어야 한다.

이는 재판의 독립이나 사법권의 독립과는 별개의 문제이다. 그래서 적어도 재판제도에 관한 한 대통령령으로 설치된 '사개위'인지 '사추위'인지 같은 데서 함부로 정하지 못하도록 해야 한다.

새 세기를 맞이하면서 또 하나 해야 할 일은 사법부의 생일 찾기다. 1895년 재판소구성법 제정 이후 20세기 100년 동안에는 사법부의 생일이 없었다. 1948년 제정된 대한민국헌법에 따라 구성된 대한민국 대법원이 개원한 날이 사법부의 생일일 터인데, 《법원사》에는 그런 개원식을 했다는 흔적이 불확실하다. 일제시대와 똑같은 법을 가지고 재판을 쉬지 않고 계속했을 터이니 그런 구분 관념도 희박하였으리라 생각된다.

대한민국 대법원이 언제 정식으로 출범했는지, 그것을 찾아 사법부의 정체성을 명확히 정립하지 않으면 우리 법원은 일제의 연장선에 서 있다는 노골적인 비난을 감수해야 할 수밖에 없다.

지난 8월 15일 저녁 TV 뉴스에서는 아직도 일제의 잔재가 가장 많이 남아 있는 예로 법원 판결문을 보도하여 우리를 놀라게 한 바 있다. 우리의 생일을 찾아내서, 아무리 해도 찾지 못하면 그냥 만들어서라도 그날을 '사법의 날'이든 '재판의 날'이든 뭔가 하나로 정해서 기념하면 어떨까?

'법의 날'이 있기는 하지만 그것은 '메이데이'와 겹쳐 빛이 바랬을 뿐만 아니라 법무부와 변협의 날이었지 사법부의 날은 아니었다. 그 기념식은 언제나 우리에게는 어정쩡한 자리였다.

요즘은 불과 몇 년 근무하다가 로펌으로 전직하는 것이 유행인 듯하여 그것이 우려되지만, 정말 걱정되는 것은 그게 아니다.

보수를 듬뿍 올려주지는 못할망정 청춘을 바쳐 여러 성상星霜을 봉직한 분들에게 그 흔한 근정훈장 하나 제대로 못 챙겨줘서야 되겠는가 하는 목소리가 들려온다. 그 무슨 훈장을 바라고 나라에 봉사한 것은 아니지만 콩 하나에 섭섭한 게 인지상정인 것이다. 그런 자리를 만들기 위해서라도 법의 날이 아닌 우리 사법부만의 기념일이 필요하다.

그날을 전후해 전국의 법관들이 다 모여 전국법관대회라도 연다거나, 고등법원별로 관내 법관대회나 세미나를 하든지, 등산대회를 하든지 한바탕 축제를 열면 어떨까? 까짓것, 사법훈장도 하나씩 나눠 달면서 말이다.

그리고 이왕 새 세기를 맞이하는 김에, 무궁화 모양에 '법원'이라고만 쓰여 있는 무뚝뚝한 현재의 법원 상징을 산뜻하게 바꾸어볼 수는 없을까? 기업마다 CICorporate Identity 작업이 한창이고 일부 행정부처와 지방자치단체들마저 그런 작업으로 대대적인 이미지 변신을 하고 있다. 우리 사법부도 이미지 변신을 한번 해봄이 어떨까? 사법부 고유의 로고나 휘장을 새로 만들어보았으면 한다. 인터넷 시대에 맞게 영문 표기와 인터넷주소를 함께 기재하면 더욱 좋을 것이다.

법원공무원들에게는 법원의 상징이 새겨진 배지를 주어 달고 다니게 한다면, 법원종합청사에 출입할 때 우리는 거추장스럽게 법원공무원증을 뗐다 달았다 하고 변호사나 법무사는 자기들 배지만 달랑 달고 출입하는 이상한 일은 사라질 것이다.

가끔 시골 법원이나 등기소 건물 앞을 지나가면서 그 건물 전면에 빈말 같더라도 무언가 사법부를 상징하는 구호라도 몇 마디 써 붙여 놓았으면 하는 생각을 해보았다. 깃발만이 펄럭이는 황량하고 권위적인 공간을 그대로 두고 그 곳을 드나드는 국민들에게 어찌 편안한 마음을 기대할 수 있겠는가.

새 세기 새 천년, 새 사법부를 기대해본다.

〈법원회보 1999년 10월 1일〉

* 2003년부터 '법의 날'은 5월 1일에서 4월 25일로 변경되었다. 4월 25일은 근대사법의 시발점인 1895년 재판소구성법이 시행된 날이다.

가장 오래된 법률

책상 위의 신법전이 새 것으로 바뀐 걸 보니 또 한해가 바뀐 모양이다. 앞으로 1년 동안 미우나 고우나 친하게 지내야 할 법전. 이 속의 면면들을 죽 훑어보니, 처음 보는 친구도 있고, 예전 모습 그대로인 친구도 있다. 성형을 조금 했거나 얼굴 화장만 고치고 나타난 친구도 있다. 초등학교 동창회에서 만난 오래된 친구들과 꼭 같다.

우리나라에서는 법령의 수명이 유난히 짧다. 예컨대 행정재판을 할 때는 살아있는 친구는 물론이고 죽은 친구의 무덤까지 찾아 헤매야 한다. 조세 사건에서는 주로 죽은 친구들이 남긴 유언을 해석하느라 골머리가 아프다. 요즘은 법령데이터베이스가 충실해져서 개정연혁도 쉽게 찾을 수 있게 되었지만, 아직도 우리는 주로 50권짜리 현행법령집이나 책상 위의 법전을 벗 삼아 일을 한다.

현행법령집에 나오는 법령 중 가장 오래된 친구는 누구일까? 가장 오랫동안 변치 않은 법률은 사면법赦免法이다. 건국 직후인 1948년 8월 30일 법률 제2호로 태어난 이래 그 모습 그대로 수십 년 동안 법전에 실렸으니 놀라울 뿐이다.

물론 사면법보다 한 달 먼저 태어난 법률 제1호 정부조직법이 있지만, 이 법은 계절이 바뀔 때마다 날씬해진다고 주장하면서 온갖 성형을 다하여 이제는 예전 모습이 다 사라졌기에, 현행법 중 최고참은 사면법이라고 해야 옳다. 제정된 이래 한 번도 바뀐 적이 없으니 반세기 전에 유행하던 옷도 그대로 입고 있다.

아직도 판사가 '형의 언도言渡'를 하고, 죄인은 '형무소'에 갇혀 있으며, 이 땅에는 검사 대신에 '검찰관'이 있다.

사실 일찍이 다시 태어나고 새로워졌어야 할 사면법을 우리는 53년 세월이 넘도록 아무도 돌보지 않았고 그 화장을 고쳐주지도 않았다. 그렇게 법을 방치한 사이에 정치가 법치 위에 올라타서, 옆에 있는 친구나 이웃의 입장은 안중에도 없이 자기 마음대로 행동하고 때로는 사고까지 쳐서 뭇사람들의 구설수에 오르내리게 된 것이다.

가장 오래된 이 친구의 사망을 차마 바랄 수는 없지만, 권력분립 원칙과 법치주의를 손상시키지 않는 범위 안에서 적정하고도 예측가능성 있게 사면권이 행사되도록 하는 방향으로 화장만이라도 예쁘게 고치고 우리 곁에 다소곳이 나타나 우리들 모두의 사랑을 듬뿍 받았으면 한다.

구스타프 라드부르흐Gustav Radbruch(1878-1949)는 사면은 기적이어야 한다고 했는데, 한강의 기적을 이룬 나라답게 우리나라에서는 기적이 너무 자주 일어나서 사람들을 깜짝깜짝 놀라게 하는 일이 하도 많아서 하는 말이다. 새해부터는 누구에게나 감동을 주는 그런 사면이 이루어졌으면 한다.

〈법률신문 2002년 1월 10일〉

* 사면법은 2007년 12월 21일 법률 제8721호로 일부 개정되어, 사면심사위원회를 신설하고 법무부장관의 추천권을 신설했으나, 나머지 부분은 여전히 그대로 남아 있다.

아름다운 뒷모습

정기인사가 있을 때면 승진하거나 영전하는 분들의 웃는 앞모습도 보이지만, 개인 사정으로 사직하는 분들의 쓸쓸한 뒷모습을 바라보게 된다. '원에 의하여 그 직을 면함.' 인사명령의 행간에는 사직하는 분 개개인의 사연만이 아니라 이 시대의 고민도 아로새겨져 있다.

떠나는 분들을 '석반하반惜半賀半'의 심정으로 보내는, 남아 있는 자의 법복의 무게가 오늘 따라 천근같이 어깨를 내리누른다.

그 무거운 법복의 고뇌와 고독을 무려 30년 동안이나 짊어지고 사법부를 묵묵히 지켜온 A판사도 다른 분들과 함께 용퇴했다. 약관弱冠으로 사법시험에 합격한 지 어언 35년, 판사로만 30년 세월 동안 낡은 구두를 신고 법원을 드나들었다.

A판사는 자기 분야에서 능력을 인정받고 두터운 신망을 쌓는 것이야말로 한 인간의 명예이자 삶의 지표라는 생각에 충실했다.

권력은 그저 잠시 왔다가 지나가는 것이니 미련을 갖지 말며, 돈은 자동차를 운전할 때 필요한 휘발유같이 생활에 꼭 필요한 만큼이면 족하다는 생각에 동감한 그는, 결코 좌고우면하지 않았고, 경제적인 어려움에도 불구하고 판사 직을 결코 가벼이 여기지 않았으며, 오히려 성직으로 생각했다.

그는 때로는 찬바람 부는 벌판에 외롭게 서서 옳은 판단을 하려고 최선을 다했고, 사회정의에 대해 치열하게 고민했다. 그는 권력의 편도 시민의 편도 아니었으며 오로지 옳은 자와 정당한 자의 편에 서고자 했고, 재판의 본령은 당사자와 국민을 납득시키는 데 있다는 철학에 충실하고자 했다.

그는 상식을 존중하는 고도의 균형감각을 가진 '정평청명正平淸明'한 전형적인 판사였다.

그럴진대 A판사가 정년까지 우리 법원에 남아 있기를 바라는 것이 후배의 욕심이겠지만, 한편으로 생각하면 요즘같이 불명예퇴직이 많은 때에 스스로 퇴장을 선택했으니 그것만으로도 뒷모습이 아름답다.

인생이 이 땅에서는 모두 나그네이듯이, 판사 직 또한 나그네가 잠시 머무는 곳이 아닌가. 아무리 높이 올라간들 때가 되면 훌훌 털고 떠나야 할 운명을 타고난 것이 나그네의 길이 아닌가.

문제는, 관직의 높이가 아니라 그가 얼마나 진실 된 나그네로서 공직에 머물면서 주인에게 감동을 주다가 아름답게 퇴장하는가일 뿐이다.

떠나는 상머슴이 그 뒷모습을 아름답게 하기 위해서는 평생을 준비해야 한다고 했다. 나는 과연 후일의 아름다운 뒷모습을 준비하는 자세로 법관 직을 제대로 감당하고 있는지 다시 한번 자문하면서, 멀리서나마 A판사의 건강과 행복을 기원해본다.

〈법률신문 2002년 2월 7일〉

* 내가 당시 글에서 'A판사'로 표현한 분은 2002년 2월 사직한 김대환 전 서울고등법원장이다. 내가 1998년 8월부터 1년 동안 서울고등법원 수석부에서 모셨다.

이윤박최전노김김…

이번 주에는 제주도에서 화신花信만이 올라오는 게 아니라 선거판 소식도 전해져 온다. 나라를 위기에서 구하겠다는 일념으로 가득 찬 정치인들이 예선전을 펼치는 모양이다.

월드컵대회와 아시안게임은 물론 제3회 전국동시지방선거와 8월 재·보선, 그리고 대통령선거 등 앞으로 펼쳐질 대형 게임들이 관중을 즐겁게 해주는 한 해가 바로 2002년이다.

국민들이 그런 게임에 너무 빠져서 수사기관이나 법원에 접수되는 사건 수가 줄어드는 일은 차마 바랄 수 없지만, 게임의 주인공 중에 법조인이 유독 많으니 변호사님들은 그런 것에 흥미를 많이 가질 것이 틀림없고, 그리하여 올 봄부터는 소장, 준비서면, 변론요지서의 페이지 수가 대폭 줄어들 것으로 기대된다.

필자 세대는 초등학교 때부터 고등학교 졸업할 때까지 대통령이 한 번도 안 바뀌었고 고등학교 정치경제 시간에는 유신헌법을 금과옥조인 양 배우며 학창시절을 보냈다. 그 전에는 국가원수라야 '이·윤' 두 분밖에 없어서 조선시대 임금 '태정태세문단세…'만 외우면 되었다.

그런데 요즘 아이들은 아예 '…정순헌철고순'까지 한 다음, 한 박자 쉬고 나서 '이윤박최전노김김'까지 외운다. 그렇지 않고서야 국사시간에 격동의 50년 현대사를 제대로 이해하기 어렵기 때문이다. 북한 땅에 사는 학생들은 '김김'밖에 없으니 아직 그런 고민은 안 해도 될 것이다.

올 12월 19일에 대통령선거가 끝나면 지금 초등학교 다니는 딸애는 국사 공부하기 더 힘들어지겠다는 생각이 든다. 목멱산에서 돌을 던지면 '김이박정'이 맞는다고 하던가. '이윤박최전노김김이', '이윤박최전노김김박'이든지 '이윤박최전노김김정'이 되든지 할 것인데, '이윤박최전노김김김'이 되면 외우기가 더 어렵게 된다. '김김김'이 각각 누구인지 또 순서를 정해야 하기 때문이다.

어느 것이 아이들한테 외우기가 좋을지를 따져 투표할 수는 없는 노릇이지만, 어쨌거나 학생들이야 무슨 수를 쓰더라도 외우고야 말 것인즉, 누가 되든지 간에 우리네 평범한 국민들의 바람이야 한결 같으리라.

감동의 정치, 활기찬 경제, 편안한 사회, 행복한 나라. 뭐 이런 것 아니겠는가.

이번에 최고지도자가 되려고 하는 분들 중에 유난히도 법조인이 많이 있어 눈길을 끈다. '이윤박최전노김김'을 보면, 그동안 독립운동가, 군인, 직업정치인뿐이고 법조인은 없었는데, 이제 국민들은 법조인에게 차기次期를 맡길 공산이 크다.

사실 변호사는 직업의 속성 자체가 고객이 자신을 믿고 맡긴 일을 성실하게 최선을 다하여 처리하거나 대변하는 것이 체질화되어 있기 때문에, 선진국의 예를 보면, 공직도 그런 차원에서 고도로 훈련된 변호사에게 맡기는 경향이 있다고 본다. 보다 양심적이고 깨끗하고 성실한 자세로 봉사할 것이라고 신뢰하는 것이다.

앞으로 선거를 통해 공직을 맡으려는 법조인들은 그러한 국민의 희망을 충족시켜줄 책무가 있다는 것을 다시 한번 강조하면서, 모쪼록 좋은 결과가 있기를 법조인의 한 사람으로서 기대해본다.

〈법률신문 2002년 3월 7일〉

판사가 법정에 들어갈 때

선배들 얘기로는, 단독판사 시절에는 정말 자신만만했는데 법정에 들어가는 것이 세월이 갈수록 두려워진다고 한다. 어쨌든 판사들은 운명처럼 매주 한 번씩 그 천근 같은 법복에 몸을 숨기고 법정에 들어가야 한다.

판결문과 메모가 든 두툼한 검정색 서류가방을 신주단지처럼 안고서 법관전용 출입문을 열고 들어가면, 법정경위의 "일어서십시오"라는 구령에 따라 방청객 모두가 일어서 있다. 재판부가 입정할 때 일어서야 한다는 실정법이 없음에도 우리나라에도 그런 아름다운 법정관행이 있다는 게 신기하기도 하다.

그러나 법관으로서는 그 기립이 두려운 것이다. 매서운 눈초리들이 재판부의 일거수일투족을 응시하고 있는, 첫인상을 결정짓는 순간이다.

법관들은 다른 판사의 법정을 방청할 일이 없어서 남들이 어떻게 하는지 사실 궁금하다. 법정에 들어갈 때 어떻게 처신하는지 동료들에게 물어봤더니 각양각색이었다. 법정문을 열기 전에 노크까지 하고 들어가는 이도 있고, 문을 열고 들어가는 그 순간에 목례를 하는 이도 있다. 어떤 재판장은 목례는 생략하고 법대에 앉기 전에 손을 내밀며 "여러분, 앉으십시오"라고 말한다고 한다.

방청객 모두가 다들 일어서서 노려보고 있는데 법대에 그냥 앉자니 멋쩍기도 하여 법대에 가서 앉기 전에 목례를 꾸벅 하는 분도 있다. 어차피 긴 법복을 추스르고 앉자면 고개를 숙이는 것이 편리하다고 한다. '존경하는 여러분, 잘 부탁합니다. 나 자신 이 법복의 무게를 견디기 어렵고 혹여 재판을 제대로 하지 못하더라도 너그러이 용서해주십시오.' 이런 선행자백先行自白을 하면서 말이다.

입정하기 전에 법정경위로 하여금 재판부 소개를 하게 한다는 재판장도 있다.

"잠시 후 10시에 개정하는 오늘 재판은 ○○지방법원 제1민사부 민사합의재판입니다. 재판을 주재하는 재판장은 홍길동 부장판사입니다. 배석하는 판사는 홍동길, 동홍길 판사입니다. 그리고 법대에 좌석이 왜 네 개나 있는지 궁금할 텐데 길홍동 예비판사도 이 재판에 관여합니다. 재판부가 입정할 때는 일어서서 경의를 표해주시기 바랍니다."

다소 서구적인데, '민사합의재판' 하는 도중에 번지수가 틀린 방청인 몇 명을 바로 나가게 하는 효과가 있다고 한다. 그런데 주인이 손님에게 자신이 집주인 누구누구라고 소개하는 경우가 어디 있냐는 반론도 물론 있다.

재판부 입정에 관한 법정관행은 아직 정립되어 있지 않은 것 같다. 필자는 법정이라는 공개된 장소에서는 약간은 형식적이고 의례적儀禮的인 측면이 있어야 한다고 생각한다.

검은 법복을 입고 태극기가 걸려 있는 법정에 들어가는 이상, 바로 법대에 앉아 느닷없이 판결을 선고하기보다는, 국민에 대한 존경심 발로의 일환이든 아니든 겸손하게 목례를 하고 앉는 것이 어떨까 생각한다.

그러고 나서,

"오늘 ○○지방법원 형사합의부 재판을 진행할 재판장 홍길동 판사입니다. 먼저 판결을 선고한 다음 오늘 공판을 진행하겠습니다."

라고 하면 될 것을,

부끄럽게도 필자는 그 간단한 인사말 한마디를 못하고 재판을 바로 시작했다.

〈법률신문 2002년 4월 4일〉

가운을 입고 일하는 직업

중세시대에 대학이 처음 생겼을 때에는 신학, 의학, 법학과만 있었다. 그런 전통을 따라 지금도 가운을 입고 일하는 직업은 성직자와 의사와 법관이 있다.

이들은 인간의 영혼, 생명, 신체, 재산을 다루고, 타인의 삶의 애환 속으로 들어가 저들의 절망과 환희에 발을 담그고 살아가는 봉사奉仕와 소명召命의 직업이다.

세 직업 중에서 성직자와 의사는 일을 하면 할수록 정말 그 상대방으로부터 존경을 한 몸에 받는다. 그래서 의사나 목사는 스승 사師자를 쓴다. 성직자와 의사는 영혼이든 육체든 인간의 병을 치유하고 삶을 풍요롭게 해주니 사실 고맙다는 인사만 받으면 된다.

교사나 교수도 마찬가지여서, 학생들의 초롱초롱한 눈망울, 그 백지白紙 위에다 자기가 그리고 싶은 것을 그려 넣고 채색하면 그것만으로도 존경을 받는다. 한때 의사들이 단단히 화가 나서 하얀 가운 대신에 시퍼런 죄수복을 입겠다고 자청하면서 집단휴폐업을 해서 온 나라가 난리법석이었는데, 그 어떤 이유에서건 의사가 가운을 벗어 던지면 그 순간 존재의미가 반감될 것이다.

그런데 판사라는 직업은 약간 다른 면이 있다. 우선 이름부터가 일에 파묻혀 살라는 것인지 스승 사師자가 아닌 일 사事자를 붙여놓았다.

재판에는 항상 양 당사자가 있다. 이긴 쪽은 명재판을 했다고 존경하는 게 아니라 자기가 당연히 이길 것을 이겼다고 생각하거나, 아니면 감쪽같이 속아 넘어간 무능한 판사라고 비아냥댈 것이다. 재판에서 진 쪽은 무조건 미워한다.

정말 억울한 사람은 그 판사가 그것을 몰라주니 어리석은 판사라고 아쉬워하고, 심지어는 이긴 쪽하고 무슨 모종의 거래가 있었을 것이라고 상상하기까지 한다. 심한 경우 법정에서 말로, 진정서로, 전화로 형편없는 욕설을 하기도 한다. 욕을 많이 먹으면 오래 산다고 해서 그런지 법관들이 의사나 성직자보다 평균수명이 길다고 한다.

국민들을 대신해서 남의 분쟁에 끼어들게 해놓고 국민들 대신 죄인들에게 욕먹어 가면서 형을 선고하라고 만든 직업이 판사인가 보다.

미국이 채택하고 있는 배심제의 가장 큰 장점은 판사가 욕을 안 먹는 제도라는 것이다. 이는 미국 판사에게서 직접 들은 말이다. 국민 스스로 재판을 했으니 그 재판의 당·부당當·不當에 대한 비난의 화살이 결코 판사에게 가지 않는다.

우리나라에서도 앞으로 재판의 민주화라는 측면에서 참심제나 배심제의 도입 논의가 활발히 전개될 것으로 예상되는데, 욕을 덜 먹기 위해서라도 재판업무를 국민들에게 돌려주어야 할 것 같다.

정신과의사 정혜신 박사는《남자 대 남자》라는 책에서 감격스럽게도 "필자가 개인적으로 우리 사회에서 가장 신뢰하는 두 집단 중의 하나는 법관"이라고 했다.

법관이 한 인간으로서가 아니라 국민의 위임에 따라, 더 크게는 신의 위임에 따라 재판에 임하라고 하는 의미에서 입는 것이 법복일진대, 그 법복 속에 자신을 꽁꽁 숨기고 국민의 이름으로 정의롭고 공정한 재판을 하기만 한다면 그까짓 욕을 좀 먹는다고 한들 무슨 대수랴 하는 생각이다.

판사가 입는 법복은 참으로 무거운 가운임에 틀림없다.

〈법률신문 2002년 5월 2일〉

* 2007년 6월 1일 법률 제8495호로 「국민의 형사재판 참여에 관한 법률」이 제정되어 제한적인 배심재판이 2008년 1월 1일부터 시행되고 있다.

큰 大자 이야기

대한민국 사람들은 유난히 큰 大자를 좋아한다. 큰 것에 대한 동경이나 일종의 신앙이 한처럼 스며들어 있는 모양이다. 우리가 지금은 강소국強小國이 되어가고 있지만, 수천 년을 대국의 틈바구니에서 생존해 온 때문인지도 모른다.

대개는 작은 것보다 큰 것이 좋겠지만, 큰 것만 너무 좋아해도 문제다. 신년 인사가 난데없이 '(큰) 부자 되세요'가 된 나라답게 온 세상이 벤처니 복권이니 한탕 식 대박을 꿈꾼다. 영화, 증시, 스포츠에서도 다들 대박을 노린다. 사실 그런 대박 소식이 종종 있다 한들 대부분 소시민들은 20 대 80의 암운이 덮쳐오는 걸 속수무책 지켜보아야 할 것이다.

연말 대선을 앞두고 벌써부터 육두문자를 함부로 쏟아내는 공직 후보자들의 험구가 빈축을 사고 있는데, 그렇게 품위와 금도襟度를 잃게 된 것은 그게 다 큰 大자 탓이다.

때로는 언어가 사람의 의식을 지배하기도 한다. 언제부터인지 대통령직을 군주제나 지독한 독재치하에서나 쓸 법한 대권大權이라고 표현하고 있는데, 그것이 중소권中小權이 아닌 대권인 바에야 생사결단하고 제왕적 대통령이 되고 싶은 것은 자명하다. 대통령의 비상대권과 평상시 대통령의 권한이 大혼동을 일으키고 있다.

원래 큰 大자는 그것이 아닌 中, 小가 있거나 보통이 있을 때 붙이는 접두어이다. 법관과 대법관, 기자와 대기자, 스님과 큰스님, 소령과 대령, 소장과 대장, 초중등학교와 대학교, 중소기업과 대기업, 지방법원과 대법원, 지검과 대검, 지방변호사회와 대한변협, 성수교와 성수대교, 금·은·동상과 대상….

그러니, 대통령이라는 말이 성립하려면 부통령, 중통령, 소통령, 아니면 로마시대처럼 통령의 존재가 당연히 전제되어야 하는데, 우리나라엔 그런 보통통령이 없이 대통령만 있으니 보통국민 위에 군림하는 제왕적 대통령 현상이 생겨날 수밖에 없는 것이다.

대통령제 하에서 보통통령은 바로 행정각부의 장관들인데, 그들이 진정 이 시대의 보통통령이라는 자세로 제대로 일할 수 있는 여건이 마련되지 않으면 그러한 현상은 사라질 수 없는 것이다.

실력 있는 보통통령들이 하나의 팀을 이루어 소신껏 일하지 않고 대통령의 의중만 살펴 일한다면 권력집중이나 친인척비리는 피할 수 없는 숙명인 것이다.

자식들을 위하여 부모들이 대세에 순응하여 큰 大자가 들어가는 동네의 학원가로 몰려가 아파트 값이 천정부지로 솟았다고 大소란을 피웠는데, 사실 대한민국 국민 모두가, 자식 대학 들여보내 큰 大자 들어가는 직업을 가지도록 대망하는 이 시대의 대치동 사람들이다.

대기업 CEO, 대학교수, 대사, 대기자, 대장, 대통령, 대구광역시장, 大스타…. 다 좋다.

그러나 우리 모두가, 그리고 자식들 모두가 큰 大자 들어가는 일을 할 수는 없는 노릇이고 그래서도 안 될 것이다.

오히려 각자 맡은 바 자기 분야에서 大家로서, 나아가 大人으로서 나름대로 쓸모 있는 대들보 역할을 하는 사람들이 많아져야 할 것이다. 이것으로 그동안 쓴 목요일언 6개월을 결산하는 大尾로 삼는다.

〈법률신문 2002년 6월 6일〉

불체포특권 유감

작년에 창원지검 모 검사는 "국회가 무슨 현대판 소도蘇塗냐"고 일갈했다. 체포동의안 처리를 정치적 협상으로 뭉개고 사실상 불구속기소를 요구하는 국회의장의 공문을 받아든 검찰총수는 정치권을 향해 공개적으로 불만을 토로한 적이 있다. 물론 정치권은 불구속수사 원칙을 들이대면서 반발했다.

언필칭 국민의 대표이자 사회지도층인 국회의원이 노블레스 오블리주를 지니고 애당초 구속될 일이 없으면 좋으련만, 현실은 그렇지가 않다. 정치인은 정치자금과 뇌물의 그 모호한 경계 때문에 교도소 담벼락 위에 서 있다고 하지 않는가.

국회의원의 불체포특권은 의정활동을 보장하기 위해 인정되는 헌법상 특전이다. 국회의원은 현행범인 경우를 제외하고는 회기 중 국회의 동의 없이 절대로 구속되지 않는다(헌법 제44조 제1항). 판사는 국회의원에 대해 구속영장을 발부하기 전에 정부에 체포동의요구서를 제출해야 하며, 정부는 지체 없이 국회에 체포동의를 요구하도록 돼 있다(국회법 제26조). 국회의원에 대해 사전 구속영장이 청구된 경우에 영장실질심사를 하기 위해 구인영장을 발부할 때도 판사는 반드시 체포동의요구를 해야 한다.

문제는, 현재의 시스템상 국회가 체포동의안 의결을 차일피일 미루는 경우 판사는 무한정 기다려야 한다는 데 있다. 최근 어느 의원에 대한 체포동의요구안은 6개월 이상 끈 후에 결국 부결됐다. 극단적으로는 임기 만료로 동의요구안이 자동 폐기될 때까지 기다릴 수도 있다.

이런 시스템은 분명 문제이다. 구속영장 청구를 받은 판사는 '신속히' 구속영장 발부 여부를 결정하도록 규정한 형사소송법 제201조 제3항과도 배치된다. 판사가 국회의원에 대한 영장 사건을 몇 달씩 하염없이 붙잡고 캐비닛 안에서 잠자는 수사기록을 지켜보고만 있어야 하다니 정말 어처구니없는 일이다.

불구속기소를 하면 그만이지 않느냐고 한다. 무죄추정의 원칙과 불구속재판의 원칙 하에서 지당한 말씀이다. 인신구속을 최소화해야 한다는 말도 맞다. 구속이 능사는 아니기 때문이다.

그런데 현재 불구속재판을 받고 있는 국회의원들을 보자. 도대체 공판기일에 나타나질 않는다. 의사議事 일정 때문이라고 공판 연기신청을 내면 그나마도 다행이지만, 무조건 출정 거부다. 형사재판도 국회의 의사일정만큼 중요한 국사國事다. 법을 만든 분들이 법을 안 지키면서 백성들을 어떻게 지도할 수 있는지, 기우杞憂일까. 보통의 피고인이 이유 없이 재판기일에 안 나오면 당장 지명수배되고 법정구속될지도 모른다.

출정을 기피하는 국회의원을 법정구속하려면 불체포특권이라는 철벽이 앞을 가로막는다. 천신만고 끝에 심리를 마치고 실형을 선고하면서 법정구속을 할 때도 마찬가지다. 지금 계류 중인 국회의원 재판이 언제 종결되는지 한번 지켜보라. 국회의원에 대한 영장 사건이 몇 달씩 걸리는데, 공판 사건은 몇 년씩 걸릴 게 틀림없다. 임기 만료가 다 되어서 당선무효판결을 하는 건 법원의 직무유기라고 비판들을 하지만, 속내를 조금만 들여다보면 거기에는 불체포특권의 그림자가 드리워져 있음을 직시해야 한다.

현재의 시스템은 국회가 정략政略과 무관하게 지체 없이 체포동의안을 의결할 것으로 믿고 이를 전제로 하여 마련된 것이다. 그러나 그런 소박한 믿음이 현실에서 깨진 이상 현재의 시스템을 당장 보완해야 한다.

첫째, 체포동의안 처리시한을 두어야 한다. 국회법에 체포동의요구를 한 때로부터 한 달이 지나도록 국회가 체포동의안 의결을 하지 않으면 구속에 동의하는 것으로 간주하는 규정을 두면 된다. 그게 싫다면, 구속에 동의하지 않는 것으로 간주하는 규정이라도 두자. 그래야 영장판사는 좌우지간에 무슨 결정을 할 수 있을 것 아닌가.

둘째, 궐석재판의 위헌성 논란이 있을 수 있지만, 정당한 이유 없이 출정을 거부하면 법원이 불출석재판을 강행할 수 있도록 하는 규정을 신설하든지, 법정구속시에는 체포동의가 필요 없도록 하는 규정을 두든지, 원활한 공판 진행을 위한 세련된 방안이 모색돼야 한다. 그래야 법원은 당선무효형이든 유효형이든 신속히 판결 선고를 할 수 있고, 임기 다 끝나고 배지를 떼는 일은 없어질 것 아닌가.

재판하는 판사들이 아쉽다고 법을 만들 수도 없고 법률을 국회에서 개정해주어야 하는데, 입법권을 거머쥔 그들이 제 목에 그런 방울을 달 것인가 그것이 문제다.

〈국민일보 1999년 4월 9일〉

* 나는 1999년 12월 17일자 〈법률신문〉에 '선거법 개정의 방향—선거범 재판절차를 중심으로'라는 글을 기고하여, 피고인이 정당한 이유 없이 지정된 공판기일에 2회 이상 출석하지 아니할 때에는 피고인의 출석 없이 개정할 수 있도록 하는 방안이 모색되어야 한다고 다시 주장했다.

그후 2004년 3월 12일 개정 공직선거법 제270조의2는 선거범에 관한 궐석재판제도를 도입했다. 즉 선거범에 관한 재판에서 피고인이 공시송달에 의하지 아니한 적법한 소환을 받고서도 공판기일에 출석하지 아니한 때에는 다시 기일을 정하고, 피고인이 정당한 사유 없이 다시 정한 기일 또는 그후에 열린 공판기일에 출석하지 아니한 때에는 피고인의 출석 없이 공판절차를 진행할 수 있도록 했다(제270조의2 제1항 및 제2항).

새해 첫날에 창문을 열고

정축년丁丑年 새해가 밝았다.

창문을 활짝 열고 먼저 법원가족 여러분들께 새해 인사를 드린다.

새해가 소띠해인지라 생각나는 시(노래 가사) 중에 정지용(1902-1950 : 1988년 해금시까지 우리는 '정○용'으로 배웠다)이 22세 때 지은 '향수鄕愁'가 있다.

넓은 벌 동쪽 끝으로
옛이야기 지즐대는 실개천이 휘돌아 나가고,
얼룩백이 황소가
해설피 금빛 게으른 울음을 우는 곳,

—그곳이 참하 꿈엔들 잊힐리야.

'송아지 송아지 얼룩 송아지'가 그런 것처럼 황소가 '얼룩백이'여서 필자로서는 불만이지만, 우리들 모두는 소띠해 새해 아침에 그런 고향이 생각날 것이다.

이제 새해부터는 영장실질심사제도가 시행된다. 이에 따라 우리들의 고향에 막강한 권한을 가지고 황소처럼 일할 영장전담법관이 20여 분 탄생했다. 우선 초대 영장전담법관이 되신 판사님들께 축하의 인사를 드린다.

영장전담법관은 관할지역 전체의 구속 여부를 결정하는 권한을 전담(전문적으로 담당하면 專擔이고 전부 담당하면 全擔이리라)하지만 수사기관이나 국민 또는 언론이 쏘아대는 십자포화를 또한 전담全擔해야 한다.

매일 수차례 재판(심문)을 해야 하고 하루에 10~20명의 구속 여부를 혼자 결정해야 하니 정말 외롭고 고달픈 일을 전담(고통전담)하게 된 것이다. 그래서 필자로서는 위로(?)의 인사도 드려야 할 것 같다.

영장전담법관은 이제 피의자 나아가 국민과 최단거리에서 그들의 숨소리까지 들으면서 삶의 생생한 모습을 직접 접하게 되며 그들의 눈에 맺힌 눈물의 의미를 제대로 읽어내고 그 눈물을 닦아주는 새로운 경험을 하게 된다.

그동안 법관은 수사기록이라는 창문, 그것도 누군가에 의해 채색된 창문, 아니면 원래의 빛을 굴절시키는 반투명 유리창을 사이에 두고 그 너머 방 안에 앉아서 추운 바깥에서 떨고 있는 피의자를 바라만 보았지 그 창문을 열고 피의자를 만나볼 수 없었다.

새해에는 그 창문이 열린 것이다. 그들의 눈물을 바로 바라보고 닦아줄 수 있게 된 것이다. 국민의 곁으로 한 발 더 가까이 다가설 수 있게 된 것이다.

왜 창문을 열어야 하는가. 이 추운 겨울에 창문을 열면 어떻게 하라고. 정지용의 시 중에 '춘설春雪'이라는 시가 있다.

문 열자 선뜻!
먼 산이 이마에 차라.

창문은 따뜻한 방 안과 차가운 바깥의 경계를 이루는 물상物象이다. 겨우내 닫혀 있던 방 안에서 창문을 여는 순간 비로소 구체적 사물과 만날 수 있는 것이다.

장 폴 샤르트르Jean Paul Sartre(1905-1980)는 인식 이전에 사물로 있던 것이 인식으로 들어옴으로써 비로소 대상이 될 수 있다고 했다. 무無의 상태에서 사물을 깨우는 것이 인간이며 잠재적 사물의 혼돈 상태에서 구체적 사물로 변화시키는 것이 의식이라고 했다. 사물이 의식을 만나 대상이 되는 것이다.

판사가 창문을 열기 전에는 피의자는 판사에게 존재가 되지 못하고 다만 습관적인 '거기 있음'에 그칠 수밖에 없었다. 판사가 창문을 열었을 때 느끼는 그 차가운 인지認知의 순간 비로소 세상은 실재하는 대상의 세계가 되는 것이다. 창문을 열어 차가움을 느끼는 그 순간은 바로 사물을 인식에 의해서 존재로 회생回生시키는 순간이 아니던가.

이제부터는 구속이라는 궂은일을 판사가 해야 한다. 판사는 바깥 공기가 차더라도 과감히 창문을 열어야 한다. 필자는 여기에 영장실질심사의 핵심이 있다고 생각한다.

판사가 창문을 열고 피의자를 많이 만나면 만날수록 좋은 일이다.

사실 도망할 염려가 있는지를 판단하는 것은 판사의 전인격적 결단이라 할 수 있는데, 판사가 피의자심문을 많이 하면 할수록 인간의 심리나 삶의 모습에 대한 예리한 통찰력이 길러질 것임은 자명한 것 아닐까.

아무리 중죄인이더라도 또 수사기록상 구속의 사유가 나무나 분명하다 하더라도 피의자의 한마디 호소라도 들어주고 추위에 고생이 많을지도 모르겠다고 위로해주는 것이 판사의 당연한 책무가 아닐까.

다시 한번 영장전담법관님들께 축하와 위로의 인사를 드린다.

〈법원회보 1997년 1월 1일〉

제8장

망자의 한을 달래며

- 삶과 죽음을 다루는 직업
- 바뀐 시신의 값은 얼마인가
- 거창민간인학살 사건

삶과 죽음을 다루는 직업

성직자와 의사와 법관의 공통점을 굳이 찾는다면, 사람의 삶과 죽음을 다루기 때문에 가운을 입고 일한다는 것이 아닐까? 그들이 성스러워야 하는 이유는 바로 여기에 있다.

성직자는 삶의 고통을 함께 짊어지고 아린 가슴을 쓰다듬어주기도 하고 망자亡者의 혼을 주관하는 위로자이다.

의사는 삶과 죽음의 경계선에서 사람의 목숨을 다루는 고독한 투사이다.

법관은 직업의 속성이 그렇듯이 대개 지나간 과거사過去事 속으로 소급遡及해 들어가 그것이 현재의 시점에서 가지는 의미를 해석하고 가치를 분석해내는 데 골몰하는, 마치 역사가와 비슷한 방식으로 일을 한다.

실제 재판은 지나간 삶의 역사 속에서 서로 다른 주장을 하는 당사자 사이에서 증거자료라는 사료史料를 통해 사실과 진실을 찾아가며 추론한다는 점에서 역사가의 역할과 비슷하다.

나중에 상세히 보게 되는데, '거창민간인학살 사건'은 우리에게 역사이지만, 법관은 거창사건을 다루는 소송에서 판결문을 통해 사관史官이 된 심정으로 그 역사적 사실을 재구성하기도 하는 것이다.

법관은 이미 죽은 사람의 값을 재량載量하는 일도 해야 한다.

하늘 아래 모든 사람이 다 평등하다면 그 생명의 가치도 같아야 하건만, 인간이 만든 재판제도 아래에서는 사람마다 생김새가 다르듯이 목숨의 값도 제각각이다.

법관은 사고를 당해 죽은 사람과 그 유족의 손해배상액을 얼마로 할 것인지를 계산해야 하고, 무슨 동기에서건 사람을 죽인 피고인의 형량을 얼마로 할 것인지를 양형量刑해야 한다. 심지어는 사람을 죽인 피고인의 목숨을 빼앗는 극형을 주는 악역(?)도 때로는 맡아야 한다.

돌아가신 분께는 대단히 송구스럽지만, 법관을 하다 보면 어떤 때는 골치 아픈 형사 사건의 피고인이 갑자기 사망했다고 하면서 호적(가족관계등록부)등본이 제출되면 깨끗이 공소 기각결정으로 사건 하나를 처리하기도 한다.

바뀐 시신의 값은 얼마인가

내가 법관으로서 망자亡者의 한恨을 실감나게 다룬 재판이 있었다.

진주법원에서 부장판사로 근무할 때 참으로 기막힌 사건을 하나 재판한 적이 있다.

병원 영안실 직원의 실수로 원고들의 어머니 시신이 다른 상가 남자 시신과 뒤바뀐 사건이다. 두 망자의 성씨가 같아 담당 직원이 관에 씌워진 관보만 보고 관을 바꿔 내준 탓이다.

상주喪主의 꿈자리가 뒤숭숭하여 돌아가신 아버지 산소 옆에 안장하기 직전에 관을 열어보니 시신이 바뀐 것을 발견하고 그날 그 병원 영안실에서 나간 시신 6구 중 매장된 4구를 밤중에 파헤쳐보았으나 거기에는 없었다. 나머지 2구는 이미 화장된 뒤였다. 그런데 유전자 감식을 해도 그 화장된 2구 중 어느 것이 원고들의 어머니의 것인지 밝힐 수 없다.

어머니를 두 번 잃은 격이 된 유족들은 병원을 상대로 5억 원의 위자료청구소송을 제기했다.

어찌 유족들의 그 슬픔과 정신적 고통을 돈으로 계산할 수 있을까?

그런데 야속하게도 우리 민법 제394조*에는 '금전배상의 원칙'이 정해져 있어 법관은 그것을 계산해내야 한다.

* 민법 제394조 : 다른 의사표시가 없으면 손해는 금전으로 배상한다.

배석판사들과 합의合議를 거쳐 위자료 액수를 일단 보통 사람이 죽었을 때의 당시 위자료 액수와 동일한 5,000만 원으로 정한 다음, 그것으로는 도저히 위로받을 수 없을 유족들의 슬픔은 판결문으로 달래주기로 했다. 돈 5,000만 원으로야 부족하겠지만, 판결문을 읽고 그것으로 위로를 받는다면 이 또한 그들의 눈물을 닦아주는 판사의 임무가 아니겠는가?

그래서 고심 끝에 판결문에다 다음과 같이 위로의 말씀을 적었다.

"인간이면 누구나 그 육체적 생명이 다하면 결국 한 줌 흙으로 돌아가거나 한 움큼의 재가 되어 흩어져버릴지라도, 낳아주고 길러주신 어버이가 돌아가시면 흔히 자식 된 당연한 도리로 그야말로 하늘이 무너져 내리는 슬픔을 가눌 길 없는 그 와중에서도 양지 바른 명당을 찾아서 산소를 곱게 쓴 다음 그 곳에 평안히 잠들게 하고 때가 되면 산소를 찾아가 살아생전의 어버이를 추앙하며 성묘하는 오랜 조선숭상祖先崇尙의 풍습이 아직도 우리나라에서 지배적인 양속良俗으로 자리 잡고 있는 현실에 비추어보면, 특히 화장火葬이 아닌 매장埋葬의 방식으로 장사葬事를 치르기로 결정하고 그것도 이미 돌아가신 선고先考와 합분하려고까지 계획하였던 이 사건에 있어서, 영안실에서 선비先妣의 시신이 다른 상가의 남자 시신과 뒤바뀌었고 장사 직전에야 그 사실을 발견하고 혼비백산魂飛魄散하여 어머니의 시신을 찾아 헤맸으나 그때는 이미 다른 상가의 장사방식에 따라 화장되어버리고 이제는 어머니의 유골조차 수습할 길이 없어진 원고들로서는 어머니 돌아가신 후에 다시 씻을 수 없는 불효를 저질렀다는 자책감과 허탈감 때문에 망연자실茫然自失할 수밖에 없어, 이는 가령 사람이 비명非命에 죽었을 때 느꼈을 것에 버금가는 엄청난 정신적 충격과 고통으로 다가와 어머니를 여읜 슬픔이 배가倍加되었을 것으로 보인다."

물론 이 정도의 판결문을 가지고 유족들이 위로받았는지 여부는 확인해볼 도리가 없지만, 적어도 법관으로서는 그렇게라도 유족들의 눈물을 닦아주려고 노력한 것으로 만족해야 했다.

그러나 나의 판결은 어느 쪽도 만족시키지 못했고, 양쪽 모두 불복하여 항소抗訴했다. 나중에 부산고등법원은 오늘날 화장이 늘어나는 추세라고 하면서 위자료를 3,500만 원으로 낮추었고, 그 판결은 대법원에서 확정되었다.

이 사건은 너무나 인상에 깊이 남아 있어, 2001년 11월 14일에 진주에 있는 국립경상대학교에 초청받아 법대 학생들을 상대로, '우리나라 법치의 현실과 미래'라는 제목으로 특강을 할 때도 법관의 고민을 알리려고 소개해준 바 있고, 판결문 전문이 〈법률신문〉에 실리기도 했다.

거창민간인학살 사건

진주법원에서 민사합의부 부장판사로서 거창민간인학살 사건과 관련된 소송을 2건 다룬 적이 있다.

하나는, 나라에서 거창사건특별법에 따라 수백억 원을 들여 시행하려던 위령사업의 입찰절차에서 불거진 사건이었고, 둘째는, 거창사건 유족들이 나라를 상대로 제기한 손해배상 청구소송 사건이다.

이해를 돕기 위해 먼저, 거창사건의 발생과 그동안의 유족들의 명예회복 노력을 알아볼 필요가 있는데, 이 부분은 나중에 보게 되지만 위 손해배상 사건의 판결문에서 그대로 인용하는 편이 나을 것이다.

사관史官이 된 심정으로 당시 제출된 모든 증거와 증언을 종합하여 역사적 사실을 재구성해보았다.

가. 거창민간인학살 사건의 발생

(1) 1950년 한국전쟁이 발발한 후 인민군의 낙동강 도강작전 중에 국제연합군의 참전으로 인민군은 후퇴하기 시작하였고, 인천상륙작전이 전개되어 인민군의 북상이 차단되자 그 패잔병들은 지리산 등 산악지역으로 들어가 지방 빨치산세력(남해여단)과 합세하여 지리산 주변 민가에서 식량을 조달하며 후방교란작전을 시작하였다. 이에 피고는 1950년 12월 공비소탕작전을 전담할 육군 제11사단(사단장 최○○ 준장)을 창설하고 사단사령부를 전남 남원에 두고, 예하부대로 전북 전주에 13

연대, 광주에 20연대, 경남 진주에 9연대를 배치하였으며, 9연대는 예하 부대로 경남 함양군에 1대대, 경남 하동군에 2대대, 경남 거창군에 3대대를 배치하여 공비토벌작전에 돌입하게 되었다.

(2) 그런데 제11사단은 신설부대로서 훈련을 제대로 하지도 못하였을 뿐만 아니라 대 게릴라전에 대한 경험도 부족하고 그 작전지역도 광범위하여 부족한 병력으로 공비토벌작전을 효율적으로 수행하기 곤란하였다. 이에, 제11사단장 최○○ 준장은 공비토벌작전의 기본방침으로 '견벽청야堅壁淸野'라는 작전개념을 내세웠는데, 그 내용은 '반드시 확보하여야 할 전략거점은 벽을 쌓듯이 견고히 확보하고, 부득이 포기하는 지역은 인원과 물자를 철수하고 적이 이용할 수 있는 모든 것을 없앰으로써 적이 발붙일 수 없는 빈 들판을 남겨준다'는 것이었다.

(3) 한편, 1950년 12월 5일 지방 빨치산이 거창군 신원면에 있는 경찰지서를 습격하고 신원면 일대를 장악하였는데, 거창경찰서는 경찰력으로 그 수복을 시도하였으나 계속 실패를 거듭하게 되어, 그 임무는 결국 9연대가 맡게 되었다. 그 뒤, 1951년 2월 초순경 9연대장 오○○ 중령은 함양, 거창, 산청 등 지리산 남부에 출몰하는 공비소탕을 위하여 연대합동작전을 결정하였는데, 그 작전 내용은 함양의 제1대대(대대장 이○○ 소령), 하동의 제2대대(대대장 임○○ 소령), 거창의 제3대대(대대장 한○○ 소령)가 각각 담당 지역에 있는 공비를 소탕하면서 산청 방면으로 진격하여 지리산 남부에서 합동작전을 편다는 내용이었다(그 작전을 위하여 신원면 전역에 계엄령이 선포되고, 주민들의 출입이 통제되었다).

(4) 그때 작전 개시에 앞서 연대장 오○○ 중령은 각 대대장을 불러 사단사령부에서 내려온 공비토벌작전의 기본방침인 '견벽청야'라는 작

전개념과 구체적인 작전명령을 시달하였고(각 대대장들이 받은 구체적인 작전명령의 내용은 '적의 손에 있는 사람은 전원 총살하라' 또는 작전수행 중 미수복지역에 남아 있는 주민은 적으로 간주, '총살하라'는 것이었다는 주장도 있으나 분명하지 않다), 특히 3대대장 한○○ 소령에게 1950년 12월 5일 거창군 신원면에서 지서습격 사건이 있었다는 사정을 알리고 그 일대를 공비오염지구로 보아 공비를 철저히 토벌할 것을 지시하였다.

(5) 이에, 3대대장 한○○은 1951년 2월 7일 3대대 병력을 이끌고 거창농업학교에서 출발하여 신원면에 진입하였으나 공비를 발견하지 못하고 경찰과 청년의용대만을 남겨둔 채 연대합동작전을 위하여 산청 방면으로 행군하였다. 그 다음날 연대장 오○○은 3대대를 찾아와 공비들이 신원면에 남겨둔 경찰과 청년의용대를 습격하여 막대한 피해를 입혔다는 이유로 3대대장 한○○에게 호된 질책을 하였고(연대장 오○○은 대대장 한○○이 위에서 지시한 구체적인 작전명령대로 작전을 수행하지 아니하였기 때문에 공비들이 주민들의 도움을 받아 다시 신원면을 습격하였다고 하면서 위 작전명령대로 하라고 지시하였다는 주장도 있으나, 그 역시 분명하지 않다), 이에 한○○은 3대대 병력을 이끌고 다시 신원면으로 돌아가 공비토벌작전을 전개하게 되었다. 3대대는,

① 1951년 2월 9일 새벽 신원면에 들어와 거창읍으로 행군하던 중 신원면 덕산리 청연마을 78세대 민가에 불을 지르고 주민 80여 명을 눈이 쌓인 마을 앞 논으로 강제로 끌어내어 군용무기로 무차별 사살하였고(그 현장에서 선정자 89 김○○만 어머니의 시체 밑에서 구사일생으로 살아남았다),

② 그 뒤 거창읍으로 빠져나가 날이 저물자 재차 신원면으로 진입하여 내동마을과 오례마을에 주둔하던 중 다음날인 1951년 2월 10일 신원면 소재지로 이동하여 과정리, 중유리, 대현리, 와룡리에 병력을 투입

하여 전 민가에 방화하고 대현리, 와룡리 주민들을 소개한다는 이유로 남아 있는 전 주민을 면 소재지로 집결시키던 중 날이 저물자 대열을 이루며 끌려가는 주민 중 노약자 20여 명을 강변도로에서 사살하고, 뒤에서 끌려가는 노약자, 부녀자, 어린이들 100여 명을 신원면 대현리 탄량골 계곡에 몰아넣고 역시 군용무기로 무차별 사살하고 나뭇가지를 덮어 기름을 뿌려 불을 질렀으며(그 현장에서 임○○만 살아남은 것 같으나 확실하지 않다),

③ 1951년 2월 10일 오후 과정리, 중유리 전 주민과 대현리, 와룡리의 주민 1,000여 명을 신원초등학교에 강제로 수용하고 1951년 2월 11일 주민 1,000여 명을 분류하여 군인가족, 경찰가족, 공무원가족, 청년당원가족은 귀가시키고 남은 540여 명의 주민을 신원초등학교에서 700m 떨어진 박산 골짜기로 몰아넣고 그 중 12명을 주위에 대기시키고는 기관총과 개인총기로 무차별 사살하고 나뭇가지를 덮어 불을 지른 뒤(역시 그 현장에서 정○○만이 큰 바위 밑을 결사적으로 파고 들어가 살아남았다), 대기시킨 12명으로 하여금 희생자들이 모두 사망하였는지 확인하게 한 다음 11명은 사살하고, 마지막으로 남은 문○○이 살려달라고 필사적으로 애원하자 절대 발설하지 말라고 위협한 뒤 그대로 철수하였다(위 3곳의 민간인학살 사건을 이하 "거창사건"이라고 한다).

(6) 거창사건의 희생자는 1951년 2월 9일 청연골에서 84여 명, 1951년 2월 10일 탄량골에서 100여 명, 1951년 2월 11일 박산골에서 517여 명, 기타 지역에서 18여 명으로 모두 719명이며, 연령별로는 10세 미만 313명, 11세~50세 340명, 60세 이상 66명이었고, 성별로는 남자 327명, 여자 392명이었다(이 숫자는 거창사건 후 9년이 지난 뒤인 1960년 5월 23일경 국회 진상

조사단이 확인한 숫자인데, 정확한 숫자는 파악하기 어려우나 최소한 그 이상인 것은 확실한 것으로 보인다).

나. 거창사건 은폐 시도와 국회조사단의 활동 및 관련자 처벌

(1) 거창사건 발생 후 경남지구계엄사령부 등은 원고 등을 포함한 그 주변에 거주하는 주민들이 사건 현장에 접근조차 하지 못하게 철저히 막았으나, 그 주변지역으로 거창사건에 대한 소문이 확산되기 시작하였고, 그 며칠 뒤 원고 이철수 등이 헌병사령부에 제보를 하여 헌병대가 그 진상을 조사하기 시작하였다.

(2) 그러나, 그 당시 국방장관인 신성모는 외국의 원조로 전쟁을 수행하고 있는 와중에 군의 비행이 외국에 알려지면 전쟁수행에 지장을 초래하고 군의 사기를 해친다는 등의 이유로 거창사건을 적극 은폐할 것을 지시하였다.

(3) 그럼에도 불구하고 거창사건은 결국 외부로 전파되었고, 거창 출신 국회의원 신중목이 1951년 3월 29일 국회 본회의에서 거창사건을 폭로하여 급기야 1951년 3월 30일 국회가 내무, 법무, 국방부와 합동으로 진상조사단을 구성하게 되었다.

(4) 국회조사단이 1951년 4월 7일에 거창사건 현장을 답사한다는 소식을 전해들은 신성모 국방장관 등은 거창사건을 은폐하고자 국회조사단이 내려오기 4~5일 전쯤에 3대대장 한○○으로 하여금 부하장병 100여 명을 출동시켜 사건 현장의 출입을 막고, 박산골 희생자 시체 가운데 윗부분에 있던 어린이의 시체를 대충 가려내어 그곳으로부터 약 2km 떨어진 거창군 신원면 대현리 홍동골로 옮겨 암매장하도록 하

였고, 경남지구계엄사령부 민사부장 김○○ 대령은 신성모 국방장관과 모의하여 사전에 학살 현장을 은폐시키고, 9연대 정보참모 최○○ 소령이 인솔하는 수색소대로 하여금 공비로 위장하여, 신원면으로 통하는 험준한 수영더미 고개에 매복한 뒤 국회조사단에게 총격을 가하여 현장답사를 저지시킬 것을 지시하여, 1951년 4월 7일 국회조사단이 거창사건 현장으로 가기 위하여 위 수영더미 고개를 지나려 하자 미리 공비로 위장한 위 수색소대가 일제히 사격을 가하여 국회조사단은 사건 현장에 접근하지도 못한 채 그대로 철수하게 되었다.

(5) 신성모 국방장관의 은폐 기도에 따라 정부는 1951년 4월 24일 거창사건의 희생자는 187명으로서 모두 공비들과 통모하여 이들을 도와준 자들이며 신원면 주민 중 군경가족, 노약자, 부녀자들, 개전의 정이 있는 자 등은 모두 제외한 뒤, 신원초등학교에 고등군법회의를 설치하여 재판을 한 결과 187명을 유죄로 인정하여 사형을 선고하고, 이어 이들을 현장에서 총살할 것을 대대 정보장교에게 명령하여 2월 12일 신원초등학교 근처에 있는 박산골에서 개별적으로 사형을 집행하였다고 발표하였다.

(6) 그 뒤, 신성모 국방장관이 해임되고 또 국회에서 1951년 5월 14일 거창사건 책임자를 처벌하라는 결의문을 채택하고, 관련자를 처벌하여야 한다는 여론이 비등하자 거창사건에 대한 수사가 재개되었다. 1951년 7월 27일 거창사건이 발생된 지 5개월여 만에 대구고등법원에서 열린 중앙고등군법회의에서 거창사건 관련 책임자에 대한 재판이 시작되었고(정부가 축소, 왜곡하여 발표한 대로 공비들과 통모한 187명을 살해한 혐의 등으로만 기소된 것으로 보인다), 1951년 12월 15일 군검찰관은 9연대장 오○○ 대령에게

사형, 3대대장 한○○ 소령에게 사형, 정보장교 이○○ 소위에게 징역 10년, 경남계엄사령부 민사부장 김○○ 대령에게 징역 7년을 구형하였는데, 위 중앙고등군법회의는 1951년 12월 16일 오○○에게 무기정역, 한○○에게 징역 10년, 김○○에게 징역 3년을 선고하였다(총살형을 집행하였다는 이○○에게는 무죄를 선고. 그리고 오○○ 등은 거창사건 당시의 연대 작전명령서를 국회조사단의 방문 무렵에 문제된 부분(작명 제5호 부록)을 임의로 수정하였다는 이유로도 기소되었으나, 위 중앙고등군법회의는 범의가 없거나 국방부장관의 명령을 단순히 전달한 것에 불과하다는 등의 이유로 오○○ 등에게 그 부분에 대하여는 무죄를 선고하였는데, 원래의 작전명령 내용이 무엇이었는지 현재로서는 분명하지 않다). 그러나, 실형을 선고받은 오○○, 한○○, 김○○은 모두 1년여 만에 다시 석방되어 복직되었다.

다. 유족들의 명예회복 등을 위한 계속된 활동

(1) 한편, 거창사건 희생자들의 시신은 그대로 3년여 넘게 방치되다가(박산골 희생자 중 윗부분에 있던 어린아이의 시체는 3대대가 국회조사단의 현지방문 며칠 전에 이를 가려내어 거창군 신원면 대현리 홍동골에 갖다 묻었는데, 유족들은 그 당시 분위기에 눌려 나머지 시신은 발굴할 엄두도 내지 못하였다), 일부 국회의원과 유족들이 1954년 음력 3월 3일 학살 현장에 흩어져 있는 희생자들의 유골을 모았으나 그 신원을 알 수 없어 큰 뼈는 남자, 중간 뼈는 여자, 작은 뼈는 어린이로 구분하여 화장을 하고, 박산골에 남자 합동묘, 여자 합동묘, 어린이 합동묘를 만들어 매장하였다.

(2) 그 뒤, 1960년 5월 11일 박산 합동묘에 위령묘비와 상석을 세우던 유족들은 거창사건 당시 주민들의 성분을 가리는 데 참여한 신원면장 박○○가 주민들을 보호하기는커녕 오히려 공비로 몰아 사살되도

록 하였다며 박○○를 성토하다 박○○를 데려와 사과를 받으려고 하였는데, 거창경찰서장이 인솔한 경찰이 이를 가로막고 박○○ 면장을 데려가려고 하자, 흥분한 유족들이 박○○를 향하여 돌을 무수히 던짐에 따라 결국 박○○는 심한 두개골 파열로 치명상을 입는 등으로 현장에서 사망하게 되었다(그로부터 1년여가 지나 이른바 군사혁명정부가 들어서자, 박○○ 면장 친척의 고소로 유족대표인 문○○, 어○○, 임○○, 문○○, 이○○ 등이 이 사건으로 구속되어 재판을 받았는데, 1962년 9월 6일 경남지구계엄보통군법회의는 문○○ 등에게 집행유예를, 김○○, 정○○에 대하여는 무죄를 선고하였다).

(3) 그리고, 1960년 5월 23일경 국회조사단이 1개월간 거창사건을 현지조사하고 또 1960년 11월 18일에는 거창사건 희생자 유족들이 박산 합동묘소 위령비 제막식을 거행하기도 하였다.

(4) 그러나, 1961년 5월 18일 이른바 군사혁명정부는 원고 문○○ 등 유족대표들을 반국가단체 조직 혐의 등으로 구속하여 수사하고(원고 문○○ 등은 1962년 7월 13일 혐의없음 처분을 받았다), 1962년 6월 15일경 위 묘소의 위령 비문은 국군을 모독하는 내용이 있다는 이유로 정으로 지워 땅에 파묻어버리는 한편, 경남도지사 명의로 유족들에 대하여 희생자별로 개인 묘를 쓰도록 개장명령을 하고 합동분묘의 봉분을 파헤쳤다(그후 1967년경에 합동분묘를 다시 복구하게 되었다).

(5) 거창사건 이후 계속하여 유족들은 거창사건의 유족이라는 이유로 공무원 등에 임용되지도 못하고, 또 거창사건을 언급하는 것조차 못하도록 감시를 받게 되었으며, 유족들 역시 거창사건의 유족들이라는 사실마저도 숨긴 채 살아가게 되었는데, 1980년 이후에 와서야 유족들은 합동묘소 위령비 원상회복 및 거창사건 희생자 명예회복과 배

상을 1982년 6월 1일 전두환 대통령에게, 1988년 1월 24일 노태우 대통령에게 반복하여 진정·호소하였으나, 피고는 별다른 조치를 취하지 아니하였다. 이에 유족들은 1988년 2월 15일 '거창 양민학살 희생자 위령추진위원회 발족 및 궐기대회'를 열고 박산 합동묘소까지 가두행진을 하면서 전 국민에게 명예회복 및 손해배상에 관한 호소문을 발송하였다. 그리고 1988년 11월 7일부터 3일간 거창사건 희생자 유족 300여 명이 국회의사당, 통일민주당사, 평화민주당사 앞에서 각기 시위를 계속하여 당 대표들로부터 특별법 제정에 대한 약속을 받는 등 활동을 계속한 결과, 1989년 9월 19일 거창양민학살사건명예회복및배상에관한특별법안이 국회의원 165명에 의하여 발의되었으나 회기 내에 입법이 안 됨으로써 폐기되고, 그 뒤, 유족대표 등이 수차례에 걸쳐 국회의원을 면담하고, 시위, 청원 등을 함에 따라, 1995년 12월 18일 「거창사건 등 관련자의 명예회복에 관한 특별조치법」(1996. 1. 5. 법률 제5148호, 이하 "거창사건특별법"이라 한다)이 제정되었고, 1998년 2월 17일 거창사건특별법 및 그 시행령에 의하여 설치된 거창사건등관련자명예회복심의위원회에서 유족등록신청을 받아 이를 심의한 뒤, 거창사건으로 548명이 사망하였으며, 그 유족은 785명이라고 결정하였다(일정 기간 동안 유족등록신청을 받은 것만을 근거로 그 희생자와 유족을 심의, 결정하였으므로, 희생자 숫자는 위 국회 진상조사단이 확인한 숫자에 미치지 못할 수밖에 없고, 유족 숫자는 각 희생자별로 유족을 인정하여 단순합산하였으므로, 중복된 경우를 고려하면 그에 훨씬 미치지 못한다).

거창사건 희생자 합동위령사업은 「거창사건 등 관련자의 명예회복에 관한 특별조치법」에 따라 경남 거창군 신원면 대현리 부지에 역사교육관, 유영봉안소, 위령탑, 일주문, 묘역 등이 있는 대규모 추모공원 16만 2,425제곱미터를 조성하는 공사이다. 2000년 9월 19일 거창군의 입찰을 거쳐 공사가 시작되려고 하던 중에 입찰에서 탈락한 업체가 거창군과 낙찰업체를 상대로 '계약이행금지가처분'을 내면서부터 문제가 불거졌다.

입찰에서 적격심사결과 최저가 입찰 3위 공동 도급업체인 주식회사 보성과 화성종합건설이 최종 낙찰자로 결정되자 상위권 공동 도급업체인 주식회사 남해종합개발 등 2개 사가 적격심사과정에 문제가 있다고 하면서 거창군과 낙찰업체를 상대로 진주법원에 계약이행금지가처분 신청을 했고, 법원은 일단 담보를 제공하게 하고 가처분을 하여 공사가 중단되었다. 위 가처분에 대한 이의 사건과 본안 사건을 내가 맡게 되었다. 지금은 거창지원도 합의부가 있지만 당시에는 단독지원이어서 합의 사건은 진주지원에서 관할했다.

원고 측은 "거창군이 적격심사를 하는 과정에서 낙찰회사의 과거 공사실적 중 시공할 필요가 없는 '자연 그대로의 녹지면적'을 조경면허가 없는 이 회사의 시공실적으로 인정하는 것은 부당하므로 계약이행이 금지되어야 하며 계약 자체가 무효"라고 주장했다.

그 당시 거창사건 위령사업 추진이 소송 때문에 중단되자 지역여론이 좋지 않다는 것을 알고는 재판을 가능한 한 빨리 마무리해야 했다. 우리 재판부는 집중심리를 하여 사건 접수 3개월도 안 되어 2001년 4월 13일에 판결을 선고했고, 쌍방이 승복하여 판결은 확정되었다.

그후 거창사건 손해배상소송으로 현장검증을 갔을 때 둘러보니 위령사업은 순조롭게 진행되고 있었다. 법관으로서 사건을 무난히 해결해주어 참으로 보람을 느꼈던 사건이어서, 나중에 공원 조성이 끝나면 꼭 한번 들러보아야겠다는 생각을 했다.

위에서 얘기한 위령사업에 관한 소송이 한창 심리 중이던 2001년 2월 17일, 거창사건 유족 409명은 국가를 상대로 손해배상 청구소송을 제기했다(2001가합430호).

이렇게 나는 법관으로서 거창사건을 보다 깊이 알게 되었다. 2001년 4월 13일 위령사업에 관한 사건을 마무리 지은 다음 손해배상소송을 본격 심리하기 시작했다.

원고들은, "거창사건으로 인해 희생자들이 사망함으로써 희생자 및 그 유족들이 정신적인 고통을 입었음은 경험칙상 명백하고, 거창사건 희생자의 유족인 선정자들이 희생자들의 피고에 대한 위자료 청구권을 상속받았으므로, 피고는 원고들에게 희생자 1인당 5,000만 원의 위자료(공동 상속한 경우에는 상속지분별로 분할) 및 원고들 자신의 위자료를 각 지급할 의무가 있다"고 주장했고, 피고는, 거창사건으로 인한 희생자 및 그 유족들의 정신적인 고통에 대한 위자료 청구권은 시효가 완성되어 소멸하였다고 주장했다.

첫 변론기일은 유족들로 법정이 가득 찬 가운데 2001년 3월 30일 10시에 열렸다. 법정에서 피고 측 소송수행자인 군법무관에게 현재까지 행방이 묘연한 지난 1951년 당시 군사재판 판결문 원본을 찾아서 제출해 달라고 요청하는 한편, 원고 측의 현장검증신청을 받아들여 채택했다.

사실 50년 전의 일을 다루는 사건에서 현장검증은 굳이 필요하지도 않지만, 사건 현장을 눈으로 확인하고 현장에서 목격자의 생생한 증언을 듣는 것은 사안의 실체를 파악하는 데 매우 유용할 것이라는 생각과 유족들의 심정 속으로 한번 들어가본다는 생각으로 현장검증을 하기로 했다. 지금 생각해도 그때 그 결정은 정말 잘한 결정이라고 생각한다. 거창군 '신원' 땅에 가서 '신원伸冤'을 해주려는 자세였다고나 할까.

2001년 4월 2일자 〈한겨레신문〉은, 내가 그런 말을 하지 않았는데도, "역사의 진실을 밝히는 것은 물론, 앞으로는 이러한 일이 우리 땅에서 다시는 일어나지 않도록 하기 위해 이 법정에서 마무리 지어야 한다는 시대적인 소명감에서 이같이 결정했다"고 멘트를 달았는데, 그 당시 내 심정을 거의 간파한 것은 맞다.

2001년 4월 13일은 위에서 얘기한 위령사업 사건의 판결선고일이어서 현장검증기일은 그것을 마무리한 후인 4월 24일 오후 5시로 잡았다. 현장검증 전날인 4월 23일에는 대법원에서 조정실무위원회 회의가 있어 위원으로 하루 종일 참석하여 그 당시 대법원에서 발간 예정이던 《조정실무》의 원고를 심의했다. 현장검증일인 4월 24일 아침 비행기를 타고 하경했는데, 운무 속을 사뿐히 나는 비행기 속에서 창밖을 물끄러미 바라보았다. 이렇게 아름다운 산하에서 그런 사건이 일어났다니.

그날은 현장검증이 하나 더 있어서 오후 1시 30분경 법원을 출발했다. 먼저 삼천포 사천문화회관 옆 도로공사 방해금지가처분 사건의 현장검증을 하고 오후 3시경 그곳을 출발하여, 거창군 신원면으로 직행했다. 오후 5시부터 '거창사건'의 역사적 현장검증이 실시되었다.

미리 약속한 현장에 도착하니 유족들이 수십 명 모여 보상입법을 요구하는 피켓을 들고 시위를 하고 있어, 차에서 내리지 않고 지나쳐 신원면사무소 부근 다방에 들어가 차를 마시면서 원고소송대리인인 박준석 변호사에게 전화를 해 재판부가 도착하여 현장검증을 하는 동안에는 피켓을 내려놓고 조용히 해 달라고 부탁했다.

유족들은 물론 군청 관계자와 현장을 정리하는 경찰관들, TV 카메라가 기다리고 있는 곳에 내려, 정말 대대적인 주목(?) 속에 합동묘소 및 위령탑, 청연 부락, 탄량골, 박산골의 학살 현장을 순서대로 1시간에 걸쳐 둘러보고, 현장에서 생생한 설명을 들었다.

국가공무원이 학살 현장을 찾아온 것은 우리 재판부가 최초라고 했다. 거창사건은 그렇게 방치되어 있었던 것이다. 현장검증 자체가 유족들에게 조그마나마 위로가 되었을지 모르겠다.

정주환 거창군수가 현장에 와서는 역사적인 현장검증 기념사진을 함께 찍어 위령공원의 역사관에 걸자고 하여 그렇게 하자고 했다. 군수가 오랜만에 거창에 왔으니 저녁식사라도 같이 하자고 권했으나 정중히 사양하고, 귀로에 우리 일행 7명(나, 김유범 판사, 이균철 판사, 장찬 예비판사, 이성삼 예비판사, 류재윤 계장, 황종곤 운전원)이 산청읍 강가에 가 메기매운탕으로 저녁식사를 하면서 지리산 산머루주를 한 잔씩 하고 진주 관사로 귀환하여, 뉴스에 나오는 침울한 표정의 내 모습을 바라보았다. 현장검증 장면은 그해 5월 15일 저녁 KBS 창원방송에서 현장기록 21 '거창양민학살 사건 50년'을 방영할 때 소개되었는데, 내 이름을 '황경근'으로 자막 처리를 하여 웃었다.

4월 25일자 〈경남일보〉는 그 당시 장면을 이렇게 보도하고 있다.

> 거창양민학살 희생자 유족들이 국가를 상대로 낸 집단 손해배상 청구소송과 관련 법원이 50년 만에 처음으로 거창군 일원에서 현장검증을 실시했다.

창원지법 진주지원 민사합의부(부장판사 황정근)는 거창양민학살 사건 유족 409명이 국가를 상대로 제기한 손해배상 청구소송과 관련 24일 오후 5시 거창군 신원면 박산골 등 학살자 매장 현장 등에서 현장검증을 가졌다.

진주지원 관계자와 유족 측 소송대리인 박준석 변호사·거창양민학살 유족 등이 지켜보는 가운데 실시된 이날 현장검증에서 법원 측은 양민학살 현장과 피해자들이 묻힌 묘지·노상 이은상 씨가 쓴 비문 등을 살펴보았다.

남자 합동지묘, 여자 합동지묘로 나뉜 학살자 묘지는 지난 61년 5·16 혁명 이후 일부 국회의원과 유족들이 학살 현장에 흩어져 있는 피해자들의 유골을 모아 안장한 곳이다.

이번 진주지원의 현장검증은 거창양민학살 사건에 대한 사법부의 최초 현장검증이라는 점에서, 사건의 실체적 진실을 파악하고 유족들의 정서를 반영하기 위한 법원의 의지를 구체화한 것으로 평가된다.

소송대리인 박준석 변호사는 "비록 많은 세월이 흘렀지만 명백한 국가의 잘못으로 피해를 본 유족들이 제기한 소송에 대해 사법부가 법률적 장애에도 불구하고 현장검증을 실시한 것은 진실을 규명하겠다는 의지의 일단으로 볼 수 있다"며 "결과를 떠나 뒤늦게나마 법정에서 시시비비를 가릴 수 있게 된 것 자체가 의미 있는 일"이라고 말했다.

한편 유족들은 국가를 상대로 낸 손배소와 함께 거창학살 사건 관련자들이 명예회복과 함께 정당한 보상을 받을 수 있도록 관련 특별조치법 개정운동을 추진하고 있다.

그후 재판은 다른 사건과 함께 순조롭게 진행되어 관련자들의 증언을 모두 청취하고 8월 24일에 변론이 종결되었다. 유족인 문병현, 권도술, 이철수, 김용제 씨, 목격자인 문홍한 씨, 참고인인 이일우(전 신원면장), 김한용(전 민주공화당 관리장) 씨 등이 증언대에 섰다. 통상 변론을 마감하면 2주 후에 판결을 선고하는데, 이 사건은 기록과 관련자료가 방대하고 충분한 법리검토도 필요하여 선고기일은 두 달여 후인 10월 26일로 지정했다. 선고기일 한 달을 앞두고서야 '거창민간인학살 사건 판결의 기본 방향'이 정해졌다. 2001년 9월 26일 일기는 이렇게 적고 있다.

> 한 달 후인 10월 26일에는 거창민간인학살 사건 유족들이 제기한 손해배상 사건에 대하여 역사적인 판결을 하여야 한다. 한 달밖에 안 남았다. 준비를 철저히 하여야 한다. '바람 부는 벌판에 외롭게 서서 옳은 판단을 하려고 최선을 다하는, 역사 앞에 자신을 내던지는, 마음을 비운 법관만이 강해질 수 있다.' '사회정의에 대한 치열한 고뇌와 상식을 존중하는 고도의 균형감각이 필요하다.' 판결의 기본 방향은 다음 두 가지다. '첫째, 거창민간인학살 사건의 실체적 진실을 역사를 쓰는 기분으로 파악·정리하고(진상규명 및 신원(伸寃)), 둘째, 학살 사건 이후의 계속적인 인권침해 상황과 국가의 보호의무 위반을 인정하여 유족들의 상식적인 정서를 반영하기 위한 법원의 노력과 의지를 드러내야 한다.'

그 무렵에는 '양민학살'보다 '민간인학살'이라는 용어가 정확하다는 것도 공부했다.

2001년 10월 8일부터 1주일 동안 사법연수원의 부장판사연수에 참석하고, 10월 14일에는 하림각에서 아버님 칠순잔치를 하고 진주에 내려오자, 그 1주일 동안에는 다른 판결이 없었던 관계로 주심인 이균철 판사는 기본 방향에 따라 판결 초고를 거의 정리해놓았고, 10월 16일에는 위자료 액수 등에 관한 구체적인 합의를 모두 마쳤다. 10월 25일에도 저녁 늦게까지 사무실에 남아 다음날 선고할 판결문을 거듭 다듬고, 보도자료를 마련했다. 10월 26일 10시에 법정에 들어가 이유를 약 30분 동안 설명한 다음 주문을 낭독했다. 민사재판에서는 판결 주문만 낭독하면 되지만, 법정에 와 있는 유족들에게 뭔가 설명을 해야 할 것이라 생각하여 다소 떨리는 목소리로 판결이유를 설명해주었다. 법관으로서는 경험해보기 어려운 사건이고 이런 사건을 재판한 행운에 감사했다.

원고들은, '거창사건은 국가의 조직적인 인권유린행위로서 국내법 체계가 예상하지 못한 초월적 위법 상황의 문제이므로, 국가권력의 정상적 법 운영 형태에서만 적용 가능한 소멸시효제도는 거창사건과 같은 민간인학살 사건에서는 그 적용이 배제되어야 한다'고 주장했지만, 거창사건 자체로 인한 위자료(상속분) 청구 부분은 소멸시효가 완성되었다고 판단하여 기각했다. 이 부분 판결문을 보자.

> "이 사건 손해배상 청구는 결국 민법상의 불법행위로 인한 손해배상 청구에 다름 아니라고 할 것인바, 실정법의 테두리 안에서 그 실정법에 따라 청구권을 행사하는 경우 그 소멸시효 역시 적용된다고 할 것이고(대법원 1996. 12. 19. 선고 94다22927 판결 참조), 달리 거창사건 자체로 인한 위자료 청구권에 소멸시효규정의 적용이 배제된다고 보아야 할 근거가 없으

므로, 원고들의 위 주장은 이유 없다. 원고들은, 피고가 국제인권법(우리나라가 가입한 인권 관련 각종 조약)에 따라 집단학살 사건의 희생자들에 대하여 배상을 할 의무가 있으며 그러한 배상의무에는 소멸시효규정의 적용이 배제되어야 한다고 주장하나, 국제인권법의 규정에 따라 국가에게 손해배상의무가 있다고 하더라도 그것은 국내법에 근거하여 청구할 수 있을 뿐이고 국제인권법에 따라 직접 국가에 대하여 손해배상을 청구할 수 있는 권리가 발생하는 것은 아닐 뿐만 아니라, 국제인권법상 민간인학살행위에 대하여는 소멸시효규정의 적용을 배제한다는 명시적인 규정이 없으므로, 이 사건에서 소멸시효규정이 적용되지 않는다고 할 수는 없으며, 민법상 소멸시효가 완성된 손해배상 청구권을 부활시키는 문제는 결국 국회의 특별법 제정으로 해결할 수밖에 없을 것이다."

그러나 거창사건 이후의 유족들의 정신적 고통에 대한 위자료 청구는 받아들였다. 정말 심혈을 기울여 쓴 이 부분 판시는 이렇다.

"(1) 비무장 민간인에 대하여 조직적으로 군사력을 동원하여 그 생명권을 집단적으로 침해하는 이른바 민간인학살 사건은, 그 가해자가 한 개인이 아니라 국민에 대하여 우월한 지위를 가지는 국가 자신이므로, 이러한 민간인학살행위에 대하여, 국가는 학살 사건 이후에 적어도, 첫째, 민간인학살행위의 진상을 공식적으로 규명하고, 둘째, 희생자의 명예를 회복시켜주고 적절한 배상을 하며, 셋째, 학살의 책임자를 처벌하고, 넷째, 재발방지책을 마련할 의무를 진다고 할 것이다. 또한, 국가는 그 구성원인 국민의 생명권을 보호할 의무가 있으므로(헌법 제10조 참조), 국가공권력에 의한 조직적인 민간인학살행위로 인하여 국민의 생명이 집단적으로 침해되었을 경우에, 국민은 국가에 대하여 그 진상을 밝힐 것을 요구할 권리(신원권 내지 알 권리)와, 그 희생자들에 대한 명예회복, 손해배상, 재발방지를 위한 사후조치를 취할 것을 요구할 권리가 있다고 할 것이다. 만약 국가가 국민에 대한 위와 같은 보호의무를 다하지 아니한 결과, 희생자들에 대하여 피해를 발생시킨 것에 그치지 아니하고, 살아남은 피해자나 그 유족들에 대하여도 파생된 권리침해를 계속적으로 야기하는 경우에는, 이로 인한 정신적 고통에 대하여 위자료를 지급할 의무가 있다고 보아야 할 것이다.

(2) 위 인정사실에 의하면, 거창사건은 그 당시가 전쟁 상황이었음을 감안하더라도 피고 예하 국군이 전쟁의 당사자가 아닌 비무장 민간인에 대하여 조직적으로 군사력을 동원하여 그 생명권을 집단적으로 침해한 전형적인 '민간인학살 사건'이라 할 것인데, 위에서 본 바와 같이 피고는 지금까지 거창사건의 진상을 공식적으로 규명하지 아니하였거나 진상을 밝히려는 노력을 제대로 기울이지 아니하였고, 나아가 거창사건 희생자들에 대한 명예회복이나 손해배상에 관한 국가의 보호조치 등을 소홀히 함으로써 희생자 유족들의 신원권 내지 알 권리 및 희생자들에 대한 명예회복, 손해배상, 재발방지를 위한 사후조치를 취할 것을 요구할 권리 등을 계속적으로 침해하여 거창사건 유족들에게 정신적인 고통을 입게 하였다고 할 것이므로, 피고는 위와 같은 권리 내지 법적 이익의 침해로 인한 유족들 고유의 손해에 대하여 금전 지급으로나마 위자할 의무가 있다."

위자료는 희생자를 기준으로 배우자나 자녀 1,000만 원, 손자나 형제자매 500만 원으로 하되, 다만, 원고들이 그 중 일부 청구한 20만 원씩을 인용한 것이다.

〈경남일보〉 사설은 이렇게 적고 있다.

> "마침내 50년 만에 6·25전쟁 당시 숨진 양민들의 명예가 회복됐다. 창원지법 진주지원은 지난 26일 거창사건 유족들이 국가를 상대로 낸 손해배상 청구소송에서 국가가 유족들에게 위자료를 지급하라고 판결했다. 이는 한국전쟁 때의 거창·산청사건 등이 전형적인 민간학살 사건이라는 것을 법원이 인정한 것으로 그 책임이 국가에 있다는 것을 최초로 밝힌 것이다. 법원은 이번 판결에서 거창사건이 그동안 정부에서 주장해온 '통비분자' 처단이 아닌, 비무장 민간인에 대한 조직적인 군사력의 민간학살 사건으로 규정, 그 책임이 국가에 있으며 이에 따라 유족들에 대한 국가의 위자료 지급의무를 당연한 것으로 인정했다. 지난 1951년 학살 사건이 발생한 지 50년 만에 비로소 양민학살에 대한 대한민국 법원의 공식적이고 올바른 판단이 내려진 것이다."

그렇게 나는 2001년 한해를 진주에서 망자의 한을 달래는 판결을 하며 지냈던 것인데, 지금도 잊을 수 없다. 그러나 위 손해배상판결은 항소심에서 취소되었다.

그 무렵 거창사건에 대해 국가가 보상을 해주는 내용의 거창사건특별법 개정운동을 하던 서울법대 한인섭 교수로부터 선고 며칠 후 전화가 와 판결문을 보내주었는데, 판결이 그러한 보상입법의 실현에 조금이나마 보탬이 되었으면 하는 희망을 가져보았다.

세월이 한참 흘러 대법원은 2008년 5월 29일에야 원고들의 상고를 기각하였다(2004다33469). 나의 1심 판결은 결국 대법원의 지지를 받지 못하고 그렇게 종결되었다.

> "피고가 소멸시효 완성을 주장하는 것이 현저히 부당하거나 불공평하게 되는 경우에 해당한다고 보기 어렵고, 현 단계에서 거창사건에 관한 국가의 후속 조치는 국민 전체의 여론과 국가재정, 유사 사건의 처리문제 등 제반 사정을 종합적으로 고려한 입법 정책적 판단에 근거하여 이루어져야 하는 것으로서, 이러한 입법이 선행되지 아니한 상태에서 법원이 법리적인 문제점을 초월하여 우리 헌법상 권력분립 원칙에 위배되는 판단을 할 수 없고, 이러한 취지에서 피고의 소멸시효 항변을 받아들인 원심판결은 정당하다."

그러나 1949년 12월 23일 경북 문경지역에서 국군이 공비토벌작전 수행과정에서 자행한 민간인학살 사건의 희생자 중 일부의 유족이 국가를 상대로 제기한 손해배상 청구소송의 상고심에서, 대법원은 2011년 9월 8일 '민간인학살 사건과 관련하여 국가가 소멸시효 완성의 항변을 하여 그 손해배상채무의 이행을 거절하는 것은 현저히 부당하여 신의칙에 반하는 것으로서 허용될 수 없다'고 판시하였다(2009다66969 판결).

1차 소송에 참여하지 않았던 거창사건 유족 6명은 다시 소송을 제기하였고, 제1심에서는 패소하였으나, 부산고등법원 제6민사부(재판장 신광렬, 판사 박준용, 문상배)는 2012년 11월 22일 국가가 손해배상책임이 있다는 판결을 선고하였다(2012나50087 판결). 내가 판결을 했던 2001년 10월 26일로부터 어언 11년의 세월이 흘렀다.

나의 판결 이후의 사태 전개에 대해서는, 부산고등법원 2012. 11. 22. 선고 2012나50087 판결의 해당 부분을 그대로 인용해둔다.

> 거창사건특별법은 심의위원회로 하여금 사망자 및 유족의 명예회복에 관한 사항과 묘지단장, 위령제례 및 위령탑 건립에 관한 사항을 심의·의결하도록 하고(제3조), 유족은 거창사건 관련자의 유족이라는 이유로 어떠한 불이익한 처우를 받지 아니하고(제5조), 유족의 합동묘역관리사업이 추진되는 경우에 정부가 그 비용의 일부를 지원할 수 있도록 하는 것(제8조) 등을 그 주요 내용으로 하고 있고, 희생자나 유족들에 대한 금전적인 보상 내지 배상은 규정하고 있지 않다.
>
> 피고는 거창사건특별법 제8조에 따라 1999년부터 거창사건 합동묘역조성사업에 총 예산 174억 5,600만 원의 재정지원을 하였고, 위 합동묘역조성사업은 2003. 6.경 완공되었다.
>
> 한편, 2000. 12. 1. 거창사건 희생자와 유족에 대하여 보상금 등을 지급하는 것을 주요 내용으로 하는 거창사건특별법개정법률안이 국회의원 31인에 의해 제안되어 2004. 3. 2. 국회 본회의를 통과하였으나, 같은 달 3. 23. 고건 대통령 권한대행은 '전쟁 중에 일어난 민간인 희생의 보상에 대해 아직 사회적 공감대가 폭넓게 형성되지 않았고, 거창사건에 대한 보상이 향후 국가재정에 커다란 부담으로 작용할 것이 예상된다'는 점

등을 이유로 위 법률안에 대한 거부권을 행사하였다.

그 후로도 거창사건 희생자와 유족에 대하여 보상 내지 배상금을 지급하는 것 등을 주요 내용으로 하는 거창사건특별법개정법률안이 2004. 9. 17. 의안번호 170471호로 제안된 것을 비롯하여 2009. 3. 5. 의안번호 1804054호로 제안된 것까지 8차례나 제안되었으나 국회 본회의 불부의 또는 임기만료로 모두 폐기되었고, 현재 제19대 국회에 거창사건 관련자의 배상 등에 관한 특별조치법안 2건(의안번호 1900422호 및 1901451호)이 국회의원의 제안으로 계류 중이기는 하지만, 현재까지도 거창사건 특별법이나 그 개정을 통한 거창사건 희생자와 유족에 대한 피해배상 내지 보상 조치는 시행되지 않고 있다.

고건 대통령 권한대행이 거창사건 희생자와 유족에 대하여 보상금 등을 지급하는 것을 주요 내용으로 하는 거창사건특별법개정법률안에 대하여 거부권을 행사한 후인 2005. 5. 31. 법률 제7542호로 '항일독립운동, 반민주적 또는 반인권적 행위에 의한 인권유린과 폭력·학살·의문사사건 등을 조사하여 왜곡되거나 은폐된 진실을 밝혀냄으로써 민족의 정통성을 확립하고 과거와의 화해를 통해 미래로 나아가기 위한 국민통합에 기여함(제1조)'을 목적으로 하는 「진실·화해를 위한 과거사정리 기본법」(이하 '과거사정리기본법'이라 한다)이 제정되었다.

과거사정리기본법은, '1945년 8월 15일부터 한국전쟁 전후의 시기에 불법적으로 이루어진 민간인 집단 희생사건'을 그 진실규명의 범위에 포함되는 것으로 규정하는(제2조 제1항 제3호) 한편, '국가는 진실규명 사건 피해자의 피해 및 명예의 회복을 위하여 노력하여야 하고(제34조)', '정부는 규명된 진실에 따라 희생자, 피해자 및 유가족의 피해 및 명예를 회복시키기 위한 적절한 조치를 취하여야 하며(제36조 제1항)', '다른 법령에 의하여 제1항의 조치가 시행되고 있는 경우에는 제1항의 규정을 적용하지 아니한다(제36조 제2항)'라고 규정하고 있다.

부산고등법원 2012. 11. 22. 선고 2012나50087 판결은 국가의 소멸시효 항변을 배척하면서 이렇게 판시하고 있다.

"거창사건 희생자 유족들의 명예회복 및 피해보상 등을 위한 지속적인 호소 및 노력의 결과 그 명예회복 등을 위한 거창사건특별법이 제정되고, 이후 그 피해회복 조치를 천명한 과거사정리기본법이 제정되었음에도 불구하고, 그에 따라 당연히 예정된 후속 절차로서의 피해회복을 위한 현실적인 보상 내지 배상 등 조치를 전혀 강구하지 않은 채로 거창사건 발생일로부터 60여 년이 지난 현재까지도 그 피해보상 등을 만연히 미루고 있던 피고가, 더 이상 피고에 의한 적극적인 피해보상 등 조치를 기다리다 지쳐 제기한 원고들의 이 사건 소에 대하여 미리 소를 제기하지 못한 것을 탓하는 취지로 소멸시효 완성을 주장하여 그 채무이행을 거절하는 것은 현저히 부당하여 신의성실의 원칙에 반하는 것으로서 허용될 수 없다."

나도 그 당시에 국가의 소멸시효 항변을 신의칙을 이유로 배척하였더라면 하는 아쉬움이 남는다.

제9장

재판연구관의 실수

재판연구관

나는 초임 부장판사로서 창원지방법원 진주지원에서 약 1년 7개월 가량 근무하다가 2002년 2월 18일자로 대법원 재판연구관으로 부임했다.

대법원은 12인의 대법관이 4인씩 3개부를 이루어 재판을 하고 대법원장과 12인의 대법관으로 이루어진 전원합의체가 있다. 대법원에는 대법관의 재판을 실무적으로 도와주기 위해 법령과 판례의 조사·연구에 종사하는 재판연구관이 수십 명 근무하고 있다. 내가 연구관 생활을 마칠 때인 2004년 2월에는 대법관실에 전속된 재판연구관 36명과 공동연구관을 합하면 총 60명이나 되었다. 요즘은 100명이 넘어섰다.

2001년 2월 이전에는 각 대법관실에는 고등법원 배석판사를 마친 법조경력 약 13년 정도 되는 중견법관 2명이 전속으로 배치되어 사건에 대한 연구검토를 하여 보고서를 제출하는 방식으로 대법원 재판연구관실이 운영되었다. 이들 연구관은 약 2년 정도 근무하면서 전국 각지의 법원에서 올라오는 상고심 사건기록을 무수히 검토하고 출중한 대법관의 지도를 받을 고귀한 기회를 얻게 되어 상당한 실무 능력이 축적된 다음 일선법원의 지방법원 부장판사로 진출하여 배석판사들을 지도할 수 있게 된다. 그러니 나처럼 재판연구관을 거치지 못하고 합의부 재판장이 되면 배석판사로부터 실력이 없다는 평가를 받을 수도 있다.

대법관실에 근무하는 재판연구관을 흔히 전속연구관이라고 하고,

그밖에 공동연구관실도 있다. 이들은 행정조, 조세조, 특허조, 상사조, 민·형사조 등으로 전문분야가 나뉘어 있고, 각 조장은 지방법원 부장판사 급이 맡고 있으며, 연구관 몇 명씩이 배치되어 사안이 복잡하거나 전문적인 지식이 필요한 사건을 검토하고 그 조 내에서 토론을 거쳐 보고서를 작성하고 있다. 공동연구관실은 고등법원 부장판사 급 법관 2인이 수석재판연구관과 선임재판연구관으로 있으면서 분야별로 총괄을 하고 있다.

그런 체제로 운영되다가 전속재판연구관실에 부장판사 1명씩을 보강하기로 하고, 우선 2001년 2월 정기인사 때에는 지방법원 부장판사로서 일선에서 근무한 법조경력 16년의 법관 6명(사법연수원 14기인 이기택, 강일원, 김상철, 최상렬, 임준호, 박철 부장판사)을 전속재판연구관으로 발령을 내어, 12인의 대법관 중 우선 6분의 방에 배치하였다. 그러나 여전히 전속연구관은 대법관당 2명이었다.

내가 연구관으로 간 2002년 2월에 나머지 대법관실에도 지방법원 부장판사가 보충되면서 전속연구관은 3명으로 늘게 되었다. 그때 부장판사 1명이 연구관이 된 지 1년 만에 사직하는 바람에, 지방에서 일선 근무를 하던 사법연수원 15기 동기 부장판사 7명이 전속연구관으로 발령을 받아, 부장판사가 없는 대법관실에 배치되었다. 나와 김광태, 문용선, 박순성, 한범수, 김상준, 황병하 부장판사다. 김광태, 박순성, 김상준 부장과 나는 고등법원 판사 시절 2년간 법원행정처에서 각각 기획담당관, 법정심의관, 인사1담당관, 송무심의관으로, 문용선 부장은 사법연수원 교수로, 한범수 부장은 헌법재판소 헌법연구관으로 각각 근무하여 대법원 재판연구관 근무가 처음이었고, 황병하 부장은

1년 만에 다시 대법원 재판연구관으로 복귀했다. 그렇게 하여 2002년 2월 18일부터 대법관실 전속연구관은 부장연구관 1인과 연구관 2명으로 팀이 이루어져 운영되기에 이르렀다.

재판연구관에게 맡겨진 조사·연구라는 것이 사실 살얼음판을 걷는 일이나 진배없다. 세계적인 수준이라는 법원도서관의 종합법률정보, 재판연구관 보고서 검색시스템, 하급심판결관리시스템은 물론이고 일본이나 미국의 판례도 검색할 수 있을 정도로 전산화가 잘 되어 있기는 하지만, 연구관에게 역시 가장 두려운 것은 종전 판례 검색을 제대로 하지 못하는 등으로 잘못된 연구보고서를 제출하는 경우이다.

결과적으로 판결의 저촉이라도 발생하면 연구관은 얼굴을 들고 다닐 수 없는 것이다. 게다가 그것이 언론에 보도까지 된다면 정말 생각하기도 싫은 일이다.

판례의 저촉

2002년 10월 25일 저녁 나의 모교인 대성고등학교 출신 법조인 모임(대법회)이 있었다. 그 자리에는 나의 고교 후배이자 법조출입기자로서 대법원과 대검찰청을 출입하던 당시 대한매일의 장택동 기자도 옵저버로 참석했다. 거기에서 사법연수원 교수로 있던 백찬하 검사가 나에게 "지난달에 부동산 중개수수료에 관한 대법원판결이 종전 판결과 엇갈리게 나갔는데, 누군지는 모르지만 담당 재판연구관이 엄청난 실수를 해서 망신을 당했죠. 누구죠?"라고 물어 오기에, 내가 "그 재판연구관이 바로 나다"라고 대답하면서 설명을 해준 바 있다. 장택동 기자는 그 전말을 알고 있었다.

이야기는 2002년 9월로 거슬러 올라간다. 먼저 판결문을 보자.

> ① 대법원 2002. 9. 4. 선고 2000다54406, 54413 판결
>
> 부동산중개업법(이하 '법'이라 한다) 제20조에 의하면 중개업자는 중개업무에 관하여 중개의뢰인으로부터 소정의 수수료를 받을 수 있고(제1항), 위 수수료의 한도 등에 관하여 필요한 사항은 건설교통부령이 정하는 범위 내에서 특별시·광역시 또는 도의 조례로 정하도록 규정하고 있으며(제3항), 구 부동산중개업법시행규칙(2000. 7. 29. 건설교통부령 제250호로 개정되어 2000. 10. 1.부터 시행되기 전의 것) 제23조의2 제1항에 의하면, 법 제20조 제3항의 규정에 의한 수수료는 중개의뢰인 쌍방으로부터 각각 받되 그 한

도는 매매·교환의 경우에는 거래가액에 따라 0.15%(위 개정 후에는 0.2%)에서 0.9% 이내로 하도록 규정되어 있고, 한편 법 제15조 제2호는 중개업자가 법 제20조 제3항의 규정에 의한 수수료를 초과하여 금품을 받거나 그 외에 사례·증여 기타 어떠한 명목으로라도 금품을 받는 행위를 할 수 없도록 금지하고, 위와 같은 금지행위를 한 경우 등록관청이 중개업등록을 취소할 수 있으며(법 제22조 제2항 제3호), 위와 같은 금지규정을 위반한 자는 1년 이하의 징역 또는 1천만 원 이하의 벌금에 처하도록 규정하고 있는바(법 제38조 제2항 제5호), 부동산중개업법이 '부동산중개업자의 공신력을 높이고 공정한 부동산 거래질서를 확립하여 국민의 재산권 보호에 기여함'을 목적으로 하고 있는 점(같은 법 제1조), 위 규정들이 위와 같은 금지행위의 결과에 의하여 경제적 이익이 귀속되는 것을 방지하려는 데에도 그 입법취지가 있다고 보이는 점, 그와 같은 위반행위에 대한 일반사회의 평가를 감안할 때 위와 같은 금지행위 위반은 반사회적이거나 반도덕적으로 보아야 할 것인 점, 위반행위에 대한 처벌만으로는 부동산중개업법의 실효를 거둘 수 없다고 보이는 점 등을 종합하여 보면, 위와 같은 규정들은 부동산중개의 수수료 약정 중 소정의 한도액을 초과하는 부분에 대한 사법상의 효력을 제한함으로써 국민생활의 편의를 증진하고자 함에 그 목적이 있는 것이므로 이른바 강행법규에 속하는 것으로서 그 한도액을 초과하는 부분은 무효라고 보아야 할 것이다(구 소개영업법상의 소개료에 관한 대법원 1976. 11. 23. 선고 76다405 판결, 1987. 5. 26. 선고 85다카1146 판결 참조).

이 판결은, 구 소개영업법에 관하여 이미 무효라고 판시하였던 대법원 1987. 5. 26. 선고 85다카1146 판결, 1976. 11. 23. 선고 76다405 판결 등을 변경할 필요가 없이 부동산중개업법에도 그대로 적용할 수 있다는 취지이다.

그런데 그 1년 전인 2001년에는 다음과 같은 반대 취지의 판결이 선고되었던 것이다.

② 대법원 2001. 3. 23. 선고 2000다70972 판결

부동산중개업법상 중개업자는 중개의뢰인으로부터 소정의 수수료 또는 실비를 초과하여 금품을 받거나 그 외에 사례·증여 기타 어떠한 명목으로라도 금품을 받는 행위가 금지되어 있고(법 제15조 제2호, 제20조 제3항) 이에 위반하여 금품을 수수한 중개인에 대하여는 중개사무소의 개설등록을 취소할 수 있고(법 제22조 제2항 제3호) 1년 이하의 징역 또는 1,000만원 이하의 벌금에 처한다(법 제38조 제2항 제5호)고 규정하고 있기는 하나, 위 법에 위 규정에 위반한 금품수수행위의 효력이나 수수된 금품의 처리에 대하여는 아무런 규정이 없을 뿐만 아니라, 위 법은 '부동산중개업자의 공신력을 높이고 공정한 부동산 거래질서를 확립'하여 국민의 재산권 보호에 기여함을 목적으로 하고 있는 점을 종합하여 보면, 위 금지규정은 단속규정에 불과하고 효력규정은 아니라고 할 것이다.

여기 그 당시의 신문기사와 사설을 보자.

대법, "한도 초과한 부동산중개료 계약자에 돌려줘야" 작년 판례와 배치… 업무착오로 2가지 모두 유효

(조선일보 = 이명진 기자) 대법원 2부는 5일 김모(47. 서울 동작구)씨가

'부동산 중개수수료로 지급한 2,018만 원 중 법정한도를 초과한 1,800여 만 원을 돌려달라'며 부동산중개업자인 백모(59)씨 등 2명을 상대로 낸 소송 상고심에서, 백씨 등은 한도를 넘는 금액을 김씨에게 돌려주어야 한다며 원심을 깨고 사건을 서울고법으로 돌려보냈다.

이 판결은 법정한도 이상의 중개수수료를 지급한 수수료 계약은 무효이며, 초과 지급분에 대해서는 수수료 지급일로부터 5년 이내(상사채권의 소멸시효)에 소송을 제기하면 돌려받을 수 있다는 의미이다.

하지만 이는 2001년 3월 대법원 3부가 '법정한도를 넘는 수수료를 받은 중개업자의 처벌은 가능하지만 초과 지급분을 돌려줄 의무는 없다'고 내린 판결과 정면으로 배치된다. 이에 따라 동일한 사안에 대해 상반되는 두 가지 대법원판결이 존재하게 돼 하급심판결과 소송당사자들에게 혼란이 뒤따를 것으로 보인다.

대법원은 대법관 4명씩으로 구성된 3개의 재판부가 있으며, 종전과 다른 판결을 내릴 때는 이들 재판부에서 하는 게 아니라 대법관 전원이 참여하는 '전원합의체'에서 하게 돼 있다. 대법원 관계자는 '2001년의 판례가 판례검색시스템에 기재되지 않았고, 이에 따라 이번 판결을 내린 재판부가 미처 확인하지 못한 채 재판을 한 것으로 보인다'고 말했다.

이 관계자는 '판결은 일단 내려지면 효력이 있고, 상소上訴절차에 의해서만 바뀐다'며 '때문에 이번 경우엔 상반된 2개의 대법원 판례가 존재하는 것으로 간주된다'고 밝혔다.

동일 사안에 대해 엇갈린 대법원 판례가 양립함에 따라 향후 전원합의체 판결이 나올 때까지는 하급심판결 등에 혼란이 불가피하게 됐다.

[상반된 대법판결] "새 판결 우선 효력… 혼란 불가피"

(조선일보 = 이명진 기자) 동일한 사안에 대해 상반되는 2건의 대법원 판결이 양립兩立하게 된 것은 이례적인 일이다.

종전의 대법원 판례를 바꾸기 위해서는 법원조직법 7조에 따라 '전원합의체' 판결을 거치도록 돼 있다. '전원합의체'란 대법관 전원과 대법원장이 참여하는 재판으로 대법원장이 재판장을 맡으며, 이 중 3분의 2 이상이 찬성해야 결론이 내려진다. 때문에 이를 거치지 않은 5일 대법원 2부의 판결은 '절차상 하자'가 있다고 볼 수 있다.

이는 이번 사건 판결을 내리기 전에 2001년 3월 역시 대법원이 내린 정반대의 판결이 있다는 사실을 알지 못해 생긴 일로, 대법원은 '검색시스템에 2001년 판결이 잡혀 있지 않았다'고 밝히고 있다. 대법원은 판결결과를 그 중요도에 따라 A, C, D, X, XX등급 등 5개 등급으로 나누어 관리하고 있으며, 전체 판결 중 15% 정도를 중요 판결로 분류해 '판례공보公報'나 '전산망'에 등록하고 있다. 문제의 2001년 3월 판결은 중개업자가 의도적으로 수수료를 많이 받은 사안이 아니어서 중요도가 낮은 X등급에 분류됐으며, 판례공보에 기재되지 않았다는 것이다.

그러나 비록 절차상 하자는 있다고 해도 이번 판결은 유효하다고 대법원은 밝히고 있다. 일단 판결이 내려지면 재상고나 재심再審절차를 통해 바로잡기까지는 유효하다는 것이다. 대법원은 이 같은 절차를 통한 전원합의체 판결로 조만간 바로잡게 될 것이라고 밝혔다.

문제는 전원합의체 판결이 내려질 때까지 예상할 수 있는 혼란이다. 법정한도를 넘는 부동산 중개수수료를 돌려받을 수 있는 것인지(이날 판결), 없는 것인지(2001년 판결)가 명확하지 않기 때문이다.

이에 대해 대법원 관계자는 하급심판결들이 '돌려받을 수 있다'는 이날 판결을 따르게 될 것으로 전망했다. 옛 판결보다 새 판결이 우선 적용될 것이라는 얘기다. 그럴 경우 '현실적인 혼돈'은 그리 크지 않을 수도 있다.

하지만 사건의 당사자가 될 부동산중개업자 등의 반발이 만만치 않고, 현 상황에서 일선 법원의 재판부가 일률적으로 이번 대법원판결을 따르지는 장담하기 어렵다는 지적도 있어 어느 정도의 혼란은 불가피할 것이란 관측도 있다.

이번 일을 계기로 대법원의 판례관리시스템을 재정비해야 한다는 지적도 나오고 있다. 대법원판결은 법률과 비슷한 효력을 가져 국민들의 일상생활에 지대한 영향을 미치는 만큼 실수가 있어서는 안 된다는 것이다.

대법원 '복비' 새 판결 주목한다(〈문화일보〉 사설)

대법원 2부는 5일 법정한도를 넘는 중개수수료(복비) 계약분은 무효라고 심판했다. 의뢰인이 중개인을 상대로 제기한 부당이득금 반환청구소송에서 원고패소 원심을 깨고 사건을 되돌려보낸 이번 판결은 법률적·사회적 두 측면의 논란과 화제가 되고 있다.

우선 이번 판결은 지난해 3월 판결과 저촉된다는 점이 문제되고 있다.

대법원은 지난해 유사 사건에서 부동산중개업법 제15조가 금지행위로 열거한 초과 수수료 등에 대해 '이를 위반한 경우 형사처벌과 행정제재는 할 수 있지만 약정 자체를 무효로 볼 수는 없다'며 단속규정으로 해석했다. 하지만 이번엔 강행규정으로 바꿔 해석하면서 법원조직법 제7조를 간과했다. 판례 변경은 대법원합의체 심판에 부쳐야 한다. 우리는 이 경우가 '법률에 의하여 판결법원을 구성하지 아니한 때'에 해당한다는 판례(1967. 6. 29.)에 유의한다. 재심을 통해 판례 저촉 상황을 해소해야 함은 물론, 사법부 내부적으로 판례관리 허점을 고쳐야 할 것이다.

절차의 흠에도 불구하고 이번 판결은 복비 수수관행을 바로잡아 공정한 거래질서와 국민 재산권 보호를 목적으로 한 부동산중개업법의 실효성을 보강하려는 의지가 두드러진다. 이번처럼 복비 계약금액 2,018만 원 중 무효분이 1,890만 원이나 되는 사례가 일상적이진 않겠지만 법정수수료보다 훨씬 많은 금액을 주고받는 복비관행의 한 단면을 비춰준다.

우리는 또한 현행 수수료율이 지나치게 낮게 책정돼 있다는 부동산중개업계의 주장에도 주목한다. 건설교통부와 광역 지방자치단체는 업계 주장과 여론을 폭넓게 수렴해 부령·조례에 반영해나가기 바란다.

내가 모시던 대법관님은 2002년 9월 4일 오후 2시 위 ①판결을 선고한 뒤 헝가리 대법원과 헌법재판소에 출장차 출국했다. 대법원 공보관인 오석준 판사의 브리핑을 들은 어느 기자가 위 판결에 대한 대한부동산중개업협회의 반응을 알고 싶어 거기에 전화를 했더니, '법정한도 초과 중개수수료도 무효가 아니므로 돌려받을 수 없다는 취지의 ② 판결이 전년도에 이미 선고되었는데 어찌된 것이냐'고 반문하더라는 것이다.

공보관이 야근 중이던 나에게 급히 전화를 했기에, 설마 하면서 위 ② 판결을 종합법률정보에서 검색해보니 도저히 찾을 수 없어, 대법원 선고 판결문을 따로 보관하는 F:/sun 디랙토리에서 판결선고일을 가지고 겨우 찾아보니 과연 맞는 이야기가 아닌가? 눈앞이 캄캄해지는 순간이었다. 이 일을 어찌 수습할 것인가? 어쨌거나 내가 책임을 질 일이 틀림없다. 박병대 송무국장에게 나의 검토보고서를 보내주고 일단 퇴근했다.

9월 5일 대법원은 물론이고 법원행정처와 법원도서관도 대책 마련 때문에 분주하게 돌아갔다. 결국 누가 책임을 질 것인가? 박일환 수석재판연구관(대법관 역임)이 호출하여 경위를 설명하고 관련자료를 드렸다. 9월 6일 드디어 조간신문은 부동산중개수수료 판결 저촉 사실을 일제히 보도했다.

신문기사를 보면서 우울한 마음에 일이 손에 잡히지 않았지만, 저녁에 사무실에 외로이 남아 일을 하고 있는데, 변재승 대법관과 이규홍 대법관이 제3부 합의가 늦게 끝났다고 하면서 밤 10시 반경에 저녁을 먹는 자리에 부르기에 따라가서 술을 마시며 저간의 사정을 설명하고 위로를 받았으나, 술이 사실을, 나의 실수를 가려줄 수는 없는 것이다.

9월 7일에는 신문 사설에서까지 문제를 삼으니, 그러한 대법원의 명예 실추로 인해 나는 정말 곤혹스러웠다. '어떤 문책도 달게 받아야지.' 그래서 대법관님 귀국 후에 보고할 경위보고서를 미리 작성해두었다.

혼란 주는 대법원 '복비' 판결(〈경향신문〉 사설)

법정한도를 초과해 받은 부동산 중개수수료에 대해 대법원이 불과 1년여 사이에 정반대의 판결을 내놓아 헷갈리게 하고 있다. 지난해 3월에는 법정수수료 초과분을 돌려줄 필요가 없다고 한 대법원이 엊그제 판결에선 되돌려주라고 판단한 것이다. 유사 사안에 대해 2개의 배치되는 판례가 병존하는 셈이니 하급법원은 물론 부동산중개소, 거래당사자 모두 혼란을 겪을 수밖에 없게 됐다.

새로운 판결은 부동산중개소의 초과 수수료 계약에 대해 '규정을 어겼으므로 원천무효'라고 해석함으로써 지난해 유사 사례에 대해 '규정을 어겼더라도 형사처벌이나 행정제재는 할 수 있지만 약정 자체는 유효'라는 판례를 뒤집었다. 새 판결에 대해서는 중개료 초과 수수관행에 제동을 걸고 일반시민들의 재산권을 보호토록 해줬다는 긍정적 평가가 많다. 문제는 이번 판결이 '판례 변경은 대법원 합의체 심판에 부쳐야 한다'는 법원조직법을 위반한 채 이뤄졌다는 점이다.

새 판결이 중대한 절차상 결함을 갖게 된 배경에 대해 법원 측은 중요 판례만 수록하는 판례공보에 지난해 사례가 빠져 있어 판례 변경인 줄 모른 채 판결이 이뤄졌다는 것이다. 참으로 어이없는 일이다. 불과 1년여 전의, 그것도 일반인들의 정서와 동떨어지게 내려진 '한도 초과 수수료일지라도 반환하지 않아도 된다'는 판례가 중요치 않아 공보에 실리지 않았다는 것도 이상하지만 공보에 빠졌다고 이를 재판부가 전혀 몰랐다는 것은 더욱 납득하기 어렵다.

대법원은 사법정의 실현의 최종 보루이자 사법부의 총본산이다. 대법원에서의 정반대 판결이 허술한 판례관리 때문에 나왔다면 심각한 문제다. 전체 판결의 15% 남짓만 수록된다는 법원공보수록 시스템에 무슨 문제가 있는지 즉각 보강해야 할 것이다. 판결문과 반대의 선고가 나오고 선거법 위반소송에서 엉뚱한 투표함을 보존케 하는 등 하급법원의 잇단 실수가 이를 감독해야 할 대법원의 안이한 자세에서 비롯된 것은 아닌지 철저한 자기점검이 필요한 때다.

대법원의 어처구니없는 실수(〈중앙일보〉 사설)

대법원이 최근 법정한도를 초과하는 부동산 중개수수료는 돌려줘야 한다고 판결했다. 그러나 이 판결은 종전과 전혀 상반된 판결인데도 대법원이 법원조직법에 명시된 전원합의체에 의한 판례 변경절차를 무시한 것은 잘못이다.

담당 재판부가 종전 판례가 있는 줄 모르는 바람에 이 같은 일이 일어났다니 참으로 어처구니없다.

부동산 중개수수료 과다 공방은 주변에서 흔히 있는 시비다. 또 법정 중개수수료가 지나치게 낮다는 이유로 초과 지급되는 경우가 다반사인 게 현실이다. 그만큼 관련자가 많고 국민생활에 직결된다는 점에서 판결 결과가 관심거리였다.

판결 내용도 획기적이었다. 무엇보다 과다 수수료 거래관행에 명시적으로 제동을 걸었다는 점에서 의미가 크다. 또 중개업자들의 반발과 지나치게 수수료를 많이 지급한 사람들의 줄소송까지 예상되고 있다.

이처럼 중요한 사건을 판결하면서 법이론이 상반된 종전 판례를 몰랐다는 것은 이해가 안 된다. 중개업자들은 이미 다 알고 있었던 '초과 수수료도 반환할 의무 없다'는 내용의 지난해 3월 대법원판결을 정작 상고심 재판부만 모르고 있었다니 말이 되는가.

또 이번 사건 주심 대법관이 지난해 3월 판결 당시 재판장이었다니 더더욱 어이가 없다.

대법원은 어떤 경우라도 판결에 실수나 착오가 있어서는 안 되는, 명예와 권위의 상징 기관이다. 대법관마다 중견법관 3명씩을 재판연구관으로 두고 있고 20여 명의 별도 재판연구관을 둔 것도 모두 이 때문이다.

대법관 한 명이 판결 사건만 연 1천 3백여 건씩 처리해야 할 정도로 업무량이 과중한 것도 문제지만, 그렇다고 사건처리를 이처럼 허술하게 할 수는 없는 일이다.

대법원의 착오는 사법부 전체의 명예와 직결된다. 다시는 이 같은 일이 재발하지 않도록 대법원은 제도적인 개선점을 마련해야 한다.

두 가지 '복비' 판결의 암시(〈서울경제신문〉)

부동산중개업자가 법정중개수수료(복비) 한도액을 넘는 수수료를 받았을 경우 이를 돌려줘야 한다는 대법원의 판결은 상식을 확인한 것이다.

복비는 거래금액에 따른 법정요율은 있으나 대개는 매매자와 중개인 사이에 협의로 결정되는 예가 많다.

그래서 특히 투기거래일 경우 법정요율은 무시되고 거래자와 중개인 간의 담합이 판을 치게 된다. 그런 거래이므로 부동산 중개수수료는 영수증처리가 안 되는 대표적인 영업분야로 꼽히고 있다.

이번 판결에는 그 같은 문란한 거래질서를 바로잡으라는 시대적 요청이 담겨 있다. 그러나 이번 판결은 지난해 3월의 유사 사안에 대한 대법원판결과 상충된다는 점에서 논란이 되고 있다.

대법원이 같은 사안에 대해 반대의 판결을 내려야 할 경우 전원합의로 결정해야 하는데 지난번처럼 단독판결을 함으로써 두 개의 판결이 모두 효력을 갖게 된 것이다.

더욱이 그렇게 된 원인이 대법원의 판례관리의 부실로 인해 작년 판례를 참고하지 않은 채 내려졌기 때문이라는 것은 대법원의 권위와 신뢰를 크게 손상시킨 일이다. 하루 속히 전원합의 판결을 통해 통일된 판결을 내려 혼란을 없애야 할 것이다.

지난해 대법원판결은 복부인이 투기목적으로 부동산을 매매하면서 자발적으로 수수료를 더 주고 나서 나중에 초과 금액에 대한 반환을 요구한 것이므로 중개업자의 반환의무를 인정하지 않은 것도 합리성은 있다.

이와는 달리 이번 판결은 중개업자의 위계에 의해 매도자가 수수료를 부당하게 더 낸 사건이므로 반환 판결은 당연하다.

사건의 성격에 따라 반환의무에 대한 판단은 달라질 여지는 있겠으나 이번 판결의 핵심은 위계 또는 강박의 소지가 없더라도 법정한도를 초과한 금액을 주고받는 행위 자체를 위법으로 봤다는 점이다.

뒷날 반환소송을 당할 염려가 있으면 중개업자는 더 달라고도 하지 말고, 더 줘도 받지 말라는 취지다. 그러나 이것이 현실적으로 가능한 것인지는 별개의 문제다.

부동산 거래질서를 바로잡기 위해 복비의 영수증처리가 정착돼야 하지만 이번 판결로 복비 영수증의 이중처리만 더욱 부채질할 우려도 크다.

중개업자들이 수수료를 올려 받으려는 것은 요율이 너무 낮은 데도 원인의 일단이 있다고 본다. 외국에서는 중개수수료가 거래가의 6% 수준인데 우리나라는 0.8%~0.15%에 불과하다.

중개질서의 확립을 위해 필요하다면 요율을 합리적인 수준으로 올리는 문제도 검토해야 한다. 중개수수료도 세금에 못지않게 매매 쌍방에 부담이 되게 하는 것도 부동산투기를 억제하는 방편이 될 수 있다.

그 사이 추석 연휴가 지나고 9월 23일 출장을 가셨던 대법관이 출근했다. 아침에 연구관 셋이서 인사 가니 중개수수료 보도사건을 가장 먼저 물으시기에, 미리 작성해둔 '경위보고서'라는 제목의 보고문건을 드렸다.

면책이냐 문책이냐가 관심사였는데, 설령 면책이라고 해도 나 스스로 재판연구관 업무에 전념하기에는 사실상 자신감을 상실했으니, 그것이 문제였다.

그날 처분만 기다리며 구내식당에서 2,500원짜리 저녁식사를 하다가 법률신문 정성윤, 박신애 기자를 만나니 저간의 사정을 잘 알고 있는 정 기자가 위로주를 사겠다고 하여, 일을 마무리하고 20시 30분경 만나기로 하고, 사무실로 가기 위해 엘리베이터를 탔는데, 하필 그때 엘리베이터가 고장이 나서 기술자가 올 때까지 그 안에 약 20분 동안 갇히게 되었다.

그 속에서 기다리면서 기독교방송 김진오 기자가 전에 내게 한 말이 기억났다. "자네 아니어도 법원에 대법관 할 사람 넘쳐나고, 법원은 너 없어도 잘 굴러갈 것이다."

그래서 캄캄한 엘리베이터 안에서 미리 사직원을 마음속으로 써보았다.

"저는 일신상의 사정으로 법관 직을 사직하고자 하오니 청허하여주시기 바랍니다. 대법원 재판연구관 부장판사 황정근."

이 일을 경험하면서 그후에는 더더욱 살얼음판을 걷는 기분으로 사건 하나하나를 신중히 검토하여 보고했으나, 나는 재판연구관으로서 이미 겁을 먹고 있었고 자신감이 현저히 상실된 나의 모습을 보면서 2004년 2월이 되어 대법원을 떠날 날이 오기만을 기다리는 형국이 되었다.

그러다가 말이 씨가 되었는지 2004년 2월 정기인사를 앞두고 위와 같은 내용으로 사직원을 써서 실제로 제출했다.

법관 직을 천직으로 여기고 평생을 바치려던 초심을 지키지 못하고 임기 도중에 일신상의 사정으로 사직을 한 나를 보고, 어느 친구는 "너는 fortitude가 부족하다"고 평했다.

경위보고서

대법관님 부재중에 실로 어처구니없는 사태가 발생하여 그 저간의 사정과 경위를 보고 드립니다. 문제의 판결은 다음 2개의 사건입니다.

① 대법원 2002. 9. 4. 선고 2000다54406, 54413 판결

② 대법원 2001. 3. 23. 선고 2000다70972 판결

9월 4일(대법관님 출국일) 위 ①판결 선고 직전에 제가 공보관(오석준 판사=법대 동기)에게 본 판결 선고 사실을 알려준 것이 발단입니다. 그것이 이렇게 큰 사태로 발전할 줄은 몰랐습니다.

결론적으로, 공보업무를 적극 도와준다는 차원에서 제가 선의로 나선 것이 이번 사태의 확산 전개에 악영향을 끼친 결과가 되었습니다.

본 연구관이 송무국 근무시 경험한 바에 따르면 송무심의관이 중요 판결을 놓치면 보도가 절대로 되지 않습니다. 대법원판결 선고 직후에 송무심의관실에 판결원본이 회부되면 송무심의관들이 나누어 급하게 중요 판결을 선별하고 그 요지를 뽑아 행정라인으로 보고하며(〈법률신문〉 판례속보란에도 그대로 제공하고 법원전산망 게시판에도 등록) 공보관에게 공보가치가 있는 사건을 알려주는 시스템으로 운영되고 있습니다.

그와 같은 경험이 있는 본 연구관은 이번 판결이야말로 국민생활에

미치는 영향과 관심도에 비추어 대법원이 국민들로부터 찬사를 받을 수 있는 기회로서 그 보도가치가 A급이라고 판단한 것입니다. 그런데 혹시 송무심의관이 이번 판결을 중요 판결 선별시에 누락시키면 일체 보도가 되지 않을 것이라는 노파심에서 공보관에게 '본 사건의 경우 중요 판결이고 보도가치가 있으니 공보업무에 참고하라'고 하면서 본 사건 사건번호를 전화로 알려주었습니다.

최근 아파트 값 급등으로 인한 정부의 부동산대책이 나오는 단계에서 이번 판결이 가지는 영향력과 시의성 등에 착목하고 홍보 필요성이 있다고 제 나름대로 판단한 것입니다.

연구관으로 근무한 지난 6개월 중 처음으로 공보관에게 공보를 부탁한 사건입니다.

공보관은 법정에 들어가 판결 선고를 확인하고 대법원 출입기자에게 판결취지를 설명하였다고 합니다.

9월 4일 저녁 공보관이 본 연구관에게 전화하여 작년에 반대 판결이 선고되었다는 기자의 제보가 있다고 하면서 확인을 요청하였습니다.

브리핑을 받은 기자 중 하나가 본 판결에 대한 대한부동산중개업협회의 공식반응을 취재하고자 그곳에 전화를 하였는데, 그 과정에서 작년에 반대 취지의 판결이 선고된 적이 있다는 사실을 확인하였다고 합니다.

중개업협회에서는 고문변호사가 공인중개사들 교육시 자기들에게 유리한 작년 판결을 금과옥조로 가르치고 있었다고 합니다.

본 연구관은 처음에는 아마 제가 검토보고서 12쪽에서 심리불속행 상고기각으로 끝난 사건으로 보고했던, 대법원 2002. 3. 30. 선고 2002

다9715 판결을 들먹이는 것이겠지 하고 그럴 리가 없다고 하였으나, 대법원 2001. 3. 23. 선고 2000다70972 판결이 있다고 구체적으로 지적하여, 검색하여보니 종합법률정보에도 나타나지 아니하여 대법원선고판결에 보관되어 있는 대법원 서버 F:/SUN에 들어가 작년 판결문을 찾아본바, 과연 반대 취지의 판결이 작년에 선고된 사실이 확인되었습니다.

그때부터 박병대 송무국장을 비롯하여 송무심의관들이 나서서 양 사건의 재판기록을 찾아 과연 상반된 판결인지 여부를 검토하여, 전 사건과 구체적인 사안이 다르다는 공식입장을 기자단에게 브리핑하였습니다만, 판지가 상반된 것임은 부인하기 어려워 기자들을 설득하는 논리로서는 부족하였습니다.

본 연구관도 검토보고서를 송무국장에게 송부하는 등으로, 이번 사태의 진상 파악에 협조하였습니다.

작년 판결을 알게 된 기자들이 판례 저촉에 따른 절차 위반과 대법원의 실수를 정면으로 보도할 태세를 보이고, 특히 대법관님이 작년 사건의 재판장이라는 사실까지 알고서는 문제를 더욱 확대시키기 시작하였습니다.

공보관이 이번 사건 검토보고를 한 연구관이 황정근이라는 사실을 기자단에 알리면서까지 보도통제를 시도하고 본 연구관도 안면이 있는 기자들에게 판결 저촉 문제보다는 판결취지를 앞세워달라고 요청하였으나 역부족이었습니다.

판례 저촉 문제가 언론에 부각되면 본 연구관이 책임이 있으니 내 얼굴을 봐서라도 도와달라는 취지로 설득하기까지 하였습니다.

방송 3사는 판결취지만 보도하기로 하여 다행히 수습되었으나, 신문은 막지 못하였습니다.

기자단은 9월 6일(금요일)자에 풀로 기사를 쓰기로 하였습니다.

9월 5일 법원행정처에서는 대법원에 근래 보기 드문 악재가 터진 것으로 보고 사태수습 방안을 논의하였습니다.

법원도서관(조사심의관 김소영 판사)에서도 작년 판결이 전산등록에 누락된 경위를 조사하였습니다.

본 연구관의 검토보고서를 선임재판연구관실에 송부하였습니다.

작년 판결의 검토보고서가 검색되지 아니하여 제가 경위를 확인한 바, 작년 사건은 정식으로 연구관에게 사건이 배당되지 아니하였고(따라서 연구관검색시스템에도 미등재), 연구관이 대법관님의 지시에 따라 상고기각 의견서만 쓴 것으로 추측됩니다.

재판연구관이 게다가 작년 판결 선고 후 판례공보자료 A(대법원판결집 수록), C(판례공보 수록), D(종합법률정보 등록), X등급 분류시 X로 처리하여 전산등록에서 누락되었습니다. 재판연구관이 X등급으로 분류하면 조사심의관도 대개 그대로 따릅니다.

작년 판결 당시 구 소개영업법에 관하여 이미 무효라고 판시하였던 대법원 1987. 5. 26. 선고 85 다카1146 판결, 1976. 11. 23. 선고 76 다405 판결 등을 검색, 검토하지 아니한 것으로 추측됩니다.

그때 위 소개영업법 관련 판결이 검색되었다면 그런 판결이 선고되었을 리가 없습니다.

9월 5일 저녁(및 익일 아침) 방송 뉴스에 보도가 되었습니다.

9월 6일 조간신문에 일제히 대대적인 보도가 나왔습니다.

더욱 안타까운 것은 작년 사건의 원심판결은 정형식 연구관이 주심

판사였는데, 제가 검토보고서를 작성할 당시 정형식, 김종필 판사에게 사건을 설명하고 자문을 구하였을 당시 정형식 판사가 작년 사건의 원심판결을 했던 사실을 기억하지 못했습니다.

본 연구관이 검토보고서를 작성할 당시 하급심의 실무경향을 판결관리시스템을 통하여 확인하여, 대법원 2002. 3. 30. 선고 2002 다9715 판결의 원심판결(단속규정으로 해석하고 신의칙으로 감액한 소액사건)은 찾았었는데, 작년 사건의 원심판결은 그 당시 검색하지 못하였습니다.

결국 몇 가지 실수가 중복된 것이지만, 이것이 언론에 불거지게 되고 대법원 및 대법관님께 엄청난 누가 되는 일이 발생하게 된 것은 전적으로 제가 경솔하게도 공보에 적극 나서게 된 것이 근본원인이라고 자책하고 있습니다.

대한중개업협회 차원에서 재심 등이 제기될 공산이 크다고 보이고, 결국 전원합의체에 회부될 수밖에 없다고 보입니다. 언론의 논조나 국민정서를 비롯하여 제반 사정을 감안하면 저의 판단으로는 이번 판결이 전원합의체에서 설득력이 더 있을 것이라고 생각됩니다.

이상으로 대법관님 부재 중 사태를 간략하게 보고 드립니다. 저의 경솔함과 실수로 빚어진 이번 사태에 대하여는 응분의 책임을 지겠습니다.

에필로그 - 변호사의 길

파기환송 후 서울고등법원은 초과 수수료의 반환을 명하였고, 이에 대하여 중개업자들은 어찌된 영문인지 재상고를 하지 않아 저촉되는 위 두 대법원판결은 상당 기간 정리되지 아니한 채 그대로 남아 있었다.

다행스럽게도, 서울법대 김재형 교수가 위 ①판결 선고 직후에 '민사판례연구회'에서 초과 수수료가 무효라는 위 ①판결을 지지하는 평석을 발표하여 그나마 나는 안도의 한숨을 쉬었다.

나중에 결국 나의 예상대로, 대법원 2007. 12. 20. 선고 2005다32159 전원합의체 판결로 위 ②판결이 폐기됨으로써 판례 저촉은 5년 만에 해소되었다. 나의 보고내용이 다수의견으로 채택되어 나도 어느 정도 명예회복을 했다.

나는 2004년부터 변호사로 활동하고 있다.

2011년, 천직으로 여기던 법관 직을 사직하여 허전한 마음을 달래던 후배 변호사에게 이런 격려성 이메일을 보낸 적이 있다.

"법관도 좋지만 변호사도 해보면 보람 있고 좋은 직업입니다. 판사처럼 남을 판단하는 고통이 없고, 도와준 클라이언트에게서 대개는 고맙다고 인사받고 격려받고요. 욕먹을 일보다는 감사인사받을 일이 판사보다 많은 직업이 변호사인 듯합니다. 변호사 7년 해본 소감입니다. 법관 사직서 제출할 때 결사반대하시던 제 부모님이 요즘은 저에게 '변호사 참 좋은 직업이네'라고 합니다. 나도 좋고, 가족도 좋고, 주변의 모든 사람들이 좋아하는 직업이 변호사입니다."

혹여 변호사가 될 생각을 가진 독자를 위해 몇 분의 조언을 여기에 인용해둔다.

"너나 할 것 없이 대형 로펌에 들어가 부자나 대기업을 상대할 생각만 하는데, 그건 결코 성공하는 변호사의 길이 아니다. 인권변호의 길을 가더라도 공명심을 앞세우면 안 된다. 사건을 통해 명성을 얻으려 하거나 정치적 입신의 토대로 삼으려는 함정에 빠지기 쉽다. 왜 변호사를 하려 했는지, 초심의 꿈을 소중히 간직하길 바란다."(홍성우 변호사, 〈중앙 SUNDAY〉 2011년 6월 12일)

"돈만 약간 있다면 지혜를 가진 많은 사람들에게 점심을 대접하면서 좋은 얘기를 듣고 살았으면 좋겠다./ 법해석은 빙산의 일각에 불과하고 인간에 대한 깊은 이해를 해야 하는 게 (변호사의) 의무인 걸 깨달았어요. 그게 변호사가 해야 할 일이고 보람을 찾을 수 있는 길이라고 생각해요./ 형식논리적으로 법해석에만 매달리기보다는 사건과 법조문 뒤에 있는 인간의 심층에 있는 본질을 봐야 해요. 좋은 법률가는 그 깊은 곳에 있는 걸 보는 사람이죠. 나이 50이 넘어서 실정법의 해석만 하는 사람은 좋은 법률가가 아니라고 생각해요. 철학, 역사, 문학, 종교에 정성을 쏟아야 합니다./ 변호사가 클라이언트를 위한 총잡이까지는 되어서는 안 됩니다./ 변호사를 시작할 때 대개 갖는 환상들이 있어요. 열심히 돈을 벌어 부자가 되고 싶기도 하고 또 돈을 벌면 정계로 나가 권력을 가지고 싶다는 경우도 많죠. 부를 추구하는 건 변호사로서 허망한 꿈이라고 생각해요. 권력도 마찬가지죠. 결국은 살면서 보람을 느껴야 합니다. 좋은 일 하고 베풀고 불쌍한 사람을 도와줄 수밖에 없어요. 변호사의 갈 길은 분명한 겁니다."(양삼승 변호사, 〈대한변협신문〉 2011년 7월 18일)

"시민을 위한 기본적 인권 옹호와 사회정의 실현이 변호사의 본분이고, 더 멀리 더 넓게 보아야 한다."(〈리걸타임즈〉 김진원 대표)

"세상에서 제일 똑똑한 사람은 모든 사람한테 배우는 사람이다. 가장 강한 사람은 자기와의 싸움에서 이기는 사람이다. 가장 부유한 사람은 자기가 가진 것에 만족하고 사는 사람이다."(서울대 안병욱 교수)

제10장

금융산업구조 개선법의 개정 방향

기본권 제한의 한계

금산법 제24조의 문제점

시정명령

처분명령과 소급효

입법재량의 한계

* 2006년 2월 14일 국회 재정경제위원회의 '금융산업구조개선법' 공청회에서 당시 한나라당 추천 전문가로 참석하여 발표한 토론문을 여기에 싣는다.

기본권 제한의 한계

「금융산업의 구조개선에 관한 법률」(이하 "법") 제24조의 개정 방향에 대해서는 그동안 백가쟁명식 논의가 있어왔고, 거기에는 현저한 입장과 시각의 차이가 분명히 존재한다.

그러나 너무나 당연한 이야기이지만, 그 개정 방향을 토론하는 이 자리에서, 가장 먼저 생각하여야 할 것은 다름 아니라 바로 헌법정신이다.

국가는 개인이 가지는 불가침의 기본적 인권을 확인하고 이를 보장할 의무가 있기 때문이다(헌법 제10조 후문).

행정권과 사법권은 물론이요 입법권도 국민으로부터 위임받은 그 권력을 행사함에 있어서 국민의 기본권을 최대한 존중하고 그 불이익을 필요최소한도에 그치도록 하여야 하는 것이 바로 헌법정신이다. 따라서 기본권의 제한은 부득이한 경우 최소한도에 그쳐야 한다(헌법 제37조 2항).

신체의 자유든 경제상 거래의 자유든 재산권이든, 기본권보장의 정도는 그 나라의 성숙도와 민주화를 나타내는 핵심적 징표라고 말할 수 있다.

헌법이 우리 국민의 최고 가치 결단인 이상 적어도 그 틀을 벗어날 우려가 농후하다고 의심되거나 위헌성이 지적되는 법률안은 자제되어야 한다.

가급적이면 합헌적으로 입법하는 것이야말로 국민으로부터 위임받은 입법형성권의 범위를 일탈하지 않는 바람직한 방향이라고 생각한다. 위헌성이 의심스러울 때는 기본권보장의 방향으로 입법형성권을 행사하는 것이 헌법정신에 부합한다.

재경위 전문위원 검토보고서에서도 위헌론이 제기되었는데, 위헌론을 물리치고 국회 다수결로 입법을 강행했다 하더라도 그 논란은 종국에는 헌법재판소로 이어지게 되어 있다.

헌법소원을 제기했다는 것만으로도 정서적 비난을 받을 수도 있는 현실에서, 그로 인한 국력소진과 사회적 비용을 생각한다면 금산법에 관한 입법권도 정말 신중히 행사되어야 한다.

논의되고 있는 금산법 개정안은 우리 헌법이 보장하고 있는 주식 취득의 자유와 취득한 주식에 수반된 권리인 의결권행사의 자유를 제한하는 내용을 담고 있다.

이는 국민의 기본권인 재산권에 대한 중대한 제한이며 그 제한은 법의 일반원칙을 준수하는 범위 내에서 필요최소한에 그쳐야 하며 아무리 공익목적이 중요하더라도 재산권의 본질을 침해해서는 안 된다.

다시 한번 강조하거니와, 어디까지나 기본권보장이 원칙이고 그 제한은 예외라는 것이다.

금산법 제24조의 문제점

금산법 제24조의 규정은 그 자체로도 몇 가지 헌법적 문제가 있으므로, 폐지되거나 대폭 개정되어야 한다.

원래 법 제24조는 '동일계열금융기관이 연합하여 타 기업을 실질적으로 지배하려는 관계가 형성되는 경우에 이를 제한함으로써 금융자본의 산업자본 지배 가능성을 방지'하고자 하는, 기업결합 제한(금융기관을 이용한 지배력 확장 방지)에 주된 목적이 있다.

첫째, 과잉금지의 원칙 위반의 의심이 있다.

헌법 제37조 제2항은 국가작용의 한계로서 과잉금지의 원칙(비례의 원칙)을 채택함으로써 공권력의 과잉행사로 인하여 법치국가의 실질적 내용이 침해되는 일이 없도록 하고 있다.

주지하다시피, 과잉금지의 원칙은 목적의 정당성, 방법의 적절성, 피해의 최소성, 법익의 균형성을 그 내용으로 한다(헌법재판소 1990. 9. 3. 선고 89헌가95 결정 등 참조).

그런데, 우선, 금융기관의 자산 건전성 보호라는 정책목적을 위하여 은행법, 보험업법 등 개별 금융관련법률에서 이미 계열회사 주식 취득한도를 두고 있다.

나아가, 금융기관을 이용한 지배력 강화 방지라는 정책목적을 위하여 「독점규제 및 공정거래에 관한 법률」("공정거래법") 제11조에서 상호출자제한기업집단 소속 금융·보험사 보유 주식의 의결권행사를 제한하고 있다.

이러한 점에 비추어보면, 법 제24조는 이중규제 내지 과잉규제라고 할 수 있다.

둘째, 평등의 원칙 위반의 의심이 있다.

이른바 금산분리에 입법목적이 있다고 하더라도 이는 요구불예금을 취급하는 은행업의 경우에 타당할는지는 몰라도, 업종별 규제 필요성의 차이를 불문하고 보험사나 카드사 등의 경우까지도 일률적으로 은행업과 동일한 제한을 하는 것은, 외국에 유사한 입법례를 찾을 수 없으려니와, 헌법상 평등의 원칙에도 반한다.

특히, 은행법, 보험업법 등에서 개별 금융기관이 15% 이내에서는 비금융업을 영위하는 타 회사 주식을 자유롭게 취득할 수 있도록 허용하고 있음에도 금산법에서는 동일기업집단 소속 여러 금융회사의 타 회사 주식 취득을 규제하면서 5% 이상 취득하는 것을 문제 삼는 것은 규제를 당하는 입장에서 보면 납득하기 어려운 과잉규제이다.

셋째, 포괄위임입법금지 원칙 위반의 의심이 있다.

법 제24조 제1항은 계열금융기관이 타 사의 의결권 있는 주식을 일정 비율 이상 취득하는 경우 '대통령령이 정하는 기준'에 따라 사전승인을 받으라고 규정하고 있다.

그런데 그 승인기준이 무엇인지를 법률에 구체적으로 정하지 않아 대통령령으로 규정될 내용 및 범위의 기본사항이 구체적이고 명확하게 규정되어 있지 아니하여 헌법 제75조의 포괄위임입법금지 원칙에 위반된다는 의심이 든다.

따라서 승인기준을 법률에서 구체화하는 것이 바람직하다.

넷째, 증권거래법 등 타 법률을 위반하는 행위를 기업에 요구하는 등 법체계상 상충이 발생하는 문제점을 안고 있다.

동일계열금융기관이 금산법 제24조에 순응하기 위해서는 기업집단 소속 금융기관 간에 상호 주식 취득 현황 및 향후 계획에 대한 정보를 교환해야 할 것이다.

심지어는 어느 금융기관이 얼마의 주식을 취득할 것인지를 협의하여 배분하는 행위까지도 있을 수 있다. 이런 행위가 상장주식을 대상으로 행해질 경우 증권거래법이 금지하고 있는 통정매매에 해당될 소지마저 있다.

결국 법 제24조는 금융기관으로 하여금 증권거래법 위반행위를 강제하는 결과를 낳을 수 있다.

시정명령

일반적으로 시정명령이라 함은 당해 법 위반행위의 시정을 위하여 필요한 조치명령을 말한다. 대개는 그 종류, 절차 및 그 이행에 관하여 필요한 사항을 법률로 정하거나 하위법령에 위임하는 입법형태를 취한다(예: 청소년보호법 제37조 제2항).

행정법규 위반행위에 대하여 보유 유가증권의 처분명령을 할 수 있으려면 법령에 명시적인 근거가 있어야 한다(대법원 1992. 1. 17. 선고 91누1714 판결 등 참조). 따라서 현행법상 법 제24조 위반행위, 즉 사전승인 없는 주식 취득행위에 대하여 아무런 시정명령을 할 수 없다.

이에 법 제24조 위반행위에 대한 시정명령제도를 신설하는 방향에 대하여는 찬성한다.

그러나 시정조치의 종류로서, 해당 위반행위의 직접적인 시정을 위한 계획제출 요구 및 수정 요구, 관련 임직원에 대한 제재, 의결권행사의 제한 외에 관련 주식 자체의 처분명령제도를 도입하는 경우에는 몇 가지 헌법적 장애물을 극복하여야 한다.

첫째, 방법의 적절성 문제이다.

법 제24조는 그 문언상 주식 소유 자체를 금지·제한하는 것이 결코 아니고, 사전승인을 받은 후 '의결권 있는 주식'을 소유하라는 단속규정에 불과하다. 예컨대, 고액의 달러를 국내에 반입할 때에는 외환당국의 승인을 받으라고 규제한다고 하여, 승인 없이 반입한 달러의 보유 자체를 금지하는 것이 아니다.

이와 같이 무승인 주식 취득행위를 시정하는 수단으로서 처분명령은 부적절하다. 주식의 보유 자체를 금지하는 경우에만 처분명령은 비로소 유의의한 시정명령이 된다. 물론 만약 그러한 주식 보유 자체를 금지한다면 더욱더 심각한 헌법문제를 야기할 것이다.

금융자본에 의한 산업자본의 실질적 지배 배제 및 실질적 경쟁제한성의 배제라는 입법목적이 정당하다고 하더라도, 그러한 목적을 위한 필요최소한도의 제한은 법 제24조 문언에서 보듯이 '의결권 있는 주식'을 취득할 때 승인을 받도록 하는 것으로 족하다.

그러한 주식이 원천적으로 소지를 금지하는 금제품禁制品도 아닌 마당에 그 주식 보유 자체를 금지할 필요는 없는 것이다. 대법원도 법 제24조는 단속법규에 불과하고 효력법규가 아니라고 판시하였다(대법원 2003. 11. 27. 선고 2003다5337 판결). 비유하자면, 달러 반입에 사전승인제도를 둔다 하여도 승인 없이 밀반입한 달러의 보유 자체를 금지할 필요까지는 없는 것이다.

둘째, 과잉금지 원칙 위반의 문제이다.

금산법 제5장의 제목은 '금융기관을 이용한 기업결합의 제한'이고, 법 제24조는 승인심사시 공정거래위원회와 협의하도록 되어 있는 점에 비추어볼 때 법 제24조는 공정거래법상 기업결합 제한과 같은 유형의 규정이다.

법 제24조도 명문으로 '의결권 있는 주식'의 취득에 대해서만 승인을 받도록 하고 있을 뿐 의결권 없는 주식의 취득에 대해서는 아무런 규제를 하고 있지 않다. 따라서 법 제24조의 규정 자체에 의하더라도 무승인 취득 주식에 대한 의결권행사의 제한으로써 입법목적을 충분히 달성할 수 있음을 알 수 있다.

무승인 취득 주식에 대하여 처분명령까지 할 수 있도록 하는 것은 법 제24조의 본문에서 예정하는 규제 범위를 초과하여 과잉금지 원칙에 위반된다.

은행법 등 개별 금융업법에 주식처분명령제도가 있으니 금산법에도 이를 도입하는 것에 아무런 헌법문제가 없다고 하는 주장도 있으나, 이는 규제의 목적과 규정 내용의 차이를 도외시한 주장이다.

은행법 등에서 소유한도를 정하고 그 한도를 초과하는 주식에 대해서는 처분명령제도를 두고 있는 것은 금융기관의 자산 건전성 제고 차원에서 투자의 분산을 유도하기 위한 것으로 그러한 목적을 달성하기 위해서는 한도를 초과한 주식을 처분하는 것이 불가피하다.

그러한 한도를 정하고 한도 초과분의 자체적인 해소 방법을 정함에 있어서도 그 합리성과 적정성이 뒷받침되어야 함은 물론이다.

이에 비하여 금산법은 '의결권 있는 주식의 취득에 의한 지배력을 형성'하는 행위를 규율하기 위한 것임이 명백하고 지배력은 의결권에서 비롯되는 것이므로 의결권 제한만으로도 입법목적을 충분히 달성할 수 있다.

그럼에도 불구하고 처분명령제도를 도입하는 것은, 기본권의 제한은 필요최소한에 그쳐야 한다는 법의 일반원칙에 위배되는 과잉규제이다.

다만, 굳이 처분명령제도를 도입하고자 한다면 의결권행사의 제한을 규정한 다음 이를 위반한 경우에 최종적으로 처분명령을 할 수 있도록 하는, 완화된 방안은 대안으로 고려할 수 있을 것이다(공정거래법 제11조, 제16조는 이러한 방식으로 규정).

처분명령과 소급효

법 제24조가 처음 시행된 1997년 3월 1일 당시에는, 입법의 불비인지는 몰라도, 그 위반행위에 대한 제재나 시정조치에 관한 아무런 규정이 없었다가, 2000년 1월 21일 개정법에서 비로소 형사처벌(징역 1년 또는 벌금 1,000만 원 이하) 및 과태료제도가 도입되었다.

그러니 적어도, 2000년 1월 21일 형사처벌 및 과태료규정이 신설되기 전에는 입법자도 심각한 위법행위라고 본 것이 결코 아니었다.

법 제24조 위반행위라는 것이 마치 엄청난 '부정의不正義'인 것처럼 보는 시각도 있지만, 처벌규정이 생긴 후에도 대법원은 법 제24조 위반행위가 '반사회적·반도덕적' 행위가 아니라고 분명히 판시했다(대법원 2003. 11. 27. 선고 2003다5337 판결).

이는, 대법원이 부동산중개업자가 법정중개수수료율을 초과하여 수수한 경우 그 초과 부분은 사회질서에 반하여 무효라고 판시하고 있는 것과 대비된다.

원래 헌법상 경제거래의 자유가 보장되는 이상 주식 취득의 자유가 원칙이고, 법 제24조는 이른바 금산분리라는 목적을 달성하기 위하여 승인을 받고 주식을 취득하라는 예외규정일 뿐이다.

법 제24조 위반행위라는 것은 사실 '승인'을 받지 않고 주식을 취득했다는 행정법규 위반, 그것도 단속법규 위반에 불과하다.

누누이 강조하지만, 법 제24조의 문언 해석상 소유하게 되는 경우에는 미리 사전승인을 받으라는 것이지, 승인을 안 받으면 그 소유 자체를 금지·제한한다는 규정이 결코 아니다.

결국, 법 제24조 위반행위라는 것은 그 문언의 가능한 해석상 바로 '사전승인을 받지 않고 주식을 취득하는 행위'를 의미하는 것이지 '무승인 상태에서 주식을 계속 소유하는 행위'를 뜻하는 것이 결코 아니다.

후자로 보면, 2000년 1월 21일 신설된 형사처벌 및 과태료규정이 그 이전의 무승인 주식 취득행위에 대하여도 적용할 수 있다는 것이 되어 부당하다.

예컨대, 음식점의 숫자를 제한할 목적으로 식당을 개업할 때에는 당국의 승인을 받으라고 규제한다면, 그 위반행위는 바로 '무승인 식당 개업행위'이고, 이와 달리 공중위생상의 목적으로 식당업을 영위하려면 당국의 승인을 받으라고 규제한다면, 그 위반행위는 '승인 없이 식당업을 계속하는 행위'인 것이다.

법 제24조 위반행위는 당해 주식의 소유권을 취득함과 동시에 종료하므로 '이미 과거에 완성된 사실·법률관계'인 것이지, '아직 완성되지 아니하고 진행과정에 있는 사실·법률관계'가 아니다.

뿐만 아니라, 1997년 3월 1일 법 시행 이전에 취득한 주식에 대해서는 승인의무가 존재하지 않았으므로, 도대체 법 제24조 위반행위가 존재하지도 아니한다. 따라서 시정명령제도를 도입한다고 하더라도 장래의 무승인 주식 취득행위에 대하여만 적용하는 방향으로 개정해야 한다.

이미 초과 소유하고 있던 주식(이하 "기존 주식")에 대하여도 기본권을 침해하는 내용의 시정명령을 할 수 있도록 하는 것은 몇 가지 헌법적 문제를 야기하고 다른 법률과의 체계상 문제가 발생한다.

헌법 제13조 제2항은 모든 국민은 소급입법에 의하여 재산권을 박탈당하지 아니한다고 천명하고 있다. 여기서 박탈은 침해를 의미한다. 기존 주식에 대하여 의결권을 제한하는 시정명령을 하거나 처분명령을 하는 것은 소유권에 대한 침해가 된다.

첫째로, 금산법 제24조 시행일인 1997년 3월 1일 이전에 취득한 기존 주식의 경우에 대해서는 법 제24조 신설 당시에 승인제도를 적용한다는 명시적인 경과규정을 두고 있지 아니하여 승인제도가 적용되지도 아니하였다.

이 경우는 법 제24조 위반도 아니고, 따라서 거기에 대하여 의결권 제한이나 처분명령을 할 수 있도록 하는 것은 진정소급효입법으로서 허용될 수 없다.

합헌론자들은, 담배자판기에 관한 헌법재판소 1995. 4. 20. 선고 92헌마264279 결정을 들고 있으나, 청소년보호라는 공익목적상 학교 인근의 자판기설치를 전면금지하고 설치를 예외적으로 허용하는 것이 아닌 점(금산법은 전면금지가 아니라 승인 후 소유일 뿐임), 자판기의 처분(강제매각)을 명령하는 것이 아니라 재산권을 본질적으로 침해하지 않는 한도에서 장소적 철거·이설만을 명령하는 점 등에서 그 규제의 폭과 사안이 달라 금산법의 경우에 원용하기에는 적절하지 않다.

1996년 1월 1일 시행된 농지법 제7조는 농지의 소유상한을 정하고, 제한초과분에 대한 처분명령제도(제10조 및 제11조)를 도입하면서 같은 법 부칙 제5조에서 소급효를 제한하고 있는 입법형식을 취한 바 있는데, 합헌적 입법의 좋은 선례이다.

가령, 주택정책의 목적상 1가구 3주택 이상을 취득할 때에는 당국의 사전승인을 받도록 하고, 이를 위반하여 취득한 주택에 대한 처분명령 제도를 도입하는 입법을 한다고 가정할 경우, 기존의 3주택자에게도 처분명령을 적용한다는 입법을 할 수는 없는 것이다.

둘째로, 1997년 3월 1일 이후에 취득한 기존 주식의 경우에 대해서 의결권 제한이나 처분명령을 할 수 있도록 하는 것도 진정소급효입법이다.

앞서 보았듯이 법 제24조는 주식 소유를 제한·금지하는 것이 아니고, 주식 소유권을 합법적으로 취득함으로써 법 위반행위는 이미 종료·완성되었기 때문이다.

이제라도 사후승인을 받도록 한 다음 승인을 못 받는 경우에 비로소 시정명령을 하는 것은 부진정소급효입법이라는 견해도 있다.

그러나, 진정·부진정으로 나누는 것 자체가 질적 구분이라기보다는 양적 구분일 뿐인데다가, 아래에서 보는 바와 같이 부진정소급효입법도 소급효를 요구하는 공익상의 사유와 신뢰보호의 요청 사이의 비교형량에서 신뢰보호의 관점이 입법자의 형성권에 제한을 가하므로(구「택지소유상한에 관한 법률」에 관한 헌법재판소 1999. 4. 29. 선고 94헌바37 결정 등 참조), 결국 공익과 사익의 비교형량(헌법재판소 2003. 6. 26. 선고 2002헌마677 결정)을 통하여 여러 가지 요인을 충분히 고려하여 위헌성을 검토해야 한다.

법치국가에서의 국가권력 행사는 명확성, 예측가능성, 객관성, 안정성이 보장되어야 한다. 예측가능성은 법치주의 핵심적 요소이다. 입법형성권의 범위에는 합리적인 한계가 있는 것이다.

법률의 개정시 구법질서에 대한 당사자의 신뢰가 합리적이고도 정당하며 법률의 개정으로 야기되는 당사자의 손해가 심하여 새로운 입법으로 달성하고자 하는 공익적 목적이 그러한 당사자의 신뢰의 파괴를 정당화할 수 없다면 새로운 입법은 신뢰보호 원칙상 허용될 수 없다(헌법재판소 2004. 7. 15. 선고 2002헌바63 결정).

소방법에 행정목적을 위하여 건물마다 스프링클러나 비상계단 설치를 의무화하는 새로운 입법을 하면서 기존 건물에까지 적용한다면 이는 공익과 사익의 비교형량에 의하여 신뢰보호의 원칙상 허용될 수 없는 것이다.

기존 주식을 취득한 금융기관은, 현 금산법이 주식 소유 자체를 금지하고 있지 않고, 처분명령 등 그 소유권에 대한 어떠한 제한도 하지 않았기 때문에, 그와 같은 제한을 예상하지 않고 주식을 취득하는 등의 법률관계를 이미 형성하였으므로, 이러한 기대와 이익은 보호할 만한 가치가 있는 신뢰라고 할 것이다. 따라서 기존 주식에 대하여 시정명령을 할 수 있도록 한다면, 1997년 금산법 시행 후 형성된 기존의 법률관계와 법적 안정성을 저해하고 신뢰를 무너뜨린다.

일부에서는 법을 위반한 행위로부터 발생한 기대이익은 법이 보호하는 신뢰이익일 수 없다는 주장을 하고 있다.

그러나 위반행위가 '반사회적·반도덕적'이지 않는 한 법률에 위반하여 행한 행위에서 발생하는 기대이익도 보호받아야 할 신뢰이익이라는 것이 법의 일반원칙이라는 점에 대해서는 의문의 여지가 없으며, 앞에서 지적한 바와 같이 대법원은 이미 금산법 제24조 위반행위가 '반사회적·반도덕적' 행위는 아니라는 점을 분명히 한 바 있다.

게다가, 이제 1997년 3월 1일 법 시행 후 9년이 다 되어가는데, 형사처벌 규정마저 없던 2000년 1월 21일 이전의 법 위반행위의 경우, 법 위반행위에 대하여 공소시효 3년(형사소송법 제249조 제1항 제5호)이 이미 완성된 경우, 법 위반행위가 종료한 날로부터 5년(공정거래법 제49조 제4항 본문)을 경과한 경우 등에까지 시정명령제도를 소급적용한다는 것은 신뢰보호의 관점에서나 비례의 원칙상 허용될 수 없다.

일부에서는 법을 위반한 주체가 나중에라도 처벌규정이 도입되어 처벌받을 받을 수 있다는 점을 충분히 예상할 수 있다거나 예상하고 있어야 하므로 사후적으로 신설한 처벌규정에 근거하여 처벌하는 것이 가능하다는 주장을 하고 있으나 이는 법에 대한 무지와 열악한 지적 수준을 적나라하게 드러내는 것이다. 이러한 논리로 입법을 감행한다면 어떠한 소급입법도 가능하게 되어 법치국가임을 포기하는 결과가 된다.

설령 무리하게 그러한 입법을 강행한다 하더라도, (그 위헌성 논란은 차지하고) 금감위가 위와 같은 경우에도 처분명령을 한다면, 이는 재량권을 일탈·남용한 처분으로서 위법하다는 사법적 판단을 받을 것으로 충분히 예상된다.

시정명령은 재량행위이고(대법원 1991. 11. 26. 선고 91누438 판결 등 참조), 그 일탈·남용이 있으면 위법하기 때문이다(행정소송법 제26조).

가령 1997년 3월 1일 법 제24조 신설 당시부터 처분명령제도가 있었다고 가정하더라도, 무승인 주식 취득일로부터 5년이 경과한 후 이제와서 처분명령을 하는 경우에는, 명백히 재량권을 일탈·남용한 위법한 행정처분이라고 판단될 수밖에 없다.

하물며 그동안 처분명령제도 자체가 없었다가 이제 그 제도를 신설하여 위와 같은 경우에까지 무차별 적용한다는 것은 그 어떤 거창한 목적을 내세우더라도 도저히 정당화될 수 없고, 비례의 원칙 내지 평등의 원칙에 위반된다.

입법재량의 한계

최근 들어 위헌 입법에 대한 논란이 빈번하게 제기되고 있다. 금산법 개정과 관련하여 이렇게 위헌 논란이 치열한 것은 우리 입법사에 전례가 없다. 이러한 현상에 대해 두 가지 측면에서 생각해볼 수 있다.

하나는, 최근 들어 과거와 달리 위헌 소지가 있는 법안을 입법화하는 경향이 있지 않은가 하는 점을 생각해볼 수 있다. 이런 경향이 사실이라면 매우 우려스러운 현상이라고 하지 않을 수 없다.

소급입법에 의해 굳이 이미 형성된 권리관계에 대해서까지 새로운 법질서를 적용하려는 생각은 조급함에서 비롯되는 것이다. 역사는 길게 보아야 하며 과거보다는 미래가 더 길다. 시간이 흘러감에 따라 기존 법질서에 의해 형성된 권리관계도 권리 주체가 새로운 법률행위를 함에 따라 자연스럽게 새로운 법질서의 규율 대상으로 전환되게 마련이다.

이러한 흐름을 거슬러 새로운 가치관에 기초하여 법질서가 변화될 때마다 기존에 이루어진 법률행위의 효과를 변경하는 일이 반복된다면 우리 사회는 법적 안정성과 신뢰이익의 보호가 가져다주는 활력과 번영을 상실하게 될 것이다.

그러므로, 혹시라도 이런 경향이 있는지에 대해 입법부는 항상 스스로를 돌아보는 자세가 필요하다.

두 번째로는 그동안 국민의 권리의식이 고양되어 자신의 기본권을 지키기 위한 주장을 보다 적극적으로 제기하는 경향이 형성되고 있다고 생각해볼 수 있다.

이러한 현상은 바람직한 것이며 우리 사회를 보다 성숙된 시민사회로 발돋움시키는 동력이 될 것이다. 입법과정에서 기본권의 과도한 침해가 없는지, 위헌 소지가 없는지에 대해 보다 엄격한 검토가 이루어지고 가급적 위헌 소지가 없는 방향으로 입법이 이루어진다면 우리 사회는 보다 정치精緻하고 합리적인 시스템을 갖추게 될 것이기 때문이다.

이런 자리에 참석하여 의견을 진술할 기회를 주신 재경위에 감사드리며, 아무쪼록 이번 금산법 개정 논의가 우리 입법문화를 한 단계 더 성숙시키는 발전적인 계기로 승화되기를 기대한다.

* 2007년 4월 개정 금산법이 시행되었고, 부칙 제5조에 따르면 1997년 금산법 제정 이후 제24조를 위반한 삼성카드의 삼성에버랜드 지분 25.64% 가운데 5%를 초과한 20.64%는 즉각 의결권이 제한되며 5년 이내에 매각해야 한다.